KB068476

미래는 더 나아질 것인가

인공지능, 4차 산업혁명 그리고 인간의 미래

미래는
더 나아질 것인가

과학기술정책연구원 미래연구센터 지음

RHK
알에이치코리아

우리가 꿈꾸는 가치 있는 미래

우리는 모두 미래를 궁금해합니다. 결국 그 미래에 살기 때문입니다. 하지만 미래는 그냥 오지 않습니다. 주어진 상황을 그대로 받아들이겠다고 마음먹지 않는 한 인간은 늘 더 나은 세상을 꿈꿉니다. 예를 들어 내가 노예로 태어났는데, 자손들도 계속 노예로 살아야 한다면 받아들일 수 있겠습니까? 현재의 불평등이 계속된다면 받아들일 수 있겠습니까? 미래에 관심을 갖는다는 것은 주어진 상황에 순응하는 것이 아니라, 현재를 바꾸고자 하는 적극적인 노력이 동반되어야 함을 의미합니다.

단순히 노력하는 것만으로는 부족합니다. 로마의 현자 세네카는 "목표라는 항구를 모르는 사람에게 순풍은 불지 않는다"라고 했습니다. 미래에 관심을 갖는다는 것은 우리 사회가 어떻게 현재에 이르게 됐는지(역사), 어떤 것들이 미래에 영향을 주는지(변화 동인), 어떤 세상을 원하는지(비전) 그리고 현재 어떤 것을 해야 하는지(행동) 등을 모두 포함합니다. 과거는 역사가가 연구하고 현재는 저널리스트가 기록하지만, 미래는 우리 모두가 주인공입니다. 관심을 갖고 연구한다면 멋진 미래를 만들어갈 수 있습니다.

과학기술정책연구원STEPI은 과학과 기술발전이 어떻게 혁신을 만들어내며, 국가에 어떤 영향을 미치는지 연구하여 정책을 제언하는 국책 연구기관입니다. 미래 기술이 어떻게 발전하며, 인간 그리고 사회와 어떻게 상호작용을 하는지 연구합니다. 이를 위해 특별히 2011년부터 미래연구센터를 설립하고 기술, 위험, 거버넌스 등 다양한 이슈에 대해 심도 있는 미래 연구를 수행하고 있습니다.

우리는 기술발전과 그 사회적 영향에 대해 자연스럽게 받아들이지만 자세히 들여다보면 그 내용은 생각보다 매우 놀랍습니다. 몇 가지 예를 들어보겠습니다. 운전할 때 필수 도우미인 내비게이션은 꽤 익숙하지만 실제로 우리 생활에 들어온 지 얼마 되지 않습니다. 애플 아이폰이 시장에 나온 지 10년도 채 안 됐지만 이제 스마트폰이 없는 세상은 생각조차 하기 힘듭니다. 스마트폰은 더 이상 통화 기기가 아니기 때문입니다. 전화기＋MP3플레이어＋사진기 등등. 이 모든 것이 결합된 일종의 휴대용 컴퓨터와 같습니다. 이제까지 인류 역사에 없었던 전혀 새로운 것입니다.

비슷한 성능을 가진 슈퍼컴퓨터가 1975년에는 무려 500만 달러나

했다고 합니다. 일상생활에 많이 쓰는 USB 저장장치 32GB가 지금은 단돈 1만 원이면 살 수 있지만 1995년에는 무려 3800만 원 정도였다고 하니, 기술발전의 속도와 추이가 놀라울 따름입니다.

최근 우리 사회의 큰 화두인 4차 산업혁명도 마찬가지입니다. 이는 2016년 초 다보스포럼에서 논의됐던 주제로, 모바일인터넷, 사물인터넷IoT, 인공지능, 기계학습, 인터넷과 기존 생산 방식이 결합하여 새롭게 일어나고 있는 산업혁명입니다. 그렇다면 4차 산업혁명은 우리 삶에 어떤 영향을 미칠까요? 지난 3월에 있었던 알파고AlphaGo와 이세돌 9단의 바둑 대결은 그 시작에 불과합니다. 앞으로 또 어떤 사건을 기대할 수 있을까요? 미래를 위해 어떤 준비를 해야 하는지는 우리 모두의 고민거리입니다.

과학기술정책연구원은 2007년부터 다양한 미래 이슈에 대한 최신 동향과 사회적 해석을 담은 전문가 의견을 〈퓨처호라이즌Future Horizon〉이라는 계간지를 통해 타 연구자와 공유해왔습니다. 여기 실린 총 140여 건의 글 중 34편을 엄선하여 《미래는 더 나아질 것인가》에 실었습니다. 이 책은 그동안의 성과를 정리하고 한국 상황에서 더 고민해야 할 이슈를 제기하고자 기획됐습니다.

우리가 더 꼼꼼히 살펴보아야 할 주제로 기술혁신, 포스트휴먼 플랫폼, 인공지능, 가상현실, 지식혁명, 재난 대응 등 여섯 가지를 선정해 관련 글을 재배치했습니다. 각 글은 해당 주제별 국내 최고 전문가가 작성한 것으로, 해당 주제의 동향 및 미래 전망을 포함해 우리가 무엇을 준비해야 하는지에 대해 많은 시사점을 줄 것입니다.

과학기술정책연구원은 앞으로도 미래 기술이 사회에 미치는 영향을 지속적으로 연구해 우리가 미래 사회를 좀 더 효과적으로 대비할 수 있도록 노력하겠습니다. 독자 여러분의 많은 비판과 격려 부탁드립니다.

과학기술정책연구원 미래연구센터장

박병원

차 례

인공지능, 4차 산업혁명 그리고
인간의 미래

미래는 아직 오직 않은 시간이다. 인간에게 미래는 정복할 수 없는 미지의 영역이자 우려와 불안의 원천이다. 인간 삶은 현재에 멈추지 않고 미래로 향하기 마련인데 그 미래가 지옥인지 천당인지 알 길이 없다. 그렇기에 인간은 늘 시간을 앞서가는 인간을 갈망해왔다. 인간은 신비한 능력을 지닌 예언가나 선지자의 예언에 운명을 맡긴 채 현재를 살아간다. 하지만 예언가나 선지자에 의탁하여 삶을 영위하는 방식은 인간이 무지하고 맹목하여 모든 것을 신화와 종교에 묻어두었던 시절의 이야기가 아닌가.

다행스럽게도 인간은 근대 이후 앎의 시대로 들어섰다. 인간에게 앎을 선사하며 모든 것을 암흑에서 진리의 영역으로 구해낸 것은 과학이다. 과학은 인간이 살아가는 데 반드시 필요한 도구의 성격을 근본적인 바꿔놓았다. 과학의 원리가 응용된 도구, 즉 기술이 탄생한 것이다. 기술은 다시 탐구의 도구가 되어 과학을 발전시키고 그렇게 발전된 과학은 다시 기술을 발전시켰다.

이후 과학과 기술은 과학기술로 하나가 되어 미지의 영역을 앎의 빛으로 조명하고, 이전에는 불가능했던 것들을 정복해가며 과학기술 문명의 시대를 열었다. 과학기술 문명의 성과는 실로 경이로웠다. 인간의 활동 영역을 우주로 확대했을 뿐 아니라 필요한 재화의 생산 방식에서부터 개인의 소소한 일상에 이르기까지 가히 혁명적이라 할 만큼 편리하고 풍요롭게 바꿔놓았다. 인간은 이제 과학기술을 통해 스스로 풍요와 행복을 일궈나가는 능력을 얻게 된 것이다.

과학기술 문명은 근대 유럽에서 시작되어 전 세계로 퍼져 나갔다. 그 역사는 오늘날까지 계속되어 우리는 과학기술에 미래를 맡기는 상황에 이르렀다. 과학기술의 발전만이 행복한 미래를 보장한다는 믿음과 함께 새로운 보편적 신앙이 생겨난 것이다. 다른 한편 이상한 일도 일어나고 있다. 인간을 무지에서 앎의 세계로 인도하고 필요한 모든 것을 스스로 만들어가는 과학기술 시대에도 미래는 여전히 알 수 없는 영역으로 남아 있다. 오히려 과학기술이 발달할수록 전혀 예상치 못한 일이 일어나며 인간의 미래는 점점 더 미궁 속으로 빠져드는 듯하다.

이런 경향은 최근 더욱 심화되고 있다. 과학기술은 어느덧 거듭제곱 속도로 발전하고 있다. 또 이전에는 알지 못했던 것에 대해 굉장한 정도의 세밀함과 정확도를 가진 정보와 지식을 제공한다. 과거에는 상상 속에만 존재했던, 아니 감히 상상조차 못 했던 광경이 실제처럼 재현되는 가상현실 기술도 출현했다. 어쩌면 미래의 인간은 현실이 아니라 가상현실 속에 살게 될지도 모른다.

그러나 인간의 상상력마저 초월하는 미래에 인간은 어떤 삶을 살게 될지 그리고 그런 미래가 인간에게 불행인지 아니면 행복인지에 대한 확답은 아직 없다. 또 그린 미래로 향하기 위해 현재의 인산은 무엇을 준비해야 하는지 등 전혀 새로운 문제들이 제기되고 있다. 이런 이유로 지금 이 시대를 살아가는 우리는 그 어느 때보다 더 미래가 궁금하고 불안하다. 미래를 탐구하고 내다보지 않으면 미래를 향해 살아가는 현재의 삶 자체가 위기에 봉착할 수 있기 때문이다. 이 시대는 미래를 탐구하는 자들을 절박하게 부르고 있다.

물론 미래의 탐구가 시대의 요구란 사실은 하루하루를 충실히 살아가는 일상인에게는 그다지 큰 관심사가 아닐 수 있다. 그러나 2016년 들어 특정 사건을 계기로 미래 문제는 사회 전반의 비상한 관심사가 됐다. 그것은 구글 인공지능 알파고와 이세돌 9단의 바둑 대결에서 드러난 인공지능의 성능과 새로운 경제 시스템 출현을 예고하는 4차 산업혁명의 선언이다. 두 사건을 목격한 일상인은 자신의 삶이 어떤 시대적 흐름에 휘말려 미래로 향하고 있음을 감지했다. 이제 일상인도 미래가 궁금하다.

이런 시대의 부름에 응하기 위해 여기 30여 명의 연구자들이 생각을 모았다. 각기 다른 분야에서 고도의 전문성을 갖춘 연구자들이 내

12

미래는 더 나아질 것인가

다본 미래는 여러 갈래로 흩어지고 서로 다른 방향을 향할 수밖에 없다. 더욱이 이 책에 수록된 글들은 대부분 두 사건이 일어나기 전에 집필됐다. 그럼에도 이 책의 필자들은 이미 두 사건을 예견한 듯 미래의 전반적인 문제를 다루고 또 서로 공명하며 미래에 대한 제언을 내놓는다.

이제 이 책의 핵심 내용을 짚어보며 독자들과 함께 미래로 떠나보자.

인공지능의 출현, 멋진 신세계를 향한 혁명

알파고와 4차 산업혁명은 별개의 장소에서 전혀 다른 목적으로 기획됐다. 이세돌과 알파고의 바둑 대결은 구글이 자신들이 개발하고 있는 인공지능의 성능이 얼마나 탁월한지를 과시하기 위해 지구의 동쪽 서울에서 개최한 이벤트다. 4차 산업혁명 선언은 지구의 서쪽 스위스 다보스에서 세계를 움직이는 오피니언 리더들이 시대의 문제를 논하는 가운데 표명됐다. 그러나 두 사건은 실제로 깊은 연관성을 갖고 인간을 미래로 이끌어간다.

대체 인공지능과 4차 산업혁명은 어떻게 연관되는가? 여기서 잠시 4차 산업혁명에 대해 살펴보자. 이미 언급했듯이 과학기술의 가속적 발전은 인류 역사에서 전대미문의 사건이었다. 과학기술발전은 인류를 빈곤에서 해방하고 경제적 번영을 가져다주었다. 경제사학자들의 연구에 따르면, 과학기술이 본격적으로 인간의 경제 활동 구조를 바꿔놓은 산업혁명 이후 경제는 그 이전과 비교가 무의미할 정도로 빠르게 성장했다.

증기기관을 기반으로 일어난 1차 산업혁명과 20세기 초엽 전기를 기반으로 일어난 2차 산업혁명은 비약적 경제성장을 이루는 데 핵심 역할을 했다. 20세기 후반에 출현한 디지털 기술은 세계가 디지털 경제로 도약하는 3차 산업혁명을 촉발했다. 3차 산업혁명은 다시 산업 기술과 경제 영역을 혁신하며 최근 새로운 변곡점에 도달했다. 디지털 정보화로 일어난 3차 산업혁명은 이제 4차 산업혁명으로 도약하고 있다.

4차 산업혁명은 가상세계와 현실세계가 상호 침투하는 사이버 물리 시스템이 구축됨으로써 자동화와 지능화된 생산체제가 경제 구조를 급격히 혁신하는 과정이다. 20세기 후반 출현한 정보기술IT이 이 과정을 주도한다. 중요한 것은 IT가 인간과 인간의 소통 기술로서 실현되는 정보통신기술ICT 단계를 넘어섰다는 점이다. IT는 이제 인간을 포함한 모든 사물에 침투하여 만물을 소통시키고 조작하는 사물인터넷IoT(Internet of Things), 더 나아가 만물인터넷IoE(Internet of Everything)의 단계로 진입하고 있다.

만물인터넷 시대에 기계들은 지능화된다. 또 서로 정보를 주고받고 스스로 자신을 작동시키는 소프트웨어를 업그레이드하면서 진화한다. 기계의 지능화에 필수적인 컴퓨터 제조 비용은 빠른 속도로 낮아지는데 반해 인간의 노동 비용은 갈수록 높아지고 있다. 기업들은 본격적으로 인간을 지능화된 기계로 대체하고 있다. 이는 인건비 절감을 통한 기업 이익의 급증으로 이어질 것이다.

지능화된 기계의 전면적이고 급속한 도입은 생산 부문에만 머무르지 않는다. 경영관리 영역에서도 딥러닝Deep Learning과 딥디시전Deep Decision 방식으로 지능화된 인공지능이 도입되고 있다. 경영자의 다양한 의사결정은 이제 네트워크를 타고 광속으로 순환할 것이다. 딥러닝 프로그램은 다양한 의견을 수렴하고 엄청난 경영 데이터를 매우 빠른 속도로 처리하여 미래 예측과 의사결정의 정확성을 높일 것이다.

기존 조직에서 흔히 볼 수 있는 의견 조율 과정의 시간 지체나 조직 경직화로 인한 관료화와 같은 문제점도 말끔히 해소될 것이다. 신속하고 합리적인 의사결정으로 운영상의 오류가 줄어들고 움직이는 속도가 가속화될 것이다. 이처럼 경제 전반이 컴퓨터에 의해 지능화되면 디지털 기술의 속도로 발전을 거듭해 경제적 풍요를 이룰 수 있다.

우리에게 경제적 풍요를 가져다줄 4차 산업혁명이 차질 없이 진행된다면 인간의 시대를 넘어서는 새로운 역사의 장, 즉 포스트휴먼Post-Human 시대가 열릴 것이다. 포스트휴먼은 소위 트랜스휴머니스트Trans-humanist라고 불리는 미래주의자들이 미래에 출현할 역사의 주인공으로 예견하는 존재자다. 각종 첨단 기술이 미래의 어느 때(아마도 2050년쯤) 성공적으로 융합해 급격한 기술발전이 일어나는 특이점Singularity에 도달하면, 이런 융합 기술에 의해 개조되어 탄생하는 인간 이후 존재자가 바로 포스트휴먼이다.

첨단 기술로 완전히 증강된 성능의 인간 이후 존재자가 출현하면 인간의 생물학적 몸은 도태될 것이다. 이런 생물학적 인간 몸의 도태가 불행한 사건은 아니다. 인간은 이제 과학기술을 통해 그동안 시달려왔던 질병, 나아가 죽음에서 해방될 수 있다. 생체적 장기를 인공 장기로 대체하고 수많은 질병을 정복하고 나면 인간의 수명은 엄청나게 연장될 수 있다.

포스트휴먼은 자연인처럼 피와 살을 지닌 생체를 기반으로 하지 않는다. 초기 컴퓨터처럼 진공관일 필요도, 현재처럼 실리콘을 기반으로 할 필요도 없다. 인공지능은 물리적으로 다양하게 실현 가능하다. 따라서 인공지능의 최절정인 포스트휴먼은 여러 가지 상이한 물리적 소재를 기반으로 하는 컴퓨터에 의존하여 지적 능력을 향상시킬 수 있다. 두뇌의 신경생리학적 작동 원리가 정보공학적 패턴으로 모방되고, 이 모방 프로그램을 최적으로 구현하는 물리적 기반이 나노, 바이오, 정보, 인지의 융합 기술에 의해 마련되면 지능을 컴퓨터에 업로드하는 작업은 얼마든지 실현 가능하다.

이렇게 개인의 삶을 결정하는 두뇌 활동과 기억이 운명적으로 지니고 태어난 생체를 떠나 물리적 소재를 기반으로 하는 컴퓨터로 옮겨질 수 있다면 인간의 운명에 근본적인 변화가 일어날 것이다. 포스트휴먼이 출현하면 인간은 더 이상 죽지 않는다. 인간의 몸이 생물학적 수명을 다해 소멸되더라도 두뇌로 실행되는 의식적 삶을 다른 컴퓨터로 업로드해가며 영생할 수 있기 때문이다. 그렇게 되면 경제적으로 풍요로워지는 것은 물론 더 이상 자연적 생체로 살지 않기 때문에 죽음을 초월할 수 있다.

이런 포스트휴먼은 인간 역사가 시작된 이후 우리가 늘 꿈꿔왔던 미래가 아닌가? 혹시 과학기술의 가속적 발전이 인간을 포스트휴먼으로 증강시키며 천국의 미래로 인도하고 있는 건 아닐까?

　　　　　　　　　　　　　　　미래는 더 나아질 것인가

만일 트랜스휴머니즘이 예고하는 대로 과학기술이 발전하고 4차 산업혁명이 진행된다면 인간은 어처구니없는 미래를 맞이할지도 모른다. 그것은 4차 산업혁명의 기반인 만물인터넷에서 예감된다. 만물인터넷은 인간, 기계, 사물 등 모든 것을 인터넷으로 연결하여 무한한 데이터를 광속으로 생산하고 순환하는데, 이 빅데이터 안에 사실상 진리가 숨어 있다. 따라서 빅데이터에 담긴 진리를 정확히 인식하고 가공하는 작업이 무엇보다 중요하다.

불행하게도 인간의 능력은 이를 감당하지 못한다. 무한대로 집적되는 빅데이터에 담긴 진리는 알파고와 같은 인공지능을 통해서만 파악될 수 있다. 이제 인간은 빅데이터에 담긴 진리를 인식하고 무엇을 어떻게 생산하여 소비하게끔 유혹할지를 결정하는 주체가 아니다. 인공지능이 인간을 대신하여 생산 방식과 소비 양식을 결정하고 사이버-물리 시스템이 생산 작업을 대체한다. 생산 설비의 운영은 물론 심지어 서비스까지 인공지능을 탑재한 로봇이 담당하게 될 것이다.

결국 알파고의 승리에서 예견됐다시피 인공지능이 실질적으로 4차 산업혁명을 지휘할 것이다. 반면 인간은 인공지능의 지시에 따라 행하는 아바타로 전락할지도 모른다. 이는 결코 과장된 이야기가 아니다. 알파고와 이세돌의 대결은 4차 산업혁명에서 인간이 처할 미래를 적나라하게 드러냈다. 이 대결에서 인간의 미래를 보여준 것은 알파고도 이세돌도 아니다. 그것은 알파고의 아바타를 맡았던 아자황이다. 인공지능과 인간의 대결에서 아자황은 인간으로서는 완전히 잠들어

버리고 오로지 알파고의 아바타로만 존재했다.

4차 산업혁명이 현재와 같은 방향으로 계속된다면 상당수 인간이 일자리를 잃는 미래가 올 것이다. 그러나 낙관적인 전망도 있다. 4차 산업혁명은 한편으로는 기존 일자리를 파괴하는 기술 혁신으로 진행되지만 다른 한편으로 이 기술 혁신은 새로운 일자리를 창출할 것이다. 마치 산업혁명이 농업 분야 일자리를 대대적으로 파괴했음에도 공장 노동자와 사무직 관리자라는 새로운 일자리를 만들어낸 것처럼 말이다.

4차 산업혁명은 이전 혁명과 근본적으로 다른 점이 있다. 그것은 바로 4차 산업혁명의 현재 기조는 기본적으로 인간이 서로를 필요로 하지 않는 미래로 향하고 있다는 점이다. 또 실질적으로 새로운 기술에 의해 만들어지는 일자리 수가 그 기술에 의해 사라지는 일자리 수를 대체하기에는 턱없이 부족하다. 초창기인 현재에도 이미 급격히 일자리가 줄어드는 추세가 도처에서 목격되고 있다. 한 예로 1990년대 초 제조업의 메카였던 디트로이트의 자동차회사들은 140만 명에 달하는 인원을 고용했지만, 4차 산업혁명의 발화지인 실리콘밸리에 고용된 인원은 14만 명에 불과하다.

앞서 언급한 것처럼 인공지능이 주체가 되는 4차 산업혁명은 제조업 분야에서 인간을 해방시켜 보다 양질의 일자리를 제공할 것이라는 전망도 있다. 특히 인공지능이 대체할 수 없는 고도의 역량을 갖춘 지적 자본가 그리고 인공지능과 로봇을 소유한 물적 자본가를 중심으로 한 소위 슈퍼스타 경제의 출현이 예고된다. 이들 슈퍼스타는 천문학적 규모의 부富를 축적한 뒤 다양한 욕망을 충족시키는 데 소비할 가능성이 크다. 이는 새로운 서비스 산업의 출현을 촉발할 것이다.

이것이 과연 가능할까? 인공지능의 개발에는 인간이 서로에게 요구하는 서비스조차 로봇이나 가상현실로 대체하려는 목적도 내포되어 있다. 인간은 백화점 안내, 노인 간호, 심지어 섹스까지 인공지능이 담당하는 미래를 열고자 한다. 일본에서 이미 시판된 감정 인식 로봇 페퍼Pepper와 인공지능학자 데이비드 레비David Levy가 주도하는 '로봇과의 사랑과 섹스Love and Sex with Robots' 프로젝트가 그 증거다. 이런 추세가 계속되어 미래의 어느 시점에 완성된다면 나라는 인간도, 너라는 인간도, 그들이라는 인간들도 모두 필요 없는 존재가 될 것이다. 요컨대 인간이 할 일은 없는 미래가 우리를 기다리고 있다는 뜻이다.

일 없는 미래를 떠올릴 때 가장 먼저 예상되는 사태는 일 없는 사람들의 빈곤이다. 시장에서 소비 능력을 갖는 자들이 사라질 것이다. 소비자가 실종된 시장에서는 자본주의가 작동할 수 없다. 결국 자본주의 경제는 총수요 부족이란 파국을 맞게 된다. 그런 의미에서 과거 산업혁명 사례를 떠올리며 미래의 일자리 증가를 낙관하고 현 추세를 방치하는 것은 매우 위험한 일이다. 미래를 향한 현명한 태도는 일자리 감소가 수반할 위험에 대비하는 일이다.

그럼에도 트랜스휴머니스트 같은 미래주의자들은 다음과 같이 주장할 수 있다. 설령 경제가 파국을 맞더라도 그전에 인공지능이 주도하는 4차 산업혁명이 성공해 포스트휴먼이 출연한다면, 유한한 인간 수명이 초래하는 모든 문제가 해결되는 것 아닌가. 인간의 자연적 몸이 인공물로 대체되어 상상을 초월하는 수준으로 성능이 증강되고, 급기야 우리의 자의식이 디지털화되어 생체를 벗어나 영생할 수 있는 인공두뇌가 된다면, 더 이상 빈곤도 실업도 경제적 파국도 걱정할 필요 없는 것 아닌가. 빈곤과 실업이 두려운 이유는 그렇게 되면 우리가 죽을지도 모르기 때문 아닌가.

그러나 이런 과학기술의 주장은 인간의 몸에 대한 근본적인 오해에서 비롯된다. 이는 인공 장기와 몸의 관계를 좀 더 면밀하게 살펴보면 알 수 있다. 인공 장기가 몸에 이식되어 몸의 활동이 가능해지는 것은 몸이 기계처럼 작동하기 때문이 아니다. 기계는 부속품이 교체되면 다시 이전처럼 작동한다. 하지만 인공물을 이식받은 인간의 몸은 그 인공물을 피와 살로 된 자신의 몸에 체현하는 과정이 필요하다. 생체 내에서 자발적으로 진행되는 이 지난한 체현 활동이 없으면 우리 몸에 이식된 인공물은 몸의 활동을 방해하고 결국 몸이 거부하는 이물질에 불과할 뿐이다. 이물질은 우리 몸과 하나가 되어 몸의 활동을 도울 수 없다.

인간의 몸은 한낱 기계나 고깃덩어리가 아니다. 우리 삶을 구현하는 생체는 항상 살아 움직이는 활동성이 있다. 인간의 모든 의지적·인지적 활동은 이 활동성에서 발원한다. 이처럼 인간의 생체는 기계와 같이 다른 부품으로 대체 가능한 객체가 아니라 삶을 이끌어가는 피와 살로 된 주체다. 이런 사실은 이미 모리스 메를로퐁티 Maurice Merleau-Ponty 같은 철학자에 의해 밝혀졌지만, 최근에는 뇌와 뉴런을 연구하는 인지과학자들도 유사한 입장을 주장한다. 그들의 연구에 따르면, 인지

미래는 더 나아질 것인가

활동은 뉴런의 연결망에서 일어나는 것이 아니라 생체에 의존하고 있다. 결국 몸이 없으면 인간의 의지적·인지적 활동은 물론 그로부터 비롯되는 모든 활동이 불가능하다. 생체는 죽음을 피할 수 없다.

그렇다면 죽음은 인간에게 저주인가? 여기서 우리는 과학기술을 성공적으로 제품화하여 시대의 아이콘이 된 스티브 잡스 Steve Jobs의 스탠퍼드대학 졸업 연설을 경청해볼 필요가 있다. 죽음이 없는 포스트 휴먼을 꿈꾸는 트랜스휴머니스트들과 달리 그는 이런 말을 남기고 죽었다. "죽음은 우리 모두의 숙명이다. 아무도 피할 수 없다. 그리고 그래야만 한다. 삶이 만든 최고의 발명이 '죽음'이니까. 죽음에 직면해서는 모두 떨어져나가고 오로지 진실로 중요한 것들만 남기 때문이다."

만일 잡스가 말한 것처럼 죽음이 그런 의미를 갖는다면 죽음을 없애고 영생을 얻은 미래는 진실을 잃고 어처구니없는 상황에 빠질 수 있다. 이는 인간의 미래와 관련하여 가장 근본적인 문제로서 깊은 성찰을 요구한다. 어쩌면 미래는 근본적으로 인간, 몸 그리고 죽음의 관계에서 드러나는 인간의 한계성을 인정하면서 다시 전망되고 설계되어야 할지도 모른다.

고도의 기술이 문명 재난의 원인

과학기술이 가속적으로 발전한 경제에서 깊은 성찰은 시간 낭비라는 이유로 기피된다. 시시각각으로 다가오는 문제에 대한 신속한 결정이 관건이기 때문이다. 그런데 과학기술의 가속적 발전 때문에 오히려 경제발전은 물론 인류의 생존마저 위협받는 역설적인 미래로 향할 위험이 있다. 이 때문에 4차 산업혁명은 인간을 죽음이 없는 포스트휴먼 시대로 인도하기 전에 좌초할지도 모른다.

지구온난화가 시사하듯이 인간의 미래는 재난에 대한 두려움을 동반한다. 지나간 역사에서 인간이 미래와 관련해 두려워할 때 공포의 대상은 주로 자연재해였다. 언제 홍수가 날지 모르고, 언제 태풍이 닥칠지 몰랐다. 또 언제 땅이 흔들리며 꺼질지 모를 일이었다. 그러나 완벽하지는 않더라도 재난을 예측할 수 있는 기술이 발전하고 있다. 또 재난의 위험에서 인간을 구할 수 있는 여러 가지 기술 장치들이 점점 더 정교해지고 있다. 특히 곳곳에 존재하는 시설물과 사물 그리고 인간이 서로 정보를 교환하고, 문제가 발생했을 때 인공지능에 의해 자동적으로 해결되는 스마트 시스템이 개발되면 인간은 재난의 위협에서 벗어나게 될 것이다.

그러나 이런 전망은 재난 문제와 관련하여 과학기술에 잠복해 있는 역설을 간과하고 있다. 자연 재난에서 인간을 보호하기 위한 과학기술 장치들이 오히려 문명 재난을 일으키는 위험 요인이 될 수 있다는 점 말이다. 이런 과학기술의 역설은 재난에 대해 인간보다 훨씬 더 민감하게 위험을 감지하고, 인간보다 훨씬 더 지능적으로 대처하는 스마트 시스템에서 발생할 수 있다.

무엇보다 사용자가 겪을 모든 문제를 스마트 시스템 설계자가 예상한다는 것 자체가 원칙적으로 불가능하다. 따라서 설계자가 예상치 못한 문제가 발생할 때, 스마트 시스템은 오히려 문제해결에 방해가 되거나 심지어 위험을 증폭시킬 수 있다. 또 자동화 기능이 뛰어날수록 안전에 대한 주의력이 떨어져 문제가 발생할 경우 대형사고로 발전하기 쉽다. 마지막으로 사람과 기계 사이의 공통 기반이 결여된 상태에서 지능형 기계가 인간 행동을 예측하려 들면 정확도가 떨어질 가능성이 커진다. 그뿐 아니라 인간이 기계의 행동을 예측하기 힘들어 상호작용에서 오류가 발생할 가능성도 커진다.

과학기술의 발전이 원인이 되는 문명 재난의 역설은 4차 산업혁명의 배경, 즉 인간을 비롯한 모든 것을 만물인터넷으로 연결하는 총체적 디지털화에도 그 원인이 있다. 만물인터넷이 꿈꾸는 것처럼 세상의 모든 것이 연결되면 당연히 연결성이 폭증하고 이는 복잡성의 증폭으로 귀결된다. 어떤 시스템의 안전성을 관리하고 그런 시스템을 통제하려면 관리를 받는 시스템의 구성 요소들과 그것들의 상호작용까지 미세하게 감시하고 관리해야 한다. 사고가 발생할 경우 대응조치도 취할 수 있어야 한다. 따라서 이런 안전관리 시스템은 관리 대상이 되는 시스템의 복잡성을 능가할 수밖에 없다.

이미 만물인터넷처럼 무한대에 가까운 복잡성을 지닌 시스템을 능가한다는 것은 이론적으로나 현실적으로나 거의 불가능하다. 게다가 시스템의 구성 요소가 늘어날 때마다 구성 요소 간의 상호작용과 되먹임이 반복되면서 복잡성이 기하급수적으로 증폭된다. 따라서 어떤 사고가 발생했을 때 그 원인을 찾아내기란 현실적으로 불가능하다. 결국 복잡성이 커지면 시스템 붕괴 위험도 커진다.

이런 모든 사실을 고려하면 만물인터넷으로 구현되는 초연결사회Hyper-Connected Society는 그것을 능가하는 안전관리 시스템 구축이 사실상 어렵기 때문에 사고 위험이 가중된다. 게다가 일단 사고가 발생하면 전면적으로 퍼져 나갈 가능성이 항상 존재한다. '디지털 산불'이란 이런 위험을 경고하는 새로운 용어. 만일 미래에 모든 것을 광속으로 연결하는 만물인터넷이 완성된다면, 걷잡을 수 없는 속도로 오류가 확산되는 '디지털 산불'의 위험이 상존하게 된다.

고도로 정교精巧한 과학기술 장치들은 그 복잡성 때문에 오히려 재난의 원인이 될 수 있다는 과학기술의 역설은, 아직 현실화되지 않은 만물인터넷에서만 우려되는 일이 아니다. 이런 위험은 이미 원자력발전소에서도 적나라하게 드러나고 있다. 원자력발전소는 수백만 개의 부품과 수백 킬로미터에 달하는 전선과 배관, 수만 개의 용접 지점과 밸브 등이 이상 없이 작동해야 하는 고도로 복잡한 시스템이다. 이들 시설과 부품을 완벽하게 점검하고 안전성을 확인한다는 것은 사실상 불가능하며, 노후화될수록 그 위험은 기하급수적으로 커진다.

과학기술의 선용과 사회적 자본

분명한 것은 미래로 향하는 역사의 장과 현재 역사가 진행되는 양상이 바뀌고 있다는 점이다. 미래로 향하는 역사의 장은 새로운 사유 혹은 혁신적 성찰을 필요로 한다. 역사적 체험을 통해 과학기술이 인간의 물질적 복지 향상에 지대한 기여를 해왔다는 사실은 입증됐다. 따라서 미래로 향하는 역사의 행로에서 과학기술의 중요성은 아무리 강조해도 지나치지 않을 것이다.

그러나 과학기술이 인간을 천국으로 이끄는 구원의 신은 아니다. 안타깝게도 과학기술은 가치를 판단하는 데 있어서는 무기력하기 그지없다. 과학은 이미 그 연구 방식 자체가 가치중립적이다. 이런 방식에 의해 발견된 원리 역시 가치중립적이다. 가치중립적 과학 원리를 응용하여 구현되는 기술 역시 가치중립적이다. 가치중립성은 어떤 면에서는 객관성으로 미화되지만, 과학기술이 가치를 판단하는 데 무기력할 수밖에 없는 이유가 된다.

이런 이유로 과학기술은 추구하는 가치와 무관하게 사용될 수 있다. 그것은 많은 사람을 구할 수도 있고 많은 사람을 살해할 수도 있다. 그것은 많은 사람을 윤택하게 할 수도 있고 소수에게만 엄청난 부를 집중시킬 수도 있다. 과학기술은 선용될 수 있지만 악용될 수도 있다. 과학기술은 민주주의를 발전시키는 데 선용됐지만 제국주의 팽창에는 악용됐다. 나치의 인종주의를 정당화하고 인종 청소를 자행하는 데 쓰인 것이 그 대표적 예다. 이처럼 과학기술 자체의 발전은 가치와는 무관한 것이다.

우리는 과학기술의 발전만으로는 가치 있는 미래를 열 수 없다는 점을 명심해야 한다. 가치 있는 미래는 과학기술발전 그 자체가 아니라 과학기술을 선용하는 사회에서 만들어진다. 따라서 과학기술발전에 앞서 국가적 차원에서 과학기술을 선용하는 사회 분위기를 조성하기 위한 정책 마련이 필요하다.

그렇다면 과학기술이 선용되는 사회는 어떤 사회인가. 인간관계가 경쟁과 갈등, 적대로 점철된 사회에서 과학기술은 인간과 인간이 서로 경쟁하고 대립하며 남을 기만하는 데 사용될 수밖에 없다. 따라서 과학기술이 선용되는 사회의 필수조건은 사람들끼리 서로 배려하고 신뢰하는 관계를 구축하는 것이다. 사회 구성원이 서로 신뢰하고 배려하는 협력의 역량을 사회과학에서는 사회적 자본Social Capital이라고 한다.

현재 4차 산업혁명의 추진 목적은 과학기술발전을 통한 시장 자본Market Capital 축적과 그에 기반한 경제성장에 집중되어 있다. 4차 산업혁명은 시장 자본만으로 실현될 수 없다. 물론 과학기술의 발전이 시장 자본 축적을 촉진할 수는 있다. 그러나 사회 정의, 신뢰, 상호 인정과 존중으로 활성화되는 사회적 협력 역량, 즉 사회적 자본이 확충되지 않은 사회에서 과학기술이 선용되는 미래가 펼쳐질 가능성은 희박하다.

사회적 자본의 확충 없이 시장 자본의 축적 수단으로 과학기술이 발전한다면, 시장 자본의 축적이 급격한 빈부 격차를 유발하여 사회적 갈등을 심화시킬 뿐이다. 사회 구성원이 고통받는 사회에서는 과학기술이 선용될 수 없다. 그런 잠재적 위험이 내재된 대표적인 기술이 최근 엄청난 경제적 부가가치를 생산할 것으로 주목받고 있는 가상현실이다. 가상현실의 열렬한 옹호자였던 재론 래니어Jaron Lanier는 가상현실에 몰입한 이유를 묻자 우울하고 비참한 자신의 현실을 잊기 위해서라고 답했다.

래니어의 고백은 우리 사회에 시사하는 바가 크다. 현재 우리 사회는 빈부 격차, 경쟁 심화, 청년 실업, 노후 빈곤, 양극화, 미세먼지, 자살률 1위 등의 키워드가 지배하는 매우 우울한 상태다. 청년들은 이런 현실을 '헬조선'이라고 칭하며 비판하고 있다. 물론 여러 가지 경제지표를 근거로 우리 사회가 헬조선이 아니라는 반박도 가능하다. 그러나 중요한 것은 현재의 사회 현실이 청년들을 비탄에 빠지게 한다는 사실이다. 이런 상황에서 가상현실 기술은 래니어의 사례처럼 악용될 가능성이 농후하다.

만일 가상현실이 청년들에게 환영을 심어줌으로써 현실의 우울감을 달래는 효과적인 수단으로 사용된다면 어떻게 될까? 이는 마약이 진통제로 선용될 수도 있지만 현실 문제에서 도피하는 환각제로 악용되는 것과 같다.

물론 일부 철학자들은 현실과 가상현실의 경계가 없다고 주장하며 가상현실에 몰입하는 삶을 정당화하기도 한다. 그러나 가상현실은 인간의 탄생과 죽음이 일어나는 실존적 삶의 현장이 아니다. 인간이 살아가는 실존적 공간은 니체 식으로 표현하면 인간이 피와 살로 살고 또 죽는 그 현실이다. 이런 실존적 현실에서 인간은 관계를 맺고 서로를 책임지며 사회를 형성한다. 모순으로 가득한 실존적 사회에서 구성원이 이를 개선할 의지를 포기한 채 가상현실로 도피한다면, 실존적 현실은 더욱더 비극적으로 변질될 수밖에 없다.

가치 있는 미래를 향한 제언

결국 우리가 꿈꾸는 가치 있는 미래로 가기 위해서는 사회적 자본 확충을 위한 구성원의 자발적이고 민주적인 협력이 필수적이다. 이것이 바로 각기 다른 전문 분야에서 활동하는 이 책의 필자들이 각기 다른 방향에서 서로 공명을 일으키며 주장하는, 미래를 향한 제언이다.

어떤 필자는 복잡계 이론으로 생태계를 조명하여 구성원의 자발적·민주적 협력의 중요성을 강조한다. 생태적 질서는 생태계 내부에서 살아가는 독립적인 활동 주체들이 분산적으로 의사결정을 하는 다양성이 핵심이다. 따라서 복잡계 사회에서 다양한 행위 주체 간의 적절한 관계망 구축, 신뢰와 규범 형성 같은 사회적 자본 축적이 필요하다는 주장이다.

어떤 필자는 지식 창출을 위해 구성원의 자발적 참여와 민주성을 강조한다. 지식혁명으로 도약하기 위해서는 이 기저에 있는 지식 생산과 유통에 대한 혁신적인 생각이 중요하다는 사실을 인식해야 한다. 지식의 생산과 유통에 대한 민주적이고 열린 생각과 이를 지원하는 제도적 장치가 절실하다.

또 어떤 필자는 과학기술에 내재된 위험에 대비하기 위해 새로운 재난 대응 패러다임에 주목하여 구성원의 민주적 협력을 강조한다. 새로운 재난 대응 패러다임은 전문가 지식의 한계와 구성원 지식의 유용성을 인식하는 '겸허의 기술Technologies of Humility에 기반한다. 이는 구성원의 시민지식Lay knowledge과 경험을 소중한 사회적 자산으로 존중하고 활용하여 재난 대응의 민주적 가치를 높이는 것이다.

미래로 가는 역사의 행로는 과학기술 혁신만으로는 열리지 않는다. 오히려 과학기술의 발전에 집착하는 혁신은 미래의 문을 닫을지도 모

미래는 더 나아질 것인가

른다. 보다 가치 있는 미래로 향하기 위해서는 사회적 동력 확보가 필수적이며 사회적 자본을 확충하기 위한 사회적 혁신이 무엇보다 중요하다.

이를 위해서는 정책 기획 과정에서 발상의 전환이 따라야 한다. 지금처럼 과학기술을 발전시켜 시장 수요를 만들어내고 이를 활용해 자본을 축적한 뒤, 그때 발생하는 부작용은 부수적 과제로 생각하는 정책 기획에 혁신이 일어나야 한다. 사회적 자본을 확충하기 위한 사회혁신정책이 과학기술발전정책과 마찬가지로 중요성을 갖고 마련되어야 하며, 이에 기초하여 과학기술이 선용될 수 있는 법 제도가 구축되어야 한다. 나아가 이런 제도가 시장에서 지속될 수 있는 시장 메커니즘이 마련되어야 할 것이다. 그런 혁신의 첫걸음을 통해 우리는 가치 있는 미래로 향하는 길을 열어나갈 수 있을 것이다.

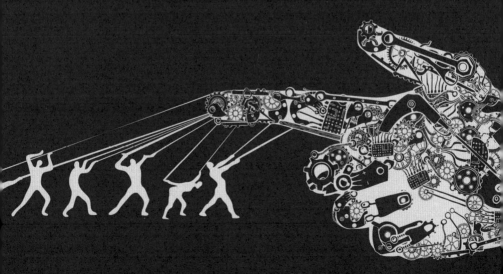

1장

포스트휴먼
플랫폼

필진 ─────────────────

이종관 성균관대 철학과 교수

조용수 LG경제연구원 수석연구위원

강신익 부산대 치의학전문대학원 교수

이원태 정보통신정책연구원 연구위원

이상욱 한양대 철학과 교수

인간을 능가하는
인간의 출현

첨단 기술의 발전이 미래의 어느 때(아마도 2050년 쯤) 소위 특이점에 도달하면 이런 융합 기술로 개조돼 탄생할 인간. 이것이 포스트휴먼의 정의다. 인간의 생물학적 몸은 도태되고, 완전히 증강된 성능의 인간 이후 존재자가 출현하는 셈이다. 이 시점이 되면 진화의 방향은 기술에 의해 조정된다. 자연적 진화와는 전혀 다른 차원의 진화가 펼쳐지게 되며, 기존의 과학이나 철학의 틀로는 이해할 수 없는 신세계라 할 만하다.

포스트휴먼, 그 의문의 존재자

미래학자 호세 코르데이로Jose Cordeiro는 포스트휴먼의 도래를 이렇게 예언한다. "호모 사피엔스는 지구상 최초로 진화와 한계에 대한 의식을 가진 종이며 인간은 종국적으로 이 제한을 넘어 진화된 인간, 즉 트랜스휴먼과 포스트휴먼으로 발전할 것이다. 이 과정은 영장류에서 인간으로 진화한 과정과 달리 애벌레에서 나비가 되듯 빠르게 진행한다. 미래의 지능 생명체는 인간을 전혀 닮지 않고 탄소 기반 유기체는 기타 과잉 유기체와 혼합될 것이다. 이런 포스트휴먼은 탄소 기반 시스템뿐 아니라 우주여행 같은 상이한 환경에 보다 유리한 실리콘 및 기타 플랫폼에 의존할 것이다."[1]

할리우드 SF영화의 소재로나 적합할 포스트휴먼 문제가 진지하게 논의돼야 하는 이유는 뭘까? 하이테크 철학자 장 보드리야르Jean Baudrilard의 말처럼 우리는 SF소설을 쓸 필요가 없을 정도로 이미 SF의 시대를 살아가고 있지 않은가. 사실 우리가 사는 현실은 19세기 인간이 그렸던 SF보다 훨씬 더 공상적이다. 현재 진행 중인 정보화와 컴퓨터의 발전을 조금만 성찰해보면 포스트휴먼의 도래는 충분히 거론될 만하다.

인간의 삶을 급속히 사이버 스페이스로 이주시키는 정보화 과정은 컴퓨터로 하여금 자율지능을 갖추고 언제 어디서든 사람 곁에서 사용될 것을 요구하고 있다. 이에 따라 컴퓨터는 인간보다 뛰어난 지능을 갖고 인간의 신체와 통합됨으로써 도처에서 사용되는 편재성Ubiquity을 실현시킬 예정이다. 이미 컴퓨터는 모든 곳에 존재하며 급기야 플라스틱 통을 탈출해 인간의 몸으로 침투하고 있다.

최근에는 손쉽게 착용하는 웨어러블 컴퓨터를 개발하려는 시도가 한창이며 가까운 미래에는 아예 몸에 이식되는 컴퓨터가 등장할 것이다. 미래의 컴퓨터는 이렇게 이식이란 과정으로 인간의 몸과 하나가 되면서 인간 내부에 침투할 것이다. 인간보다 지능적인 컴퓨터가 오히려 인간을 자신의 일부로 흡수하고, 결국 인간을 포스트휴먼으로 변신시키는 결과를 낳을 수도 있다.

장식화하는 몸, 죽지 않는 포스트휴먼

이런 포스트휴먼이 사는 방식은 어떨까? 인간은 선택의 여지없이 현실에 몸과 함께 처해 있지만, 포스트휴먼은 사이버 스페이스에서 자기가 처할 가상현실을 자유롭게 선택할 수 있다. 이렇게 복수의 가상현실 속에 사는 포스트휴먼은 인간의 생체적 몸에만 의존하지 않는다. 이는 마치 현재의 개인용 소프트웨어가 하드웨어를 바꾸어도 기능하는 것과 같은 원리다. 포스트휴먼은 여러 가지 물리적 기반을 바꿔가며 삶을 지속한다. 지능은 자연인과 같이 살을 지닌 생체적 몸을 기반으로 할 필요에서 벗어난다. 또 초기의 컴퓨터처럼 진공관일 필요도 없고 현재처럼 실리콘을 기반으로 할 필요도 없다. 지능은 물리적으로 다양하게 실현 가능한 것이다. 따라서 인공지능의 최절정인 포스트휴먼은 자신의 지적 능력을 여러 가지 상이한 물리적 기반의 컴퓨터에 업로드시켜 지속할 것이다.

지능을 컴퓨터에 업로드하는 작업은 두뇌의 신경생리학적 작동원리가 정보공학적 패턴으로 이뮬레이션되고 이 이뮬레이션 프로그램을 최적으로 구현하는 물리적 기반이 나노, 바이오, 정보, 인지의 융합 기술에 의해 제작되면서 실현 가능하다.

이렇게 개인의 삶을 결정하는 두뇌의 활동과 기억이 운명적으로 지니고 태어난 생체를 떠나 다른 물리적 기반의 컴퓨터로 옮겨질 수 있다고 가정해보자. 그러면 그 몸이 생물학적 수명을 다해 소멸한다 해도, 다른 컴퓨터로 자신의 삶을 업로드해 영생할 수 있게 된다. 영화 〈트랜센던스Transcendence〉는 클라우드 컴퓨터에 업로드되는 상황을 잘 묘사하고 있다.

결국 포스트휴먼에게 몸은 삶의 근거가 아니라 장식물이다. 지능이 잠시 인간의 몸을 빌렸을 뿐이다. 이미 지능이 실리콘이란 물질을 기반으로 한 컴퓨터로 실행되기 시작한 그 초기에 미국의 인공지능학자들은 인간으로서의 자존심을 접고 이렇게 고백했다. "인간은 이 세계에서 일시적으로 지능을 이끈 존재에 불과하다. 우리는 진화의 지평에서 이미 후계자를 보고 있다. 바로 실리콘 지능 컴퓨터다."[2]

트랜스휴머니즘과 융합 기술

2050년이 지난 어느 시점에 포스트휴먼이 도래할 것이란 예측과 기대는 20세기 후반부터 괄목할 만한 이념을 형성하며 스스로를 트랜스휴머니즘이라 불렀다. 1999년 옥스퍼드대학의 철학자 닉 보스트롬Nick Bostrom의 주도 아래 트랜스휴머니즘 세계 연합이 결성되면서 이

조직은 공식 출범했다. 그들이 선언한 트랜스휴머니즘의 핵심 내용은 다음과 같다.

"우리는 응용 이성, 즉 기술을 사용해 노화를 제거하고 인간의 지적·육체적·심리적 능력을 강화시키는 등 인간 조건을 근본적으로 개선하려는 시도를 바람직하게 본다. 트랜스휴머니즘은 이 시도의 가능성을 긍정하는 지적·문화적 운동이다."[3]

트랜스휴머니즘은 21세기에 들어서면서 지배력이 급격히 확대되고 있다. 특히 최첨단 기업 등 사회적 명성과 영향력을 갖춘 인사들이 트랜스휴머니즘을 주도하는 집단에 가세하면서 괄목할 만한 경제적·문화적·정치적 권력으로 성장하고 있다. 선마이크로시스템스의 빌 조이Bill Joy, 구글과 나사가 지원하는 싱귤래리티대학의 총장인 레이 커즈와일Ray Kurzweil, 나노물리학의 개척자 에릭 드렉슬러Eric Drexler, 한때 미국 공화당의 대통령 후보였던 뉴트 깅리치Newt Gingrich, 옥스퍼드대학의 철학자 보스트롬 등 주로 영미권의 과학기술자, 철학자, 정치가 들이 트랜스휴머니즘의 주축을 이루고 있다.

포스트휴먼의 미래를 열망하는 트랜스휴머니즘은 21세기를 기점으로 세계화된 시장 메커니즘을 통해 때로는 노골적으로 때로는 은밀하게 확산되고 있다. 이 확산의 기점은 2002년부터라고 해도 무방하다. 2002년은 미국 과학재단에서 나노, 바이오, 정보, 인지의 융합 기술 보고서가 출간된 해다. 2002년 발간된 이 보고서의 정확한 제목은 〈인간 성능 증강을 위한 융합 기술〉이다. 제목에서 느껴지듯이 1999년에 보스트롬이 트랜스휴머니즘 세계 연합을 결성하면서 선언한 내용과 동일하다 할 만큼 같은 어휘를 반복하고 있다. 이를 통해 융합 기술이 트랜스휴머니즘을 모태로 출현했다는 점을 알 수 있다. 트랜스휴머니즘과 융합 기술의 등장이 갖는 밀접한 관계는 보고서를 쓴 두 명의 공저자 중 한 사람인 윌리엄 베인브리지William Bainbridg가 트랜스휴머니스트라는 사실에서 더욱더 확실시된다.[4]

트랜스휴머니즘은 다방면으로 확산되고 있다. 때로는 종교적으로 번안돼 새로운 영생과 구원의 도래라는 외피를 갖는가 하면, 성치적으로는 인간의 자유를 극대화하는 정치 이념으로 둔갑한다. 여러 갈래의 추진 세력 중 흡인력과 확산력이 가장 강한 쪽은 특이점주의자다. 이들은 첨단 과학기술의 현장에서 선도적인 과학기술자로서 명성을 구가하며 동시에 그 기술의 상용화에 성공한 집단이다. 나아가 첨단 기업의 경영진 내지 임원으로 활동하고 있다. 때문에 이 입장은 미래 기업의 비전을 제시하는 데 경험과 이론 측면에서 상당한 설득력을 갖는다. 또한 트랜스휴머니즘의 다양한 계파 중 선도적 위치를 점한다.

인간 삶의 전 영역이 세계화라는 기치 아래 전면적으로 시장화돼가고 있다. 더불어 트랜스휴머니즘은 교육 영역의 시장화를 매개로 정부 정책에까지 깊이 스며들고 있다. 그 상징적 증거가 바로 현재 최고 기업으로 주가 상승을 기록하는 구글을 등에 업고, 트랜스휴먼의 미래 비전을 선도하며 교육의 미래 지향적 대변혁을 외치는 싱귤래리티대학이다. 이 대학의 총장은 트랜스휴머니즘의 구루 레이 커즈와일이다. 그는 동시에 퓨처리스트Futurist라는 국제단체를 중심으로 방대한

미래는 더 나아질 것인가

국제 네트워크를 형성해, 미래 지향적 정부정책에 영향을 미치고 있다. 한국에도 수차례 방문해 정부의 미래 정책을 자문했고, 최근엔 구글의 기술 담당 고위임원으로 취임해 구글의 미래를 지휘하고 있다.

네오휴머니즘

과연 미래엔 포스트휴먼이 주체가 돼 역사의 새 단계를 열 것인가? 인간은 포스트휴먼을 향해가는 트랜스휴머니즘에 미래를 맡길 수 있는가? 인간의 삶 그리고 그 삶의 미래와 관련된 이런 문제들은 철학적 성찰을 절실히 요구한다.

이미 철학적 차원에서 포스트휴먼의 미래를 비판한 사람들이 있다. 의사 로저 펜로즈Roger Penrose와 철학자 휴버트 드레이퍼스Hubert Dreyfus가 대표적 인물이다. 그들의 비판은 트랜스휴머니즘이 근거하고 있는 첨단 기술 IT, 그중에서 인간의 인지 능력을 인공적으로 제작할 수 있다는 인공지능 이론에 조준돼 있다.

특히 드레이퍼스는 과거 인공지능 연구의 합리적·논리적 모델을 비판하며 인간의 앎은 결코 알고리즘화할 수 없는 암묵적 차원의 바탕 위에 성립한다고 주장한다. 이 암묵적 인지는 인식 주체에 의해서는 결코 투명화될 수 없는 비대상적 지평 구조를 갖고 있다. 때문에 인간의 지능은 컴퓨터와 같은 규칙기반 기호처리인식모델로는 구현할 수 없다. 컴퓨터와 같은 인공지능은 오직 제한적 영역에서만 인간의 지능을 시뮬레이션할 수 있다. 요컨대 인간의 지능은 인공지능에 의해 능가될 수도 없고, 시뮬레이션될 수도 없다는 뜻이다.

포스트휴먼의 이론적 기초에 대한 또 다른 비판은 지능의 체화embo-diment 문제와 맞물린다. 현재 트랜스휴머니즘은 데카르트적 정신-물질 이원론의 또 다른 버전으로, 정신을 육체에서 분리 가능한 정보 패턴으로 간주한다. 인지과학자 마빈 민스키Marvin Minsky, 커즈와일, 한스 모라벡Hans Moravec은 사실상 이 입장에 동의한다. 즉 인간을 능가하는 영생의 트랜스휴먼 출현이 기술적으로 가능하다고 예상하는 것이다. 그러나 프란스시코 바렐라Francisco Varela, 안토니오 다마지오Antonio Damasio 그리고 이들의 입장에서 뇌와 뉴런을 연구하는 인지과학자들은 인지 활동이 뉴런의 연결망에서 일어나는 게 아니라 생체적 몸이라는 물리적 기반에 의존하고 있음을 보여주고 있다.

포스트휴먼의 미래에 대한 도전은 네오휴머니즘을 태동시킨다. 네오휴머니즘은 첨단 기술의 거침없는 발전 과정에서 인간이 직면하는 실존적-존재론적 허무를 극복하고 인간 존재의 의미를 회복하려는 철학적 움직임이다. 또한 근대휴머니즘Modern Humanism의 변종이다.

사실상 우리는 근대휴머니즘이 인간의 계산적·도구적 합리성을 중심으로 과학기술과 공모관계를 형성하며 결국 인간 스스로를 포스트휴먼이라는 이름 아래 도태시키는 역설적 상황을 목격하고 있다. 이런 이유로 네오휴머니즘은 근대휴머니즘과는 다른 방향으로 전개된다. 특히 인공지능이 시뮬레이션할 수 없는 인간적 부분들을 긍정적으로 해석하는 철학적 작업을 수행한다. 이런 철학적 반성은 2011년까지 주목받지 못했다.[5] 2011년 부산에서 개최된 세계 유네스코 제1회 세

미래는 더 나아질 것인가

계인문학포럼에서 네오휴머니즘을 선언하며, 인문적 미래주의를 향한 발걸음을 내딛게 된다.[6]

결국 네오휴머니즘은 인간을 디지털화함으로써 영생을 바라는 포스트휴먼의 미래로 향하는 트랜스휴머니즘에 반한다. 그리하여 인간의 고유한 가치를 몸, 예술적 몰입, 나아가 죽음에서 발견한다. 이 점에서 스티브 잡스의 스탠퍼드대학 졸업 연설은 의미심장하다. 그는 기술을 통해 죽지 않는 포스트휴먼을 발명하려는 트랜스휴머니스트들과 달리 이런 말을 남겼다. "죽음은 우리 모두의 숙명이다. 아무도 피할 수 없다. 그리고 그래야만 한다. 삶이 만든 최고의 발명이 '죽음'이니까. 죽음에 직면해서는 모두 떨어져나가고 오직 진실로 중요한 것들만 남기 때문이다."

인간적인 미래를 원한다면

사실 포스트휴먼을 향한 역사의 행로에 적극 동참하도록 유혹하는 것은 따로 있다. 바로 경제적 기대감이다. 첨단 기술의 발전을 통해 도래할 포스트휴먼은 상상할 수 없을 정도로 생산력이 증강돼 있다는 비전을 내세운다. 생산성의 증강은 경제학적으로 보면 곧 경제성장 동력의 증강이다. 때문에 트랜스휴머니즘은 거대 자본과 첨단 기업 그리고 첨단 산업의 육성을 목표로 하는 각국 정부의 직·간접적 지원을 받으며 압도적인 메인스트림을 형성한다.

이미 20세기 후반부터 새로운 노동력을 양성·교육·재교육하는 데

드는 비용과 시간을 절약했다. 나아가 아예 인간 노동력을 대체하려는 지능기계들이 개발되고 있다. 반면 인간의 노동력은 지능기계에 비해 진화의 속도가 거의 정체되어 있음에도, 임금상승 요구로 인해 고비용화되는 상황이다. 따라서 기술 자본주의는 고비용의 인간을 대체할 인공지능 로봇을 꿈꾸며 인간 이상의 효율성을 최적화하는 방향으로 급속히 발전하고 있다.

기술 자본주의는 자연인을 점점 퇴직시킬 것이다. 이런 포스트휴먼 경제가 가속화되면 사회는 일하는 극소수와 일을 잃은 대다수로 양극화된다. 벌써 세계 도처에서 일자리가 급격히 줄어들고 있다. 자본주의 체제에서 일이 없는 사람은 빈곤을 피할 수 없다. 때문에 경제학자들은 미래의 포스트휴먼 경제에서는 일이 없는 사람에게도 기본임금basic income을 주는 정책을 제안하며 문제를 해결하려 한다.

하지만 이는 인간과 일에 대한 지극히 단세포적인 사고다. 일이 없는 사람들에게 경제적 궁핍보다 더 심각한 문제는 권태에 빠져 중독자로 전락하는 것이다. 중독은 단순한 질병이 아니다. 그것은 어떤 바이러스나 물질적 궁핍이 원인인 병이 아니라 물질적 풍요 속에서도 발생하는 인간 특수의 시간적 질병이다. 중독은 할 일이 없는 상태에서 미래라는 시간과 관계가 절연된 상황, 즉 절망적 상황에서 생겨나기 때문이다.

미래와 단절된 상황에 처한 인간은 현재의 시간이 미래로 흐르지 않는 권태 상태에 빠진다. 따라서 현재의 시간을 죽이는 수단을 찾게 되는데 이는 술, 마약, 도박에서 최근 디지털화한 게임까지 다양하다.

미래는 더 나아질 것인가

아무리 물질적·영양학적으로 좋은 조건이 제공된다 해도 마찬가지다. 자신의 미래를 기획하고 일을 통해 그것을 적극적으로 실현시킬 수 있는 환경이 사라지면, 사람은 절망에 빠지고 권태에 찌들며 결국 중독이란 질병에 걸리고 만다.

중독은 개인의 사회적 관계가 망가지고 인격이 황폐화되는 치명적인 병이다. 대다수가 이 병에 감염된 사회는 붕괴될 수밖에 없다. 맹목적·기술적 효율성에 집착해 인간을 일자리에서 몰아내는 미래의 포스트휴먼 사회는 지속가능하지 않다. 아무리 효율성과 정확성이 높은 기술이라 할지라도 그것이 인간에게서 일을 뺏어간다면 사회는 중독의 늪으로 침몰한다. 그리고 결국 붕괴의 위험에 처한다.

이런 위험에 대비하려면 포스트휴먼에 대한 비판적 성찰이 필요하다. 포스트휴먼은 성능 증강에 최적화된 물질적 토대로 인간의 몸을 대체하며 생명을 연장하고 심지어는 영생을 얻는다. 포스트휴먼에게 몸 자체는 존재 기반으로서의 의미를 상실한, 인공생명의 외부를 둘러싼 껍질이나 표피, 나아가 장식물에 불과하다. 인간의 몸, 그것은 여러 가지 다른 물질이나 모습으로 대체 가능하기 때문이다. 이런 트랜스휴머니즘이 사회의 발전 방향을 주도한다면 포스트휴먼이 도래하기도 전에 일자리를 잃고 중독에 빠진 인간이 사회를 붕괴시키는 역설에 직면할 것이다.

인간, 기술, 몸의 상호 창조를 향해

다시 한 번 생각해보자. 인간에게 일은 무엇인가? 그리고 기술은 무엇인가? 인간과 기술은 어떤 관계에 놓여 있는가? 이런 질문을 던질 때 우리가 잊지 말아야 할 사실이 있다. 인간만이 일을 한다는 점이다. 기계는 작동할 뿐 일하지 않는다. 인간이 일하고, 그것을 더 효율적으로 완수하기 위해 기계가 필요한 것이다. 또 인간의 일은 단순히 생존을 위해 먹이를 구하는 동물의 행동과는 다른 차원의 처신이다. 일은 인간이 몸으로 살아나가며 자신에게 의미 있는 미래를 성취하는 과정이다. 이 과정에서 인간의 몸은 맨몸이 아니다. 인간의 몸은 기술과 함께 일을 함으로써 삶을 생동적으로 살아가게 하는 살로 된 삶의 주인공이다.

프랑스 철학자 메를로퐁티가 밝혔듯이 인간의 몸은 한낱 물체나 고깃덩어리가 아니라 살로 살아나는 활동적 주체다. 삶의 의지를 잃은 몸, 행동하지 않는 몸, 그래서 고깃덩어리에 불과한 몸은 도구와 기술을 필요로 하지 않는다. 몸이 삶을 주체적으로 살아나갈 때 도구와 기술을 필요로 한다. 그러나 이 도구와 기술이 포스트휴먼처럼 몸을 장식물로 전락시켜 무력하게 만들어 삶으로부터 배척한다면, 그 몸은 죽어가고 결국 삶도 죽어간다.

미래적 기술은 인간과 삶 그리고 몸과 함께 협력한다. 나아가 몸의 생동적 참여가 미래를 향한 인간 삶의 성취로 이어지도록 설계돼야 한다. 기술발전의 최우선 목표는 인간이 자신의 몸과 함께 삶의 성취를 느낄 수 있게 돕는 기술의 개발이다. 그런 의미에서 현재 첨단 과학기술의 발전을 선도하는 과학기술자들에게 부탁한다. 인간, 몸, 기술 그리고 일에 대해 좀 더 깊이 성찰해줄 것을. 최고 성능의 기술로 인간을 개조하려는 첨단 기술의 발전 방향을 기술과 몸 사이의 상호 작용과 상호 창조 과정이 최대한 존중되는 방향으로 전환해줄 것을.

이런 전환이 일어나면 몸의 활동력을 북돋우며 몸으로 사는 인간에게 일자리를 제공하는 미래의 길이 열릴 것이다. 몸으로 살아온 한 인간인 필자는 기술과 인간 그리고 인간의 몸이 서로를 창조하는 심포에시스Sympoiesis, 융합converging 아닌 융화harmonizing의 미래를 기다린다.

똑똑한 소비자와
투명한 시장이 온다

인공지능 또는 '생각하는 기계Thinking Machine'가 등장하고 본격 활용되면 미래 인류의 경제적 삶은 여러 측면에서 지금과 매우 달라질 것이다. 18세기 후반에 산업혁명의 시발점이 된 증기기관 발명이 이후 200여 년 동안 세계 곳곳에서 생산과 분배, 소득수준에 지대한 영향을 미쳤고 나아가 정치, 사회, 문화 전반을 뒤흔든 것처럼 21세기 인공지능의 발전은 수만 년 인류 문명사를 또 한 번 대도약시킬 것으로 보인다.

인공지능의 발전과 더불어 미래의 인류는 지금보다 더 풍요롭고 안전하며, 더 편리하고 스마트한 세상에서 살게 될 것이다. 물론 모든 변화가 하루아침에 동시다발적으로 또 긍정적인 방향으로 진행되지만은 않을 것이다. 기존의 방식을 고수하려는 굳건한 관성과 미래를

미래는 더 나아질 것인가

이끄는 새로운 추동력 사이의 긴장과 갈등이 일시적 퇴행과 극한의 혼란을 초래할 수도 있다. 그런 의미에서 인공지능이 향후 경제 분야에 구체적으로 어떤 변화를 가져올지에 대해 살피는 일이 중요해진다. 특히 인간의 경제생활에서 가장 대표적인 위치를 점하는 생산, 소비, 노동(일자리) 문제 말이다.

스마트한 생산과 소비

현대 자유시장경제체제하에서 생산 활동을 수행하는 대표적 행동 주체는 기업이다. 개인은 소비와 근로 활동의 주체로서 기업과 더불어 경제 흐름에 큰 영향을 미친다.

우선 기업은 각종 천연자원, 노동력, 자본 등 생산 요소를 결합해 최대한 효율적인 생산 프로세스를 운용하고 그 결과물인 제품과 서비스를 시장에서 생산·판매하며 이윤 극대화를 추구한다. 이 과정에서 기업은 여러 가지 불확실성과 해결하기 어려운 과제에 봉착한다. 그중에서도 정보의 불확실성이 단연 우위를 차지한다. 생산에 투입되는 각종 원자재와 노동력 그리고 투하자본의 변형인 기계장비를 얼마나 많이 확보할지, 장차 시장에 내놓을 제품과 서비스에 대한 소비자 반응은 어떨지, 시장의 다른 경쟁 기업들은 어떻게 대응할지 등 모두가 불확실하고 위험천만한 의사결정을 요하는 문제다.

공급에 비해 수요가 부족해도 문제고, 공급이 수요를 따라가지 못해도 기업으로서는 문제다. 과잉생산 혹은 과소수요는 큰 재고 부담을 남기고 자칫 기업 파산을 야기하기도 한다. 기업의 입장에선 공급이 수요를 따라가지 못하는 상황도 결코 가벼운 문제가 아니다. 수급을 맞추지 못해 우왕좌왕하는 사이 경쟁 기업의 반격이 일어나면 그 기업은 소중한 성장 기회를 날려버리고, 경우에 따라서는 시장에서 도태되기 때문이다.

원자재나 노동력 등 생산 투입 요소를 확보하는 일도 마찬가지다. 너무 많지도 너무 부족하지도 않은 정도의 소위 '골디락스 존Goldilocks Zone'에서 벗어나지 않도록 제반 생산 요소들을 늘 적절하게 관리하는 일이 모든 기업에게 큰 숙제인 것이다.

미래 인공지능은 생산 주체인 기업의 이 본질적 과제를 푸는 데 큰 도움을 줄 것으로 보인다. 먼저 생산 요소들의 수급과 가격 문제를 보자. 거의 대부분의 생산 요소들은 시도 때도 없이 수요와 공급 사이의 불균형과 가격 급등락을 반복한다. 한때 천정부지로 치솟던 국제 유가가 2014년부터 급락해 최근에는 최고치의 3분의 1 수준에서 등락하는 게 대표적인 사례다. 국제 유가가 강세를 유지하리라 보고 대량의 원유를 확보해뒀던 기업은 예상치 못한 국제 유가 폭락으로 엄청난 비용손실을 감수해야 했다. 해당 기업의 주주와 경영자들은 주가 폭락과 주주들의 항의로 큰 곤욕을 치렀다.

그런데 최근 미국의 인공지능 스타트업 오비털인사이트가 국제 유가를 예측하는 서비스를 출시했다. 인공위성이 포착한 주요 산유국 원유 저장탱크 주변 이미지 변화를 인공지능 알고리즘으로 해독하는 시스템이다. 만일 밀을 생산하는 미국 중서부와 러시아, 쌀을 생산하

미래는 더 나아질 것인가

는 동남아 같은 주요 곡물생산 지대나 호주의 철광석 광산, 인도네시아와 브라질의 밀림지대 등에 이런 인공지능 이미지 해독 기법을 적용해보면 어떨까? 실시간으로 변화를 추적하고 과거에 축적한 가격 변화 패턴과 비교분석할 수 있다면, 주요 상품 가격의 방향성과 진폭을 비교적 정확하게 예측하는 게 가능해질 것이다.

여기서 한발 더 나아가 인공지능을 이용해 지구 전역의 기후변화 추세를 지금보다 훨씬 더 장기간에 걸쳐 더욱 정교하게 예측할 수 있게 된다면 기후변동이 초래한 예기치 못한 상품시장의 수급 불균형과 투기적 거래도 크게 줄어들 것이다. 원자재 수급파동이 사라지고 가격 변동폭이 크게 줄면 기업의 생산 활동이 예측 가능해지는 것은 물론 국가 및 글로벌 차원에서도 경제적 불확실성을 줄이고 지구 차원의 자원낭비와 환경파괴도 막을 수 있다.

기업의 수요 예측 방식도 인공지능 기법을 통해 상당히 진화할 예정이다. 지금까지는 과거의 경험 데이터와 소비자 집단 인터뷰, 전반적 경기 상황 등을 토대로 한 경영자들의 직관적 판단이 가장 중요한 역할을 해왔다. 하지만 각종 이미지나 텍스트에서 고객 정보를 추출하는 인공지능 알고리즘을 이용할 경우 보다 과학적이고 논리적인 수요 예측이 가능해진다.

전 세계에서 하루에도 수억 건씩 업로드되는 유튜브, 페이스북, 인스타그램 등의 동영상이나 이미지를 분석하면 소비자들이 특정 제품과 서비스를 어떤 시간과 장소, 상황에서 어떤 방식으로 이용하는지 실시간으로 알 수 있다. 트위터 등 텍스트 기반 소셜네트워크서비스SNS 데이터에서는 세상 사람들의 보편적 관심과 걱정거리는 물론 자사 상품에 대한 호불호와 추후 개선 아이디어를 지역, 세대, 직업, 소득별로 세분화해 추출할 수 있다. 기업의 생존과 번영을 좌우할 고객 인사이트, 마켓 인사이트의 숨은 보고寶庫가 인공지능의 힘으로 활짝 열리는 셈이다.

앞서 언급한 오비털인사이트는 미국의 60여 개 대형마트의 주차장을 찍은 위성 이미지를 통해 소매유통 분야의 경기 흐름을 분석하고, 중국의 주요 건설 사업장 이미지를 바탕으로 중국 건설업 경기를 예측한다. 쇼핑몰 주차장을 들고나는 차들의 숫자와 차종, 주차 시간은 소비자들의 구매력과 실제 지출 행위를 가늠케 하는 훌륭한 대리지표다. 중국 대도시 주변의 건설 현장을 보여주는 이미지도 마찬가지다. 건설작업 건수, 부지 면적, 사업 진행 속도와 경과 등은 베일에 싸인 중국의 건설 경기를 한눈에 파악하게 해준다.

이런 기법이 계속 발전하면 특정 업종은 물론 전후방 산업의 경기 흐름을 분석하고 예측하며 내수는 물론 전 세계 실물경기 흐름을 정확히 전망할 수 있다. 고객과 시장을 좀 더 깊이 이해하는 미시적 인사이트와 국내외 실물경기를 예측하고 사업에 대한 인사이트를 얻는 거시적 인사이트를 동시에 얻게 되는 셈이다.

이외에도 원자재 수급과 시장 수요에 따라 생산 프로세스를 최대한 탄력적으로 조절하고, 실시간으로 생성되는 재고와 판매 데이터를 이용해 최적의 마케팅 전략을 수립하고 집행하는 일도 가능해진다. 기업의 생산 프로세스, 즉 생산 요소의 투입에서부터 제조에 이르는

미래는 더 나아질 것인가

모든 세부 과정에서 발생하는 낭비를 제거하고 생산성을 끌어올릴 것이다. 또 사물인터넷과 인공지능 알고리즘의 결합으로 원자재 및 중간재의 조달, 최종 제품의 운송과 보관, 고객 배송 등 공급망관리SCM도 최적화된다. 가치사슬Value Chain의 전역에서 발생할 수 있는 불확실성과 오류, 사고 등의 확률 패턴을 사전에 예측할 수 있다. 경우에 따라 피해를 방지하거나 줄이는 최적의 대안, 즉 플랜 B를 즉각 가동하는 일이 가능해질 것이다.

인공지능은 소비자 개개인의 경제생활에도 큰 변화를 가져올 수 있다. 먼저 합리적이고 스마트한 소비가 보편화될 것이다. 주류경제학은 개별 경제 주체들이 이성에 기반한 합리적 소비 행동을 한다고 가정하지만, 인간의 소비생활은 아직도 불합리한 점 투성이다.

스마트 소비를 어렵게 하는 이유로 탐욕, 질투, 경쟁, 시기심 등 여러 이유를 댈 수 있지만 가장 주요한 원인은 정보의 비대칭성에 있다. 지금 사려는 제품의 적정 가격이 어느 정도인지, 품질은 과연 믿을 만한지, 원산지는 어딘지 등 소비자에게 주어진 정보는 판매자가 가진 정보에 비해 극히 제한적이다. 웹을 통한 검색이 발달했다지만 아직까지 소비자는 자신이 무엇을 사는지도 모르고 돈을 지불하는 경우가 비일비재하다.

중고차시장이나 부동산시장이 대표적으로 정보의 비대칭성 문제가 발생하는 곳이다. 미래에는 인공지능이 이런 소비생활에 적극 개입해 소비자의 정보 부족, 판단 오류, 가격 결정 실패를 막는 데 크게 기여할 것이다. 예를 들어 모바일 디바이스에 설치된 앱을 클릭해 점

찍어둔 중고차의 엔진 룸을 비롯한 각종 사진을 올리고 엔진 시동 소리를 들려주었다고 해보자. 그러면 모델명과 연식, 최초 가격, 현재 상태, 소유자들의 평가, 최근 거래 가격과 향후 가격 전망 등 중고차 구매에 필요한 일체의 정보가 실시간으로 전송된다. 앱에 내장된 상태 감지센서를 켜고 차량을 구동시키거나 짧은 거리를 달려보면, 해당 차량의 전반적인 상태를 최고 전문가 수준으로 판단한 정보를 제공받을 수도 있다. 아울러 서너 개의 중고차 모델 가운데 자신의 평소 운전거리, 용도, 주행 습관, 가족의 취향에 어울리는 최적의 대안을 추천해주는 기능도 얼마든지 도입될 것이다.

후회 없는 선택을 위한 이런 스마트 소비 지원 기능은 인공지능 기법의 발전, 관련 서비스를 제공하는 앱 사이의 경쟁으로 빠른 시일 내거의 모든 재화와 서비스로 확장될 것이다. 그 결과 시장 전반의 정보 비대칭성이 상당 부분 무너지면서 소비자들은 더 좋은 품질의 제품을 더 저렴한 가격으로 사게 된다. 인공지능으로 무장한 똑똑한 소비자들의 후생은 증폭되고 이런 소비자들을 붙들려는 기업 간 경쟁은 한층 뜨거워질 것이다.

소비자들이 똑똑해지고 시장이 투명해질수록 이윤은 박해지겠지만 기업도 마냥 불리해지는 것은 아니다. 앞서 살펴봤듯이 인공지능과 빅데이터 분석을 결합해 시장 곳곳에 흩어져 있는 작지만 의미 있는 소비자 집단(롱테일)을 적극 발굴한다면 기업 성장을 위한 새로운 모멘텀을 확보할 수 있기 때문이다.

미래는 더 나아질 것인가

인공지능 밀착 지도와 평생학습 시대

교육은 한 사회의 경제발전과 개인의 미래 직업 능력을 좌우하는 매우 중요한 요소다. 조만간 인공지능의 발전이 기존의 교육제도 전반에 대대적인 균열을 일으킬 것이다. 먼저 인공지능 학습 시스템이 도입돼 사용자(피학습자)와 상호작용을 지속하면서 사용자의 학습 능력과 이해 수준에 맞는 맞춤형 학습을 진행한다. 그러면 기존의 제도권 학교 교육이나 직업훈련 등 사회 교육 시스템 전반에 획기적인 변화가 생겨난다. 이미 IBM의 인공지능 왓슨Watson이 입증한 바 있는 방대한 지식과 정보처리 능력에 구글 등이 연구개발에 박차를 가하고 있는 자연어 처리, 이미지와 패턴 인식, 연관성 추론과 감정 분석 등의 기법들이 결합되면 지금 교육 현장에서 일어나고 있는 많은 일이 불필요하거나 부자연스럽게 느껴질 것이다.

언제 어디서든 '일대일' 맞춤형 학습이 가능한 인공지능 교육 시스템은 질병, 장애, 경제적 문제나 통학 거리 등 다양한 사유로 정규 교육과정을 제대로 이수하기 힘들었던 교육 소외자에게 더 많은 학습 기회를 열어줄 것이다. 특히 인공지능 교육 시스템은 일대일 쌍방향 소통을 하고, 맞춤형 학습이란 점에서 현재의 일방적이고 획일적인 교육보다 학습 효과 면에서 크게 앞선다.

한발 더 나아가 미국 프린스턴대학, 스탠퍼드대학 등 유명 대학들이 참여하는 학습공유사이트인 코세라Coursera 같은 무크MOOCs(Massive Open Online Courses, 온라인공개강의) 플랫폼과 인공지능 학습 시스템이 결합하면, 현재의 교육 시스템 전반이 크게 출렁이게 된다. 누구나 세계 최고 수준의 지식 정보 콘텐츠를 쉽게 접하고 인공지능의 밀착 지도를 받으며 배우고 익히는 시대가 열리는 것이다.

새로운 것을 배우고 익히는 일은 인간의 전 생애에 걸쳐 지속적으로 이뤄지는 중요한 활동이다. 고령화로 인해 과거보다 더 오랫동안, 그것도 수차례 직업을 바꿔가며 일해야 하는 현대인에게 새로운 직업에 맞는 직무 능력을 갖추는 것은 당면과제다. 그런 면에서 최신 학습 정보와 효과적인 교육 기법을 탑재한 인공지능 기반 교육 시스템은 현대인의 평생학습 니즈를 충족시키는 유용한 동반자다. 고령자가 생활에 필요한 최신 지식과 정보를 습득할 수 있도록, 또 정년 이후에도 직업을 찾고 유지하는 데 필요한 기술과 직업 능력을 배우고 익히도록 늘 곁에서 도와줄 것이다.

한편 기업의 생산, 판매, 애프터서비스 등 일선 작업 현장에서 인공지능은 닥쳐올 고령 시대의 각종 부작용을 줄이는 데 상당한 역할을 하게 된다. 복잡한 작업 프로세스를 근로자에게 안내하고 각종 작업 오류와 사고 가능성을 미연에 방지한다. 경우에 따라 복잡한 고난도의 동작이나 고객 대응 방법을 익히게 하면서 근로자의 숙련도를 끌어올릴 것이다. 신참자나 고령자는 물론 숙련 근로자들도 숙련의 수준과 체력, 반응 속도, 고유의 행동 패턴이나 습관 등을 파악해 더 안전하고 효율적인 작업이 가능하도록 도와줄 것이다.

미래는 모든 근로자가 누구보다 자신을 잘 알고, 자신을 도와주기 위해 존재하는 인공지능 시스템을 주변에 두고 일하는 시대다. 인공지능은 기업에게는 생산성 향상의 부담을 줄여주고, 고령자에게는 원하

54

미래는 더 나아질 것인가

는 일자리를 갖게 해 기업과 근로자 모두 원원하도록 돕는 매개체다.

여기까지의 장면은 일면 정겹고 훈훈하기까지 하다. 그러나 이면에는 일자리의 소멸이라는 매우 심각한 미래 사회의 핵심 난제가 있다. 실제 인공지능의 등장과 관련해 모두가 우려하는 문제는 언젠가 인공지능 로봇이 자신의 일자리를 빼앗을 것이란 두려움이다. 인공지능이 빠르게 발전하면서 육체노동은 물론 정신노동 분야에서도 기계적이고 반복적인 과제를 수행하는 인간 근로자의 입지는 크게 좁아질 수밖에 없다.

옥스퍼드대학 경제학자인 칼 프레이Carl Frey와 마이클 오스본Michael Osborne은 2013년 향후 20년 내에 일자리 가운데 최대 47퍼센트가 자동화와 로봇의 등장으로 사라질 것이라고 내다봤다. 2015년 미국 포레스트연구소 역시 2025년까지 미국에서만 2270만 개의 일자리가 사라지며, 새로 창출될 일자리를 감안해도 실제로 없어질 일자리 수는 910만 개에 달할 것이라 추산했다.

결국 사라지는 일자리 숫자를 웃도는 만큼 새로운 일자리가 생겨나지 않는다면, 중산층 이하 근로자의 소득과 생활수준에 심각한 문제가 일어날 것이다. 이에 따라 기술발전의 순기능에 대한 사회 구성원들의 믿음은 서서히 무너지고, 사회적 불평등과 계층 갈등이 확대될 것이다.

그러나 사라지는 일자리를 대체할 새로운 일자리를 만드는 건 쉽지 않은 과제다. 최저임금의 인상 압박이 계속되는 미국에서는 레스토랑 체인들이 조리 등 일부 공정에 로봇 같은 자동화 기법의 도입을 검토하고 있다. 인공지능 전문가인 영국 브리스톨대학 앨런 윈필드Alan Winfield 교수는 인공지능과 로봇을 이용해 인건비를 절감하는 기업에게 일정 금액의 세금(로봇세)을 물려 직업을 잃은 근로자들의 재취업 훈련 교육비로 사용하자는 아이디어를 제시하기도 했다.

물론 이런 비관론에 대한 반박도 만만찮다. 매사추세츠공과대학MIT 경제학자 데이비드 오토David Autor는 2015년 5월 〈하버드비즈니스리뷰Harvard Business Review〉에 기고한 칼럼에서 저널리스트와 기술평론가들이 기계의 인간 노동 대체 규모를 과장했으며 생산성과 소득 증가 그리고 숙련 노동의 수요를 유발하는 '보완효과'를 고려하지 못했다고 주장했다. 지난 2014년 《제2의 기계 시대The Second Machine Age》란 저서를 통해 인공지능 시대의 일자리 문제를 본격 제기했던 MIT 교수 에릭 브리뇰프슨Erik Brynjolfsson과 앤드루 맥아피Andrew McAfee 등도 팀 오라일리Tim O'Reilly, 마크 베니오프Marc Benioff 등 IT업계 거물들과 같이 발표한 공개서한에서 다음과 같이 주장했다. "인간이 기술변화로 인한 파급효과에 대응하기에는 무력하단 점을 전제하고 있기 때문에 '인공지능이 일자리를 얼마나 잡아먹을 것인가'라는 질문은 잘못된 것이다."

대신 이들은 인공지능이 더 나은 세상을 만드는 데 기여하는 도구가 되도록 교육, 인프라, 기업가정신, 이민, 조세 등에서 공공정책의 대대적인 변화를 꾀하는 것이 우선 과제임을 주장한다. 또한 기업들도 더 많은 기회를 창출하는 새로운 조직 모델과 접근 방법을 개발해야 한다고 조언한다.

인공지능이 가진 거대한 잠재력을 생각해보면 인류의 미래가 과연 어디로 흘러갈지 변화의 방향과 속도, 파장을 제대로 예측하는 건 거의 불가능하다. 한 가지 분명한 것은 과거의 모든 기술발전 역사가 증명하듯이 인공지능 기술 역시 세상을 더 풍요롭고 안전하고 살 만한 곳으로 만들 것이란 점이다. 문제는 기술을 만들고 이용하는 사람에게 있지 기술 그 자체에 있지 않다.

지난 200년 동안 지속된 대량생산과 소비, 지구 자원과 환경파괴의 산업화 패러다임은 이제 수명을 다했다. 인공지능 시대로의 전환과 더불어 산업화 시대의 낡은 제도와 규범을 스마트하게 재정립하는 일은 우리 사회 구성원들에게 주어진 당면과제다. 지역이나 국가를 막론하고 개인과 조직, 공동체의 지속가능성을 높이는 지름길은 익숙한 것과 과감히 결별하고 새롭고 낯선 것으로 전환하는 것이다. 지금의 청소년과 청년 세대는 미래의 한국 경제를 책임져야 한다. 따라서 그들이 인공지능 시대의 글로벌 경제 산업 패러다임에 잘 적응하고, 남보다 더 앞서가도록 교육 개혁, 일자리 개혁을 적극 추진하는 건 기성세대의 몫이다.

의학이 인문학이기도
해야 하는 이유

30대 아일랜드계 미국 여성인 에이미 멀린스Aimee Mullins. 100미터를 12.88초에 주파하고 5.14미터의 멀리뛰기 기록을 가진 운동선수다. 패션모델과 배우로서도 성공적인 경력을 쌓아 〈피플People〉지가 선정한 '세계에서 가장 아름다운 사람 50인'에 꼽혔다. 다른 패션모델과 다른 점이 있다면 쇼에 나설 때 옷만 바꿔 입는 게 아니라 다리까지도 '갈아입는다'는 점이다. 이렇게 하면 신장을 170센티미터에서 180센티미터까지 조정할 수 있다고 한다.

멀린스는 선천적으로 종아리뼈 없이 태어난 장애인이다. 한 살쯤 무릎 아래쪽 다리를 절단하는 수술을 받았으니 타고난 다리로는 한 번도 걸어보지 못한 셈이다. 하지만 그렇게 심각한 장애조차 스포츠에 대한 그녀의 열정을 가로막지는 못했다. 소녀 시절에는 소프트볼 경기에서 최고의 도루 기록을 세우는가 하면 고등학교에선 스키선수로 활약했다. 미국 대학스포츠연맹이 주최한 육상대회에서 정상인과 경쟁했는데, 남녀 통틀어 이 대회에 참가한 최초의 장애인이었다. 탄소섬유로 제작한 '치타'라는 경주용 인공 다리를 자신의 몸으로 체현할 수 있었기 때문이다. 그녀는 12쌍의 다리를 번갈아 착용한다. 자연스럽게 다리를 꼬고 앉은 모습을 보고 그게 인공물인지 눈치챌 사람은 아무도 없을 것이다.

54세의 전직 교사인 볼프강 랭거Wolfgang Langer는 혈전이 혈관을 막는 질병으로 오른쪽 다리를 잃었다. 절단 수술 후 한동안 사라진 다리가 심하게 아픈 환상통으로 고생했지만, 이제는 새로 맞춘 인공 다리로 달리고 자전거를 타고 산에도 간다. 더욱 놀라운 점은 환상통이 사라짐과 동시에 인공 발에 와 닿는 물체를 느낄 수 있게 됐다는 점이다.

의사들은 절단된 다리의 단면에 신경 말단을 다시 배치하는 수술을 했다. 인공 발바닥에 6개의 센서를 달아 여기서 발생한 자극을 전기신호로 바꿔 절단면 신경말단에 전달하도록 한 것이다. 이 자극은 마이크로 콘트롤러를 통해 뇌에 전달되고 뇌는 그것을 감각으로 해석해 방금 밟은 것이 단단한 돌인지 부드러운 잔디인지 알게 된다.

사이보그 시대

팔과 다리 외에도 인공물로 대체할 수 있는 장기는 많다. 심장 판막,

달팽이관, 관절, 치아 등을 대체하는 인공물은 이미 대량으로 생산돼 널리 사용되고 있다. 심장, 신장, 폐, 간 등의 기능을 대신할 수 있는 장비도 활용되거나 개발 중이다. 인간 정체성의 표상으로 여겨지던 뇌도 더 이상 성역이 아니다. 파킨슨병, 간질, 우울증 등의 장애를 보이는 환자의 뇌 깊은 곳을 전기로 자극해 증상을 완화시키기도 한다. 뇌에 생기는 질병과 손상을 치료하는 과정에서 얻어진 정보 중에는 뇌와 인간 정체성의 관계에서 지금까지의 통념을 뒤집을 만한 위력을 가진 것들도 많다.

이제 우리는 뇌의 특정 부위를 자극하거나 제거함으로써 사람의 감각과 성격, 욕망을 크게 변화시킬 수 있다는 걸 안다. 인간 존엄성의 근거로 여겨지던 정체성과 자유의지가 사실은 뇌의 신경회로에서 발현된 특정한 신경자극 패턴의 결과라는 사실이 알려지면서 전통적인 철학과 종교의 기반이 흔들린다고 느끼는 사람도 적지 않다.

나의 정체성, 즉 '내가 나인 것'과 이 시대의 과학기술은 분리되지 않는다. 우리 모두는 생물학적 개체이면서 동시에 인공물을 품고 살 수밖에 없는 자연과 인공의 혼합인 사이보그다. 나는 생물학적 개체로서만이 아니라 사회적으로도 사이보그다. 나의 스마트워치와 스마트폰은 나의 일거수일투족을 기록으로 남긴다. 하루 동안 걸은 걸음 수와 걸은 시간, 자전거나 자동차로 이동한 시간과 거리, 오고 간 장소, 주고받은 통화와 문자 등이 기록으로 남는다. 이 기록은 부지불식간에 구글 같은 세계적 기업의 데이터베이스에 저장된다.

우리는 SNS뿐 아니라 가는 곳마다 설치된 폐쇄회로 TV에도 그 흔적을 남긴다. 우리 모두는 사이버 세계의 아바타와 연결된 사이보그인지도 모른다. 웨어러블 장비로 파악된 생체 정보가 의료기관에 전송되고 로봇 팔을 이용한 원격 수술이 가능해지는 등 환자와 의사의 직접 대면과 접촉에 의존했던 의료 행위 자체가 사이버 세계로 그 무대를 옮기고 있다.

호모에서 포스트휴먼으로

이런 변화를 두고 학자들 사이에 많은 담론이 만들어져 유통된다. 트랜스휴머니스트로 불리는 사람들은 인공물에 의한 인체의 변화와 증강을 적극적으로 수용해 새로운 인류로 진화해야 한다고 주장한다. 반면 인간 존엄성과 정체성에 대한 전통적 관념을 버리지 않는 사람들은 이런 낙관론을 개탄한다. 그들은 생명공학 남용은 새로운 생물학적 계급을 낳을 것이고 우리를 디스토피아로 몰고 갈 것이라 경고한다. 포스트휴머니스트로 분류되는 학자들은 이런 경향을 우리가 전통적 인간 중심주의에서 벗어나 새로운 인간관과 세계관을 정립해야 할 현실적 이유로 받아들인다.

어떤 입장을 취할지 알기 위해 여기서 잠깐 인류가 진화해온 생물학적 역사, 그렇게 진화한 몸으로 자연과 더불어 역사와 문명을 만들어온 생명체 그리고 우주의 경험 전체를 거시적으로 검토해보자. 우리가 어디로 가고 있는지는 우리가 어떤 길을 걸어왔는지를 돌아보면 더 잘 알 수 있다. 이른바 물질과 에너지에서 시작해 생명과 문명으로 이어지는 과정 전체를 바라보는 빅 히스토리Big History의 관점이다.

우주宇宙, 즉 시간과 공간이 시작된 것은 지금으로부터 대략 135억 년 전이었다. 이로써 최초의 물질과 에너지, 원자와 분자가 존재하기 시작했다. 45억 년 전에 지구가 생겨났고, 38억 년 전에 스스로를 복제하는 최초의 생명체가 나타났다. 600만 년 전에는 인류가 침팬지와의 공통 조상에서 분리돼 독자적으로 진화하기 시작했다. 250만 년 전에는 처음으로 돌을 다듬어 도구를 만든 호모 속屬 조상이 나타났

| 그림 1 | **호모 사피엔스와 친척들의 진화 경로**

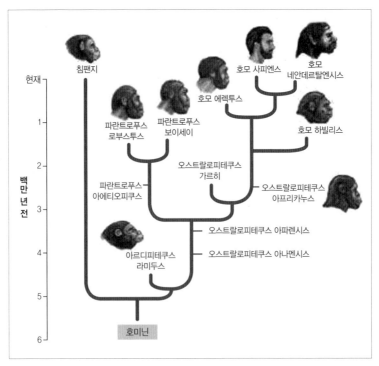

미래는 더 나아질 것인가

다. 그리고 20만 년 전에는 우리의 직접 조상인 호모 사피엔스가 살기 시작했다.

우리의 몸은 우주가 시작될 때 형성된 물질과 에너지로부터 발생한 최초의 생명체에서 진화해왔으며, 자연에 적응하기도 하고 자연을 크게 변경하거나 훼손하기도 했다. 우주-지구-생명-호모-인간으로 이어지는 존재의 사슬은 물질과 생명의 긴 이력서이기도 하다.

과학으로 재현된 물질과 생명의 이력서에는 그 이전과 이후가 크게 다른 변곡점이 몇 군데 있다. 거시적 시각으로 역사를 서술해온 이스라엘 역사학자 유발 하라리Yuval Harari는 호모 사피엔스의 역사에서 대략 3개의 변곡점을 찾아낸다. 7만 년 전 인지혁명은 인간의 생물학적 존재 조건에 문화적 요소가 결합된 생물-문화적 전이 사건이었다. 1만 2000년 전 그리고 500년 전에 시작된 농업혁명과 과학혁명은 그런 생물-문화적 인지 능력을 가진 인간이 자연과 사회에 급격한 변화를 몰고 온 역사와 문화의 변곡점들이었다. 그리고 이제 우리는 포스트휴먼이라 불리는 제4의 변곡점을 돌고 있다.

20세기 말부터 시작된 포스트휴먼 담론은 과학과 기술이 연구 대상을 인간 자신의 생물-문화적 조건까지 확장한 결과다. 7만 년 전 인지혁명은 자연에 적응하는 과정에서 진화한 인지 능력이 만든 변화지만 포스트휴먼 시대에는 그 능력으로 스스로 변해가는 인간이 문제가 된다. 그 결과 우리는 이전과는 전혀 다른 우리로 변해가는 중이며 자연과 인공의 경계가 점차 모호해진다.

멀린스가 인공 다리로 100미터를 12초 대에 주파하고, 랭거가 사라지고 없는 다리의 감각을 되찾은 것은 인공물이 그들에게 체현돼 몸과 하나가 됐기 때문이다. 우리가 수많은 전화번호를 일일이 기억하지 않고도 간단히 전화 통화를 할 수 있는 것은 우리의 인지 능력 중 일부를 스마트폰에 분산시켰기 때문이다. 포스트휴먼 이론가들은 이것을 '체현-분산 인지Embodied-Distributed Cognition'라 부른다.

이제 나와 나 아닌 것의 경계는 더 이상 물리적 피부가 아니다. 인간과 인간이 아닌 동물 사이의 경계도 사라져간다. 궁극적으로 자연과 문화의 구분도 의미가 없다. 도나 해러웨이Donna Haraway는 1983년에 발표한 '사이보그 선언'에서 이같이 모호해진 정체성을 오히려 긍정적으로 사유해야 한다고 주장함으로써 포스트휴먼 논쟁의 문을 열었다. 호모 속에 속하는 조상이 이 땅에 나타난 지 250만 년 만의 변화다. 자연에서 태어나 자연의 한계 속에서 살던 호모에서 농업과 과학을 통해 자연을 개조하는 인간을 거쳐 이제는 스스로 변해가는 포스트휴먼이 된 것이다.

무지의 재발견

포스트휴먼 시대는 물질-생명-기계의 혼종인 사이보그들의 세상이다. 인간은 사이보그를 만들기도 하지만 스스로 사이보그가 되기도 한다. 컴퓨터는 인간이 만든 것이지만 포스트휴먼 시대를 사는 대부분의 인간은 컴퓨터와 같은 인공물을 통해서만 인간, 즉 포스트휴먼 사이보그일 수 있다. 그 결과 인간과 비인간의 구분도 사라진다. 누구나 스마트폰을 가진 세상에서는 그것을 통해 주고받는 정보와 욕망에 따라 생각하고 행동할 수밖에 없다. 매체가 바로 메시지고 그것이 우리들 자신을 만들기도 한다.

이 논리를 단순하게 연장하면 인간은 그 역량을 무한히 확장할 수 있다는 생각에 이른다. 〈로보캅〉, 〈터미네이터〉, 〈아바타〉, 〈아일랜드〉 같은 영화가 보여주는 세상이다. 자기 뇌 속에 남긴 정보를 빠짐없이 다운로드하면 그것이 바로 자신의 마음일 것이란 생각이 들게 마련이다. 척추손상 환자에게 줄기세포를 주입하면 벌떡 일어나 사랑하는 사람의 품에 안길 수 있을 것이라는 환상도 그런 사유 양식에서 나온다. 이는 트랜스휴먼에 대한 꿈이고 욕망이다.

우리가 진정 포스트휴먼이라면 이성적이고 보편적인 도덕원리를 들이대며 이런 꿈과 욕망을 꾸짖을 수 없다. 오히려 포스트휴먼이 긍정하는 경계 가로지르기의 대표적 사례로 봐야 한다. 문제는 그런 기술 자체에 내재된 그리고 영화나 우표 등의 매체를 통해 은근히 강요된 경계 짓기의 사유다. 이 우표를 통해 강요되는 사유는 줄기세포를 신체에 주입했을 때 생길 수 있는 어마하게 복잡하고 예측 불가능한 현상을 철저히 무시한다. 생명과 기계의 경계를 넘어 기계 쪽으로 접근하는 데 성공했지만, 기계적 사유에 머물러 생명으로 다시 돌아오지는 못하는 형국이다.

포스트휴먼 이론가들이 말하는 사이보그의 진짜 의미는 이런 게 아니다. 멀린스가 인공 다리로 달리는 것은 그것이 '있'기 때문이기도 하지만 무엇보다 그것을 피와 살로 된 자신의 몸으로 '체현'했기 때문이다. 그녀는 그 인공물을 자신의 몸으로 만들기 위해 많은 노력을 했고 그 결과 다른 사람과는 다른 신경회로를 출현시켰을 것이다. 랭거가 인공의 발에 닿은 돌과 흙을 느낄 수 있는 것도 전자 장비를 통해 피와 살로 된 몸과 인공의 몸을 일체화할 수 있었기 때문이다. 우리는 몸으로 세상을 아는데 그 몸은 다른 사람의 몸과 동식물과 물체와 기계와 다양한 관계를 형성하는 방식으로 이 세상에 퍼져 체현된 것이기도 하다.

17세기의 과학혁명은 '무지'를 발견함으로써 끊임없이 진보하는 지식의 발판을 마련했다. 포스트휴먼 시대에 필요한 것이 바로 이 무지의 재발견이다. 과학과 지식의 대상인 세계에 대한 무지가 아니라 끊임없이 세계와 관계해온 우리 자신에 대한 그리고 세상을 바꾼 과학 자체에 대한 무지 말이다.

지금도 과학과 의학은 눈부신 발전을 거듭하고 있다. 하지만 포스

| 그림 2 | 2015년에 발간된 줄기세포 기념 우표

미래는 더 나아질 것인가

트휴먼의 관점에서 보면 그 성과를 제대로 향유하지 못하고 있는 실정이다. 합리적 주체와 객관적 대상의 이분법이라는 인식론과 당장의 성과만을 강조하는 연산研産 복합의 틀에 갇혀 자신이 발견한 사실의 포스트휴먼적 의미를 사유할 여유가 없기 때문이다.

최근의 의학적 연구 성과 중에는 인문학적 사유의 대상이거나 인문학과의 소통을 통해 새로이 건져올려진 통찰이 담긴 경우가 많다. 진화생물학은 이미 인간과 동물의 벽을 허물었다. 인지과학은 몸과 마음의 벽을, 면역학은 자아와 비자아의 벽을 허물고 있다. 그런 가로지르기를 실천하고 있는 과학자와 철학자 역시 적지 않다. 여기서 얻어지는 통찰은 임상의학에 되먹여져 규격화된 표준 진단과 치료 틀을 넘어서는 새로운 의학의 마중물이 될 것이다. 의사의 지식과 기술이 환자의 경험 그리고 거기서 솟아오르는 삶의 의미와 만나 새로운 앎을 창출하는 포스트휴먼 시대의 의학을 꿈꿔본다.

포스트휴먼은 결코 가벼운 담론이 아니다. 스스로 인간 이후Post의 존재임을 선언하고 있기 때문이다. 여기서 인간(포스트휴먼)은 상수가 아닌 변수다. 따라서 포스트휴먼은 주체 변혁의 담론이다. 그런데 미래를 말하는 많은 사람은 미래를 상수인 인간과 변수인 기술의 결과 함수로 본다. 지금 미국에서 성업 중인 냉동인간 사업이 이렇게 사유를 무비판적으로 적용한 대표적 사례다. 여기서 인간은 죽었든 살았든 상수로서의 인간이다. 그들은 몸과 함께 살았던 그 사람의 삶 그리고 시간마저도 냉동 보관할 수 있다고 믿는다. 그 맹목적 믿음이 '미래의 발달된 기술이 그를 살려낼 것'이란 일차원적 기대로 바뀌며 상품으로 둔갑한다.

포스트휴먼은 변하면서 흐르는 존재다. '내가 흐르지 않으면 시간
도 흐르지 않는다'는 뜻을 지닌 격언 아불류시불류我不流時不流는 지금
의 현실만을 기준으로 미래에 대한 억측을 끌어내는 트랜스휴머니스
트들이 꼭 기억해야 할 지혜다. 의학은 미래를 어떻게 바꿀지 생각함
과 동시에 스스로 어떻게 변해갈지에 대해서도 깊이 성찰해야 한다.
이것이 의학이 인문학이기도 해야 하는 이유다.

몸 전체가
미디어 된다

오늘날 디지털 정보 기술, 컴퓨터공학, 사이버네틱, 생명유전공학, 인지과학 같은 첨단 기술은 단순히 인간의 육체적·지성적 능력을 보완하는 도구에 그치지 않는다. 인간 능력을 향상시키고 나아가 인간을 근본적으로 변형시킬 잠재력까지 지니고 있다. 육체와 정신의 확장, 디지털 네트워크화에 따른 시공간 개념의 변화 그리고 육체성 없는 주체의 등장 같은 탈경계적 현상은 기술발전에 따라 일어난 사건이다.

포스트휴먼 또는 트랜스휴먼 논의는 이런 상황에서 나왔다. 사람과 기계, 생물과 무생물의 경계가 급격히 무너지며 등장한 사이보그는 이 논의를 가장 잘 대변하는 사례다. 미국 국가정보위원회NIC는 2012년 보고서 〈2030년 글로벌 전망 : 대안 세계Global Trends 2030 : Alternative Worlds〉

에서 2030년경에 지속적인 향상 기술의 발달에 힘입어 '슈퍼휴먼Super-Human'이 등장한다고 예측한 바 있다. 커즈와일도 "2030년 안에 사람의 두뇌가 클라우드를 기반으로 한 기계적 의식과 결합해 하이브리드적 사고를 창출할 것이다"라고 예견했으며, 하라리도 "200년 안에 컴퓨터와 스마트폰 같은 기술이 사람과 결합해 사이보그가 될 것"으로 전망했다.

이런 기술들은 인간이 주체적으로 사유하거나 행동하는 양식을 바꿀 뿐 아니라 인간 고유의 커뮤니케이션 방식 자체에 대한 새로운 규정도 요구한다. 그야말로 사람과 사물 간의 무한한 연결을 가능케 하는 사물인터넷, '인간의 기계화'와 '기계의 인간화'를 가능케 하는 인공지능, 로봇, 뇌과학 등 이른바 포스트휴먼 테크놀로지들이 기계, 사물 등과 같은 비인간적 행위자까지 커뮤니케이션 주체로 만드는 만물 소통의 시대를 가져온다는 것이다. 기존 인간 중심적 소통 모델로서의 '휴먼 커뮤니케이션Human Communication'이 인간과 기계 간 합성체로서 사이보그가 주도하는 새로운 소통 방식으로 전환될 것이란 예측까지 나오고 있다. 과연 포스트휴먼의 커뮤니케이션 특성은 어떻게 나타날까?

인공지능 비서

포스트휴먼 기술은 인간과 기술을 융합해 인간의 인지적·신체적·사회적 능력을 보완하거나 강화시키는 기술 분야를 총칭한다. 따라서 포스트휴먼의 기술 유형은 인간과 기술의 융합 형태, 활용 분야에 따라 다양하게 구분된다.

예컨대 미국 국립과학재단NSF과 미국 상무부는 인간과 기술이 융합해 인간의 역량을 향상시킬 수 있는 기술 분야를 나노, 바이오, 정보, 인지의 네 가지로 구분했다. 필자는 이와 별도로 최근 정보통신기술 발전 동향을 고려해 포스트휴먼 기술을 다음 그림과 같이 분류했다.

| 그림 3 | **포스트휴먼 기술의 유형**

자료 : 정보통신정책연구원(2014).

과거 인체 기능을 향상시키는 로봇 중심의 포스트휴먼 정의를 확장해 최근 주목받는 빅데이터, 웨어러블 디바이스, 사물인터넷, 인공지능 등이 인간과 상호작용할 때 그 파급효과를 고려한 것이다.

포스트휴먼 기술은 보철 등의 신체이식, 인지기능 강화, 웨어러블 기술에 머물지 않고 인간과 기술 사이의 커뮤니케이션으로까지 발전하고 있다. 포스트휴먼 커뮤니케이션을 가능케 하는 기술에는 인공지능을 비롯해 휴먼컴퓨터인터렉션HCI(Human-Computer Interaction), 두뇌컴퓨터인터페이스BCI(Brain-Computer Interfacing), 휴먼로봇인터페이스HRI(Human-Robot Interaction) 등이 있다. 그중에서도 인공지능 기반의 가상 비서 서비스가 대표적이다. 이에 대한 글로벌 정보통신기술기업 간 경쟁도 치열해지고 있다. 대표적으로 애플의 '시리Siri', 구글의 '구글나우Google Now', 마이크로소프트의 '코타나Cortana', 아마존의 '에코Echo' 등이 있다. 최근 페이스북과 바이두도 각각 '엠M'과 '듀어Duer'를 발표하며 인공지능 비서 서비스 시장에 내놓았다.

애플의 시리는 인간과 컴퓨터의 의사소통 영역을 획기적으로 확장시킨 대표적 사례다. 컴퓨터 프로그램과의 상호 경험을 통해 인간의 행동과 인지가 인간 안에만 머물지 않고 인간과 모바일을 포함하는 바깥 환경으로 확장됐다는 것이다. 또 최근의 휴먼로봇인터페이스 기술도 로봇이 사용자 의도를 판단하고 적합한 반응과 행동을 수행함으로써 인간과의 의사소통 및 상호협력을 가능케 한다. 소프트뱅크의 감정 인식 로봇 '페퍼'는 인간과 정서 코드를 맞추며 자연스럽게 의사소통이 가능해 포스트휴먼 커뮤니케이션의 특징을 잘 보여주고 있다.

이처럼 인간과 기계 사이의 커뮤니케이션 기술은 더욱 고도화될 전망이다. 특히 인간 뇌를 매개로 한 의사소통 기술, 즉 두뇌컴퓨터인터페이스는 커뮤니케이션 패러다임에 근본적인 변화를 가져올 것이다. 1970년대 미국 국립과학재단의 후원하에 UCLA가 착수한 두뇌컴퓨터인터페이스 연구는 마음기계인터페이스Mind-Machine Interface, 직접신경세포인터페이스Direct Neural Interface, 합성텔레파시인터페이스Synthetic Telepathy Interface, 두뇌기계인터페이스Brain–Machine Interface 등 다양한 명칭으로 불리며 발전해왔다.

트랜스휴머니스트로 유명한 케빈 워릭Kevin Warwick 박사는 2030년경엔 미래의 커뮤니케이션이 단순히 말하고 듣는 음성인식 수준을 넘어 다른 사람의 생각과 소통하는 기술, 즉 뇌간의사소통Brain-to-Brain Communication 또는 마음간커뮤니케이션Mind-to-Mind Communication으로 진화할 것이라 예측했다.

도덕적 규범 체계의 구축

이처럼 인공지능과 로봇 알고리즘이 주도하는 포스트휴먼 기술 환경은 커뮤니케이션의 개념과 성격을 근본적으로 바꾼다. 기존의 컴퓨터매개커뮤니케이션Computer-Mediated Communication 이론에선 컴퓨터 기술이 사용자 간의 메시지 교환의 수단이라는 관념이 지배적이었다. 컴퓨터의 의사소통 역할도 그런 지배적 패러다임에 따라 설명됐지만, 과학기술의 발전은 이런 소통 모델이 한계에 봉착했음을 알려주었다.

예컨대 인공지능의 개척자 앨런 튜링Alan Turing은 기술과 기계가 단순히 인간 소통의 수단이 아니라 의사소통적 상호작용의 참여자라고 봤다. 더 이상 의사소통적 상호작용의 중심이 인간에만 국한되지 않는다는 것이다. 사이버네틱스Cybernetics의 창시자 노버트 위너Norbert Wiener도 《인간의 인간적 활용The Human Use of Human Beings》이란 저서에서 인간과 기계, 기계와 기계 사이의 상호작용이 증가하고 있음을 지적했다. 프랑스 기술철학자 질베르 시몽동Gilbert Simondon은 기계들도 인간처럼 발생과 진화를 겪는 자기 나름의 존재 방식이 있고, 기계들이야말로 인간의 동등한 협력자라고 칭한다. 또 기술적 활동은 인간 사회를 위아래로 소통시키고 조절할 수 있는 문화적 매개자라고 말한다.

포스트휴먼 시대의 커뮤니케이션은 인간과 기계의 관계를 주종 관계가 아닌 상호협력적 관계로 볼 것을 요구한다. 더 나아가 프랑스 철학자 브뤼노 라투르Bruno Latour가 말한 '인간과 비인간 주체 간의 네트워크'의 관점에서 본다면, 포스트휴먼은 비인간 행위자를 포함하는 이질적인 요소들과의 관계 및 교호가 핵심이라는 점에서 '네트워크 사이보그'로도 개념화될 수 있다. 즉 네트워크 사이보그는 인간의 기계화, 인간과 기계 사이의 융합을 넘어 유기체로서의 인간과 기술적으로 매개된 다른 모든 존재를 포괄하는 개념이다. 기술문명 시대를 사는 모든 존재의 체현 방식인 동시에 그들 간의 네트워크를 형성하는 인터페이스로 기능한다.

따라서 포스트휴먼의 커뮤니케이션은 팔, 다리뿐 아니라 두뇌까지 인간의 모든 신체기관이 커뮤니케이션 미디어가 된다. 인체 바깥의 모든 사물, 즉 비인간적인 것들도 인간의 몸과 연결된 미디어라는 점에서 만물지능 커뮤니케이션 상황을 연출한다. 단순히 신체의 매체화를 넘어 모든 사물의 매체적 육화가 일어나는 셈이다. 물론 이 새로운 커뮤니케이션은 음성인식에서부터 동작인식, 웨어러블, 사물인터넷, 인공지능 등 인간과 기술 사이의 전면적이고 다차원적 인터페이싱 또는 네트워킹을 가능케 하는 포스트휴먼 기술들 덕분에 존재한다.

앞서 언급했듯이 네트워크 사이보그는 생물학적 육체와 기술이 결합된 사이보그다. 동시에 사물인터넷, 빅데이터, 웨어러블 등 네트워크 인터페이스를 활용해 사람 사이의 소통뿐 아니라 사람-사물, 사물-사물 사이의 소통까지 확보한다는 게 특징이다. 과거에는 모든 기술이 인간에 의해 구성되고 규정됐다. 하지만 마치 '제2의 신체'처럼 다양한 보철 장치 및 인공지능 기기들이 보편화되는 상황에서 인간-기술 사이의 커뮤니케이션은 오히려 인간다움의 새로운 조건으로 기능할 수 있다.

이런 커뮤니케이션 상황은 우리에게 기회이면서 동시에 위협이다. 네트워크 사이보그로서의 인간은 자신을 둘러싼 환경과 언제든지 연결돼 의사소통이 가능한 그야말로 전지전능한 존재지만, 주어진 환경에 도발적으로 관여하면서 개인의 고유성 또는 개체성을 드러내는 커뮤니케이션의 다양성을 기대하기는 더욱 어려워질 수도 있기 때문이다.

그런 이유로 포스트휴먼 주체로서의 네트워크 사이보그는 향상된 능력을 지닌 개인들의 자율적 선택이 과잉될 경우, 자신이 좋아하는 가치나 방식만을 추구하는 '자유주의 우생학'의 오류를 범할 수 있다.

또 비인간 행위자들까지 커뮤니케이션 파트너로 확장시키는 포스트 휴먼의 '탈육화 커뮤니케이션Disembodied Communication'이 인간과 기술 사이의 본질적 차이, 더 나아가 자아와 타자 사이의 실존적 장벽을 초월할 수 있는가 하는 문제도 있다.

인간 중심적 소통에서 벗어나 비인간적 행위자까지 포괄하는 네트워크 사이보그 시대의 소통이 제대로 기능하려면 통역이 중요한 정책 기능으로 대두될 수밖에 없다. 여기서 통역이란 인간과 기술 한쪽의 일방적 해석이 아니다. 오히려 인간 간의 '해석학적 이해' 그리고 기계, 사물 등 이질적 요소들과의 차이를 고려한 '기계적 이해'까지 적극 포용하는 개념이다.

인공지능, 로봇 등의 기술발전에 힘입어 인간과 기술 사이의 커뮤니케이션이 점차 사이보그를 닮아가는 것은 분명 새로운 기회다. 그러나 윤리적 진공상태에서 네트워크 사이보그는 커뮤니케이션 생태계를 강자의 논리에 맡겨버릴 수 있음에 유의해야 한다. 자율적 존재로서 인간 본연의 모습을 유지하려면 새로운 소통을 경험하는 인간을 서로 이어줄 새로운 윤리와 규범 체계가 필요하다.

앞서 네트워크 사이보그는 인간 행위자의 사회적 관계를 넘어 인간과 비인간, 인간과 사물 사이의 교호작용을 포괄하는 새로운 의사소통 모델임을 밝혔다. 이 새로운 소통 모델은 기존의 인간 중심적 관점에 근본적인 문제를 제기한다. 기존 사회에서 배제되거나 객체화됐던 사물의 새로운 정의, 역할, 기능, 의미를 부각시키기 때문이다. 포스트휴먼 기술 환경은 과거 주체와 객체로 엄연히 분리됐던 인간과 여타 생명체 혹은 인간과 사물과의 비대칭성을 와해시키고 인간 중심주의에 기초해온 사유 체계에 일대 변혁을 요구한다.

그러나 기술에 인간과 동등한 행위성을 부여하는 것에 대한 윤리적·철학적 논란은 지속될 것이다. 과연 네트워크 사이보그는 인간의 자유의지가 지나치게 발휘된 과도한 행위주체성Hyper-agency의 결과인가? 아니면 인간의 실존적 조건에 반하는 행위, 즉 인간 본연의 자율적 주체성이 해체된 탈인간적 존재에 불과한가? 이처럼 포스트휴먼의 윤리적 조건에 관한 심층적 논의가 필요할 때다.

독일의 철학자 마르틴 하이데거Martin Heidegger는 기술성Technicity의 본질을 논하면서 우리 눈앞에서 기술이 비가시적으로 사라지는 것, 즉 우리 눈에 보이지 않은 채 인간과 기술, 인간과 기계 사이의 혼종성이 극대화되는 상황을 우려했다. 이렇듯 모든 것이 기능적으로 연결된 초연결사회에서 포스트휴먼의 도덕적·윤리적 연결성을 고려한 규범 체계를 구축하려는 노력은 매우 중요하다.

인간 소통의 본질이 기술과 기계에 의해 형해形骸화되지 않게 하려면 인공지능, 로봇 등 기술적 수단들이 인간다운 소통을 할 수 있도록 개발·활용될 필요가 있다. 바로 그때 네트워크 사이보그는 자유로운 인간의 존재성을 드러내는 의사소통을 통해 도덕적·윤리적 존재 기반을 확보할 수 있을 것이다.

인간 본성과
가치에 대한 성찰

일반적으로 '포스트휴머니즘'이라고 말할 때 떠오르는 첫 장면이 뭘까? 아마 디스토피아적인 SF영화 〈터미네이터〉에 등장하는 인공지능 기계와 인간의 대결 같은 극단적 상황이 아닐까 싶다. 최근 인공지능 기술이 급속도로 발전하면서 스티븐 호킹Stephen Hawking처럼 대중친화적인 과학자까지 앞장서서 인공지능의 위협에 맞설 대책을 강구해야 한다고 강조한다. 포스트휴먼 시대에 대한 불안감은 이처럼 은근히 확산되는 추세다.

다른 한편엔 유토피아적 상상이 있다. 이 맥락에서의 포스트휴머니즘은 무병장수로 누구나 150세까지 살 수 있는 장밋빛 미래다. 여기선 급속도로 발전 중인 의생명과학기술이 꼭 언급된다. 인간의 장기

미래는 더 나아질 것인가

를 갈아 끼우고 수많은 질병을 정복하고 나면 결국 우리 모두 영생에 이를 수도 있다는 메시지다. 인간의 생체 에너지를 일종의 노화방지 화장품(?)으로 '수확'하는 내용을 담은 영화 〈주피터 어센딩〉의 상황이 현실화되는 셈이다.

트랜스휴머니즘은 포스트휴머니즘의 한 분파

이렇듯 대중적 이미지에서 포스트휴머니즘의 미래 전망은 다소 모순되는 것처럼 보인다. 진지한 정치사회적 쟁점화를 위해서는 이 개념을 보다 명확히 분석하고 넘어갈 필요가 있다.

우선 '포스트'는 영어에서 시간적으로 '이후' 혹은 '넘어서는', '극복하는'의 의미를 가진다. 그러므로 포스트휴머니즘은 휴머니즘 이후에 등장한 생각이나 이념, 특히 휴머니즘의 주장이나 생각을 극복하거나 넘어서려는 사상·운동을 뜻한다. 자연스럽게 포스트휴머니즘이 넘어서거나 극복하려는 휴머니즘의 핵심이 무엇인지에 따라 포스트휴머니즘도 다양해지고 각각이 갖는 정치사회적 메시지도 달라진다.

대체로 포스트휴머니즘이 극복하려는 휴머니즘 주장의 핵심에는 인간 본성이 존재하며, 그것을 '가치 있다'거나 혹은 다른 모든 가치보다 가장 우선한다고 생각한다. '철학적' 포스트휴머니즘은 인간 본성은 인간 진화의 역사에서 끊임없이 변화되어온 가변성을 강조한다. '문화적' 포스트휴머니즘은 '인간다움'의 핵심이 문화적·역사적 맥락에 따라 다르게 정의되어왔다는 점을 내세운다. 하지만 과학기술과 관련해 보다 직접적인 함의를 갖는 포스트휴머니즘은 트랜스휴머니즘이다. 국내에서도 널리 소개된 특이점의 근미래 도래를 주창하는 커즈와일 등이 이 진영에 속한다.

이 주장에 따르면 인간 본성은 끊임없이 보다 나은 상태로 변화 가능하기에, 우리는 과학기술을 적극적으로 활용해 인간 능력이나 특징을 무병장수나 인지 능력, 육체 능력 향상 등 바람직한 방향으로 개선해야 한다. 이 이론은 진화의 자연선택 메커니즘 때문에 여러모로 불완전한 인간의 육체와 마음을 생명공학이나 컴퓨터공학 기술 등을 활용해 현재 상태보다 훨씬 진보적인 초인류로 변화시키자는 사회운동으로 이어진다.

중요한 점은 트랜스휴머니즘이 곧 포스트휴머니즘이 아니라 다양한 포스트휴머니즘의 한 분파라는 데 있다. 다시 말해 포스트휴먼 시대가 곧 트랜스휴머니스트들이 추구하는 목표가 모두 달성된 시대라고 가정하고 정치사회적 분석을 시도할 경우, 관련 정책 수립에서 혼란에 빠질 수 있다는 것이다. 온건한 형태의 포스트휴머니즘은 현재 다양한 분야에서 상당한 설득력을 얻고 있지만, 트랜스휴머니즘은 대단히 논쟁적인 입장에서 매우 적극적으로 자신들의 지향점을 설파한다. 따라서 결코 이 둘을 혼동해서는 안 된다.

예를 들어 포스트휴머니즘은 휴머니즘의 다른 축, 즉 인간적 속성이 절대적으로 가치 있다는 주장에 대한 반론에서 시작한다. 인간이 아니란 의미에서는 '비인간적이지만' 동물이나 인공지능이 가진 (개의 탁월한 후각이나 컴퓨터의 가공할 자료처리 능력을 떠올려보라!) 뛰어난 인

미래는 더 나아질 것인가

지적 속성에도 상당한 가치를 부여할 필요가 있음을 주장할 수 있다. 이렇게 부여된 가치가 정확히 어떤 함의를 갖는지 (예를 들어 특정 인지 능력 이상을 가진 동물을 식용으로 먹는 게 비윤리적인지) 혹은 이런 가치 부여가 정치적 참여의 권리까지 포함하는지 (예를 들어 뛰어난 인지 능력을 갖춘 인공지능에 자기결정권을 줘야 할지) 등에 대해 복잡한 논의가 가능하다.

일반적으로 이런 종류의 포스트휴머니즘 논의는 인간과 다양한 인지 능력을 갖춘 유기 생명체 및 기계 생명체 간의 공존을 지향한다. 이런 공존 여부를 포함해 보다 넓은 맥락에서의 포스트휴머니즘 주장은 '인간적' 가치에 대한 깊이 있는 인문학적 성찰을 요구한다.

사실 트랜스휴머니즘은 계몽주의에서 강조하는 인간적 가치를 극대화시키려는 시도로 볼 수도 있다. 그래서 철학적으로는 보다 급진적인 포스트휴머니즘과 대척점에 있는 듯 보인다. 분명한 것은 과학기술의 적극적 활용에 호의적인 트랜스휴머니즘 논의가 포스트휴먼 시대의 정치사회적 쟁점에 대한 논의의 출발점으로 사용되는 건 위험하다는 점이다. 트랜스휴머니스트들은 인간의 핵심적 특징으로 '끊임없이 스스로를 향상시키려는 욕구'를 들며 자기 입장을 옹호한다. 하지만 이 주장은 인간 본성에 대한 특정 입장을 절대화하려는 시도라는 비판에서 자유롭기 어렵다.

이상의 내용을 요약하면 다음과 같다. 포스트휴머니즘은 인간적 가치를 중시하는 기존 휴머니즘을 넘어서려는 다양한 사상과 사회운동을 총칭한다. 그중에서도 특히 첨단 과학기술을 적극적으로 활용해 불완전한 인간을 더 뛰어난 '강화인간Enhanced Human'으로 만들자는 사회운동이 트랜스휴머니즘이다. 트랜스휴머니즘과 포스트휴머니즘은 각각 '인간이란 무엇인가'와 '인간적 가치만이 유일한가'에 대해 근본적인 의문을 제기한다. 이는 당연히 정치사회적으로 우리가 바람직하게 여기는 미래 사회의 전망에 중대한 영향을 끼칠 것이다.

포스트휴먼의 근미래 쟁점과 먼 미래 쟁점

포스트휴먼 시대의 정치사회적 함의를 논의할 때, 가까운 미래에 실현 가능성이 높은 포스트휴머니즘 관련 과학기술과 실현 가능성이 더 먼 기술을 쟁점별로 구별해 고찰할 필요가 있다. 물론 이 두 과학기술이 칼로 무 자르듯 깔끔하게 나눠질 순 없겠지만, 두 과학기술이 제기하는 정치사회적 쟁점에 따라 향후 정책적 고려가 달라지기에 차이를 구별하려는 노력은 유용하다.

근미래에 실현될 가능성이 높은 포스트휴머니즘 기술은 주로 인간의 인지 능력이나 육체적 능력을 향상시키는 분야 그리고 기계의 인지 능력을 높이려는 목표에 집중돼 있다. 영화 〈엣지 오브 투모로우〉에 등장하는 외골격 전투복이나 영화 〈리미트리스〉에 등장하는 '똑똑이 약' NZT가 이에 해당된다. 물론 영화에 등장하는 이 환상적 기술은 아직 실현되지 않았지만 이를 향한 기술적 진보는 끊임없이 이뤄지고 있다. 현재 미국 대학에서는 시험 준비를 위해 집중력을 높여주는 리탈린 복용 사례가 자주 보고된다. 이런 인간 능력 강화 기술은

미래는 더 나아질 것인가

안전성 검증이나 공정한 경쟁 문제 등 정책적으로 해결해야 할 수많은 문제를 제기한다.

이런 이유로 이런 근미래 기술에 대해서는 '사전주의 원칙Precautionary Principle'을 적용하는 게 바람직하다. 이는 흔히 '사전예방 원칙'으로 잘못 번역되곤 한다. 사전주의 원칙은 잠재적 위험성이 있는 과학기술은 완전히 안전하다는 증거가 확보되기 전까지 연구개발을 막아야 한다는 급진적 주장이 아니다. 이런 조건에서는 어떤 과학기술도 개발이 불가능하다. 올바른 사전주의 원칙은 다양한 위험성이 제기되는 과학기술에 대해 충분한 사전 대책을 수립하고, 연구개발 과정 중 지속적인 모니터링을 통해 기술발전 과정을 적절히 관리해야 한다는 입장이다. 인간 능력 강화 기술은 이런 사전주의 원칙이 잘 적용될 수 있는 좋은 사례다. 예상되는 이익만큼이나 잘못 확산된 포스트휴머니즘 기술이 가져올 부작용도 무척 크기 때문이다.

근미래에 실현될 인공지능 기술에도 사전주의 원칙이 적용될 여지가 많다. 좋은 예가 최근 구글이 선도하는 무인자동차 기술이다. 인공지능과 감지 기술을 활용하는 무인자동차의 법적 책임 문제는 현재 법률을 어떤 방식으로 확장시킬지 논란을 불러온다. 예를 들어 무인자동차가 사고를 내면 제조사, 자동차 제작사, 관련 공학자, 차 판매자, 운전자, 차 소유자 등에게 어떤 방식으로 법적 책임을 분산시킬 것인지 매우 복잡하다.

잊지 말아야 할 것은 아무리 까다로운 문제도 관련 당사자들끼리 협의하고 맥락을 고려해 논의하면 해결할 수 있다는 믿음이다. 물론 총기 규제에 대한 법률이 나라마다 다르듯, 자동차가 활용되는 범위나 도입된 역사, 자동차에 대한 인식 수준 등에 따라 나라마다 다른 결론이 도출될 수 있다. 그럼에도 이런 근미래 인공지능 기술에 대한 정치사회적 논의는 빨리 시작할수록 좋고, 충분히 노력을 기울이면 실행 가능한 사안임이 분명하다.

먼 미래에 실현될 포스트휴머니즘 관련 과학기술은 훨씬 더 흥미진진하고 논쟁적이다. 그만큼 정치사회적 대응 원칙을 단일하게 제시하기 매우 어렵다. 예를 들어 미래의 어떤 시점에 정말로 기계가 자의식을 갖거나 인간을 뛰어넘는 지적 존재가 된다면 그 상황에서 우리가 어떻게 대응해야 할지는 단언하기 어렵다. 물론 그런 상황에서도 기계의 지능은 인간과 상당히 다를 것이다. 하지만 단순히 인간의 지능과 다르다는 이유로 기계의 지능을 부정하거나 기계에 적절한 권리(그것이 무엇이든)를 부여하지 않는다면, 피부색이나 문화적 차이를 근거로 자행한 우리 역사의 어두운 인종차별주의를 종Species 수준으로 확대한 것이란 비판에서 자유롭기 어렵다.

한편 매우 발전한 인공지능이 인간과 평화롭게 공존할 것이라 막연하게 전망하기도 어렵다. 인간보다 우월해진 인공지능이 과연 우리에게 어떤 태도를 취할 것인지는 추측조차 할 수 없다. 어쩌면 우리가 멸종 위기에 처한 종을 보호하듯, 인간이 자신만의 '독특한' 지적 생활을 즐길 수 있도록 미래의 '자비로운' 인공지능이 우리를 보호해줄 수도 있다. 혹은 인간과 전혀 다른 가치를 가진 인공지능에 의해 인간이 (우리가 개미를 대하듯) 무심결에 제거될 수도 있다.

미래는 더 나아질 것인가

결국 미래의 뛰어난 인공지능이 얼마나 인간과 함께 가치를 공유하느냐에 따라 결론은 달라질 것이다. 그런 이유로 몇몇 미래학자들은 지금부터라도 (우리 인간의 미래를 위해) 공감 능력, 상호 신뢰, 복지 등 인간에게 중요한 개념을 인공지능에게 주입하자고 제안한다.

트랜스휴머니즘과 관련된 먼 미래 과학기술도 간단하게 대답하기 어려운 문제를 제기한다. 구글 글래스를 끼고 최신 정보를 실시간으로 활용하며 인지 능력이 강화된 인간 정도는 누구나 다 인간으로 간주한다. 하지만 브루스 스털링Bruce Sterling의 과학소설 《스키즈 매트릭스Schismatrix》에 등장하듯 충분한 생명공학 개조를 통해 목성의 위성 유로파의 지하 바다에서도 생존할 수 있는 '신인류'를 누군가 만들어낸다면, 이 신인류를 인간으로 보기는 쉽지 않을 것이다.

이처럼 트랜스휴머니즘이 충분히 먼 미래까지 확장된다면 인류가 현재 인류와 다른 수많은 종으로 분화해나갈 수 있다. 극단적으로 생각하면, 유기체 몸을 포기하고 가상공간에서의 영원한 삶을 선택하거나 유지보수 관점에서 더욱 효율적인 기계 기반 생명체로 갈아탄 인류도 등장할 수 있다. 이런 다양한 '인류'들이 공존하는 세계에서 어떤 정치적 상호작용이 바람직할 것인가? 포스트휴먼 시대가 진행될수록 정치와 과학기술이 복잡하게 상호작용하는 이런 질문들이 더욱 중요해질 것이다.

다시 정리해보자. 근미래에 실현될 포스트휴머니즘 과학기술 관련 쟁점은 사전주의 원칙에 입각해 선제적 정책과 끊임없는 모니터링을 시행하며 생산적으로 관리해나갈 필요가 있다. 그에 비해 먼 미래에 실현될 포스트휴머니즘 과학기술과 관련해서는 인간이란 무엇인가 그리고 인간적 가치는 왜 소중한가 등에 대한 보다 근본적인 성찰과 그에 근거한 정치체제적 모색이 필요하다.

인문학적 성찰과 과학기술의 결합

포스트휴머니즘 관련 과학기술 중 근미래 기술은 상당 부분 그 내용이나 파급효과에 대해 합리적 예측이 가능하다. 많은 경우 그 대응 방안도 기존의 법률, 관습, 문화 등을 확장하거나 변형해 마련할 수 있다. 하지만 그런 확장이나 변형을 어떻게 하는 게 바람직한지 충분히 검토하고 관련 제도를 조정해야 한다. 특히 기술적 잠재력을 최대한 살리고 부정적 파급효과를 최소화하기 위해서라도 시급히 법적·제도적 방안을 마련할 필요가 있다.

실제 이런 노력은 관련 과학기술 개발에도 도움이 된다. 정확히 어떤 규정을 반영하고 어떤 부분을 신경 써서 연구개발해야 하는지를 미리 예상할 수 있다면 연구자 입장에서는 훨씬 마음 편하게 연구에 몰두할 수 있기 때문이다.

이런 점은 우리나라처럼 국가 주도로 과학기술 개발이 이뤄진 역사적 경험이 있고, 해외 수출이 국내 경제에서 차지하는 비중이 큰 나라에서 더욱 중시돼야 한다. 포스트휴먼 관련 과학기술은 연구 자체만이 아니라 그 결과물이 사용될 다양한 문화적·사회적 환경에 대한 치밀한 사전 고찰이 선행되지 않으면 국제경쟁력을 가질 수 없다. 다시 말해 포스트휴머니즘 관련 과학기술 연구개발과 관련해 근미래 과학기술에 사전주의적으로 접근한다면 생산성이 높아질 것이다.

먼 미래에 실현될 가능성이 있는 포스트휴머니즘 과학기술에 대해서도 우리나라는 특별한 관심을 기울일 필요가 있다. 전 세계적으로 우리나라처럼 새로운 기술에 열광하는 나라도 많지 않다. 이런 상황을 잘 활용해 포스트휴먼 시대의 인문학·사회과학적 성찰을 관련 과학기술 연구개발과 결합한다면 국제적으로 이 분야를 선도할 수 있다. 현재 일본이 로봇 기술 자체만이 아니라 로봇 윤리 및 로봇 심리학 분야에서 상당한 국제적 명성을 갖고 있다는 점이 이를 시사한다.

포스트휴먼 시대가 정확히 어떤 방식으로 전개될지는 미지수다. 계몽주의 시대 이래로 강조되어온 휴머니즘의 어떤 부분을 극복하고 어떤 부분을 더 발전시켜 나갈지에 대해서는 다양한 입장이 있고, 여기에 맞춰 과학기술이 연구개발되기 때문이다. 포스트휴먼 시대에도 여전히 인간 본성과 가치에 대한 진지한 탐구에 기반해 과학기술 연구가 이루어져야 할 필요성이 여기에 있다.

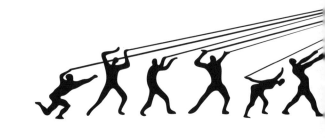

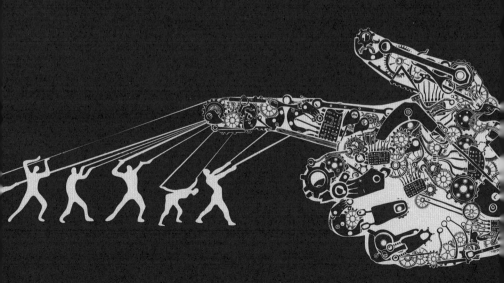

2장

인공지능 시대의
도전과 기회

필진 ─────────────

박병원 STEPI 미래연구센터장

조성배 연세대 컴퓨터과학과 교수

이성호 STEPI 미래연구센터 연구위원

나준호 LG경제연구원 연구위원

최은창 프리인터넷프로젝트 연구원

서용석 한국행정연구원 연구위원

인공지능과 4차 산업혁명이
가져올 변화들

2016년 초 열린 다보스포럼은 모바일인터넷, 센서, 인공지능과 기계
학습Machine Learning, 사물인터넷 등이 기존 생산 시스템과 결합해 새로
운 산업혁명을 유도할 것이라 전망했다. 실제 모든 언론과 다국적 컨
설팅회사는 4차 산업혁명이 의미하는 긍정적·부정적 영향에 대해 대
서특필하고 있으며, 각국 정부도 이 기회를 선점하겠다며 계획을 수
립하고 있다.

2016년 3월 9일부터 15일까지 서울에서 치렀던 알파고와 이세돌
9단의 바둑 대결은 온 국민이 인공지능 기술의 발전 수준에 경이로움
을 느낀 사건이었다. 인간이 우세하다고 여겨졌던 바둑에서마저 첫
패를 당했을 때 그 충격은 실로 대단했다. 이 일을 계기로 온 국민이

기술전문가가 됐으며, 이 사건을 오히려 축복으로 받아들이고 새로운 기술혁신을 일으켜야 한다고 한바탕 소동을 피웠다.

언론에서는 인공지능이 초래할 긍정적·부정적 효과를 4차 산업혁명과 함께 분석하고 있지만 아직 시원한 답을 얻은 것 같지는 않다. 여기서는 인공지능과 4차 산업혁명이 가져올 긍정적 측면을 다시 분석하기보다는 기술과 사회 공진화 관점에서 우리가 미리 고민해봐야 할 이슈를 점검하려 한다.

돌이켜보면 역사적으로 기술발전이 초래하는 사회적 논란은 전혀 새롭지 않다. 약속한 장밋빛 미래가 이뤄지기까지 현실적으로 극복해야 할 장애물이 무수히 많았기 때문이다. 18세기 산업혁명 당시 증기기관, 제니 방적기를 시작으로 철도, 전기, 내연기관, 인터넷의 발명으로 사람들은 사회·경제 시스템의 극적인 변화를 여러 차례 경험했다. 인공지능이나 4차 산업혁명 또한 그 변화 중 하나가 될 가능성이 클 뿐이다.

첫째, '제4차'라는 용어 자체가 기시감이 있다. 사실 이 용어는 1940년대부터 쓰였다. 1940년 앨버트 카Albert Carr는 현대 통신수단의 발전으로 미국적 생활에 위험이 다가왔다고 주장했고, 1948년 원자력에너지가 등장했을 때도 반응은 같았다. 1955년 전자공학의 등장, 1970년대 컴퓨터 시대의 도래, 1984년 정보통신기술의 발전 때도 4차 산업혁명이란 용어가 사용됐다. 1990년 초반 나노 기술도 차세대 산업혁명을 촉발하는 전초로 홍보된 바 있다.

다보스포럼은 4차 산업혁명을 이전보다 더 새롭고, 더 차별적이며, 더 위협적이라 주장한다. 하지만 한계비용 제로 사회를 주장했던 제러미 리프킨Jeremy Rifkin은 기술발전의 속도, 범위, 시스템 파급력 관점에서 지금 상황을 4차 산업혁명이라 지칭하는 것은 아직 이르다고 언급한다.

둘째, 에너지 문제다. 사물인터넷, 인공지능, 3D 프린팅을 유지하기 위해서는 엄청난 양의 에너지가 필요하다. 알파고 역시 10만 개가 넘는 바둑기보를 학습했고 1202개의 중앙처리장치CPU, 176개의 그래픽처리장치GPU를 사용해 1메가와트의 에너지를 소비했다. 반면 이세돌은 20와트 정도를 소비했다고 하니 에너지 효율성 측면에서 알파고보다 5만 배 더 효율적이다. 물론 10년 후면 주머니 안에 들어가는 휴대전화 정도가 같은 연산 능력을 가질 가능성이 매우 크긴 하지만 말이다.

에너지경제학에서 말하는 에너지 투자생산성EROI(Energy Return on Investment)을 따져보자. 이는 단위 에너지 생산에 투입해야 하는 에너지와의 비교값을 나타내는 말이다. 문제는 현재의 화석연료 기반의 에너지 시스템에선 이 값이 지속적으로 떨어진다는 점이다. 세계 원유 생산지가 지속적으로 심해나 오지로 이동하는 것이 바로 이런 이유 때문이다. (셰일가스는 현재 원유 생산 대비 7~8배 정도의 에너지 투자생산성을 갖고 있어 원유 가격하락에 결정적인 영향을 미치고 있다.)

2030년에 500억 개의 사물들이 연결되며, 2040년에는 전기차가 전 세계 자동차 판매 중 35퍼센트를 차지할 것이라 한다. 따라서 에너지 생산 방식이 획기적으로 발전하지 않는 한 현재의 지구온난화 등 환경문제는 치명적으로 심각해질 것이다. 이런 문제 또한 기술발전을 통해 극복된다고 주장하는 극단적 기술낙관론자들이 있지만 기술발전이 먼저일지 환경 재앙이 먼저일지는 두고 볼 일이다.

셋째, 양극화의 확대 가능성이다. 로봇 덕분에 생산성은 높아지겠지만 그 열매 또한 로봇을 소유한 자가 가져갈 것이다. 지금 같은 세계화 시대에선 한 지역 또는 국가에서 시작된 혁신이 순식간에 전 세계에 확산되며 승자독식으로 귀결된다. 특히 새로운 기술은 새로운 교육과 직업 능력을 요구하는데, 이처럼 부의 세습과 더불어 혁신의 성과가 일부 계층에 독점되면 양극화가 심화될 것은 불 보듯 뻔하다.

넷째, 복잡성이 커지면 시스템의 붕괴 위험은 증가된다. 디지털 기술의 발전은 연결성이 늘어나며 복잡성이 증가된다. 복잡계 이론 중에 '필수복잡성의 법칙 Law of Requisite Complexity'이 있다. 어떤 시스템을 완벽하게 통제하려면 통제하는 시스템의 복잡성이 적어도 통제받는 시스템의 복잡성보다 커야 한다는 이론이다. 간단히 말해 복잡성만이 복잡성을 통제할 수 있다는 얘기다. 하지만 통제 시스템의 복잡성을 심화하기가 쉽지 않다. 또 복잡성의 증가, 비선형적 상호작용과 되먹임이 반복되면 사건 발생의 원인을 찾아내기 어려워진다.

다섯째, 4차 산업혁명이 본 궤도에 오르는 데 걸리는 시간이다. 사이버-물리 시스템을 기본으로 하는 새로운 생산 시스템이 정착하는 데는 적어도 30년 이상 걸린다. 인공지능 또한 인간의 마음처럼 작동하는 고난이도 수준에 도달하기까지 꽤 많은 시간을 기다려야 한다.

물론 특정 문제를 인간처럼 풀어내는 약한 인공지능엔 생각보다 일찍 다다를 수 있겠지만, 산업혁명이라고 부르는 수준의 광범위한 파급력을 미치는 데까지는 생각보다 오랜 시간이 걸릴 것이다.

여섯째, 사회 시스템이 갖는 관성 때문에 몇 번의 충격을 겪게 된다. 베네수엘라 출신 학자인 카를로타 페레즈Carlota Perez는 자본주의 발전의 주요 동인으로 기술혁신을 제시하면서 필연적으로 보이는 장기 파동의 원인을 기술 시스템과 사회 시스템의 격차 확대로 설명했다. 그는 기술 시스템의 진화를 뒷받침하는 사회 시스템의 공진화 없이는 주식시장 폭락, 사회적 소요 등 자본주의 경제가 주기적으로 파동을 겪을 수밖에 없음을 지적한다. 새로운 학습, 문화, 일하는 방식 등 제도적 혁신이 필요한데 이는 외부 충격을 통해 촉발된다.

마지막으로 개인 사생활 침해, 국가안보 위협, 윤리적 딜레마의 해결 없이는 기술적 진보를 성취하기 힘들다. 인류 역사에서 개인 또는 국가가 이렇게 막강한 힘을 가져본 적도, 부정적인 사건이 일어날 가능성이 높아진 적도 없다. 가속화되는 기술발전은 우리의 미래를 엄청나게 변화시킬 게 분명하다. 발전이 옳은 방향으로 이뤄지려면 기술력만으론 부족하다. 전 인류가 책임감을 갖고 혁신할 뿐 아니라 윤리적으로 접근하지 않는다면 우리가 직면할 현실은 기회보다 위험에 가깝다.

알파고의 충격을 받은 정부는 4차 산업혁명을 주도할 플랜을 연내에 당장 수립하겠다고 발표했다. 독일은 이미 2011년에 '하이테크 비전 2020'에 정보통신기술 융합을 통한 제조업 창조경제 전략인 인더

스트리 4.0^{Industry 4.0} 전략을 수립하고 강도 높게 추진했다. 미국 정보
통신기술기업의 급격한 발전에 자극받아 이를 방어하려는 데 그 목적
이 있었다고 한다. 전통적인 제조업과 달리 플랫폼을 기반으로 한 미
국 산업의 발전에서 위협을 느낀 독일은 자국의 강점인 제조업의 경
쟁력을 한 단계 업그레이드하기 위해 사이버-물리 시스템을 기반으
로 한 새로운 제조업 전략을 수립한 것이다.

산업 구조의 전환은 단순히 기술개발로 이뤄지는 게 아니다. 교육,
문화, 거버넌스 등 사회 시스템의 동반 혁신을 이뤄낼 때만 가능하다.
시간은 우리 편이 아니다. 우리 사회의 창의성을 높이고 근본적 혁신
을 이뤄내기 위해서는 우리 모두의 노력이 필요하다.

새로운 성장 동력으로서
인공지능

2016년 대한민국은 알파고 사태가 불을 지핀 인공지능 갑론을박으로 여전히 뜨겁다. 기술의 본질을 제대로 이해하지 못할 때 우리는 인공지능에 대한 막연한 공포심이나 과도한 환상을 지니기 쉽다. 현실에 대한 이해나 냉철한 진단 없이, 현재의 기술이 선형적으로 진보해 SF 영화 속 이야기가 금세라도 실현될 것처럼 생각한다면 곤란하다. 여기서는 인공지능의 핵심 기술을 살펴보고, 산업적 측면에서 활용할 수 있는 방안이 무엇인지 고민해볼 것이다.

현 시점에서는 많은 사람이 구글 알파고를 최상의 인공지능으로 떠올린다. 인간 최고수보다 바둑을 더 잘하는 프로그램이니 확실히 대단한 인공지능임에 틀림없다. 그러나 기술의 이름에 현혹돼 마치 기계가 스스로 학습해 바둑 최고수가 된 것이라 생각하면 오산이다. 바둑 게임을 할 때, 다음 수를 결정하는 몬테카를로 트리탐색MCTS 방법을 사용하는 프로그램이란 점에서 알파고는 기존 바둑 프로그램과 다를 바 없기 때문이다. 다만 바둑은 다음 수를 결정하는 경우의 수가 너무 커서 이를 모두 계산할 수 없기 때문에 경우의 수를 줄이기 위한 다양한 기법을 만들었을 뿐이다.

알파고는 착수할 경우의 수를 줄이는 함수와 각 수의 승패를 계산하는 함수를 각각 정책망과 가치망이란 이름의 신경망으로 설계하고, 딥러닝을 통해 많은 양의 기보로부터 최적값을 구했다. 물론 기존 기보 이외에도 가상 게임을 반복하며 얻어진 새로운 기보 데이터까지 활용하는 심층강화학습Deep Reinforcement Learning 방법도 사용했다. 그럼에도 결국 이는 바둑 게임의 과정을 프로그램화한 소프트웨어의 범주 안에 있다.

이외에도 구글의 자율주행차나 애플의 시리, 퀴즈 대회에 나가서 인간 챔피언을 이긴 IBM의 왓슨 시스템 등이 현 시점을 대표하는 인공지능 시스템이다. 그렇다면 이런 소프트웨어가 공포로 다가오는 이유는 뭘까?

지금까지 놀랄 만한 결과를 내서 성공했던 인공지능이 사실 모두 체계적으로 만들어진 소프트웨어와 이를 빠르게 실행시키는 컴퓨터였음을 이해한다면 혼란은 불필요할 듯싶다. 먼저 왜 이런 혼란이 오는지 인공지능의 정의를 살펴본 다음 현재 인공지능의 기술 수준을 분석해 보고자 한다.

미래는 더 나아질 것인가

자의식을 갖는 '강한 인공지능'은 아직 시도 중

인공지능을 한마디로 정의하기는 쉽지 않다. 우선 지능 자체가 명확하게 정의되지 않는 데다 이를 인공적으로 재현한다는 게 어렵기 때문이다. 일반적으로 지능은 외부를 인식하고 추론하며 적응하는 능력이다. 인간조차 지능이 어떻게 기능하는지 명확히 모르는 상태에서 전통적인 환원주의Reductionism에 입각한 과학적 방법으로 지능을 구현하기는 어렵다. 따라서 기계가 지능을 갖고 있는지 여부를 판별하려면, 그 내부를 분석하는 게 아니라 결과로 나온 행위가 인간과 구분될 수 있는지 여부를 검사해야 하는데, 여기에 튜링테스트가 활용된다.

수없이 많은 인공지능 기술이 시도됐다. 그간 이 기술은 방법의 합리성보다는 그 결과를 접하는 인간이 어떻게 판단하는가에 의해 평가됐다. 인공지능이 인간처럼 감정을 지니고 심지어 자의식이 있는 것처럼 판단된다면 그때 사용된 기술은 강한 인공지능일 것이다. 반면 인간의 사고나 창의력까지는 아니지만 특정 문제를 인간처럼 해결한다면 그때 사용한 기술은 약한 인공지능이라 할 수 있다.

문제는 두 경우에 사용된 기술이 다르다고 볼 수 없다는 데 있다. 사실 인간도 상대방을 외부에서 보이는 행태로 판별할 뿐 실제 그 사람이 어떤 지능을 보유하고 있는지는 잘 모른다. 그뿐 아니라 여기엔 철학적인 문제도 있다.

인간의 지적 기능을 구현하는 기술은 크게 지식 기반 방법론과 데이터 기반 방법론으로 나뉜다. 지식 기반 방법론은 1956년 다트머스 회의에서 인공지능이란 용어가 만들어진 후 가장 먼저 시도됐다. 인식·추론·학습의 지적 기능을 모방하기 위해 이를 보유한 사람이 해당 영역의 지식을 기호로 표현해 저장하고 이를 논리적인 규칙에 입각해 처리하는 방식이다. 지금도 전문가 시스템이나 논리·탐색 기반 문제해결법 등으로 널리 사용되고 있다.

반면 데이터 기반 방법론은 기계학습이나 데이터마이닝이란 이름으로 각광받고 있는데, 해당 문제의 사례를 데이터로 제공하고 이로부터 연역적으로 지식을 추출해 문제를 해결한다. 데이터로부터 연역적으로 모형을 구축하는 것은 전통적인 통계나 확률로 오래전부터 시도했던 터라, 기계학습의 많은 방법들이 이에 기반하고 있다. 요즘은 통계적 가정이나 제약을 극복하려고 신경망Neural Network 같은 다소 융통성 있는 방법이 시도된다.

이외에도 지능이나 의식의 본질을 뇌신경과학이나 인지과학의 범주에서 탐구하는 시도도 있다. 특히 뇌영상을 고도로 세밀하게 촬영할 수 있을 정도로 기기가 발전하면서 두뇌 기능을 뇌과학적으로 분석하려는 시도가 있다. 하지만 실용적으로나 산업적으로 인공지능에 활용하는 것은 아직 시기상조다. 이런 관점에서 지금까지 우리가 성공적인 인공지능 기술이라 알고 있고, 산업적으로 널리 사용될 만한 것은 탐색 기술, 규칙 기반 시스템, 기계학습이라고 볼 수 있다.

탐색 기술은 문제를 해결 공간상에 표현해 초기점에서 해답을 찾는 것인데, 알파고를 구성하는 기본 구조이기도 하다. 무한에 가까운 방대한 공간에서 체계적인 방법으로 해답을 찾으려면 불필요한 탐색을 최소화해 적절한 시간 내에 문제를 풀어야 한다. 이 기술은 복잡한 변수가 포함된 문제 중 의사결정을 하는 일반적인 문제에 적용된다.

규칙 기반 시스템은 문제를 해결하는 데 필요한 지식과 규칙을 적절하게 표현하고 이들의 추론을 통해 결과를 도출하는 것으로, 전문가 시스템을 구현하는 핵심적인 방법이다. 이 기술에선 해당 분야의 도메인 지식을 효과적으로 추출하는 게 필수적인데, 소위 '상식'이라 알려진 보편적인 지식은 처리가 어렵다. 최근에 이를 해결하는 기술이 실증적으로 시도되면서 심층 질의응답을 수행하는 IBM 왓슨이 완성되기도 했다.

신경망으로 널리 알려진 기계학습 기술은 문제의 사례로부터 주어진 입력에 대한 적절한 출력을 자동으로 생성하는 방법이다. 인간의 두뇌를 이루는 기본 구조인 뉴런을 모방한 매우 단순한 신경단위를 대규모로 연결했기에 두뇌처럼 자동 학습된다는 식으로 표현되곤 한다. 하지만 실제로는 입력값에 가중치를 매겨 모두 더한 후 비선형 함수를 통해 출력하는 단순한 계산 단위를 대규모로 연결하고, 주어진 데이터에 대한 입출력 관계를 표현하는 가중치를 자동으로 구하는 식이다. 최근 노드 간 연결을 상당히 여러 층으로 표현하고 많은 양의 데이터로부터 관계를 학습할 수 있는 딥러닝이 좀 더 실용적인 패턴 인식을 해줄 것으로 기대돼, 영상이나 음성인식, 자연어처리 등의 분야에 활발히 사용되고 있다.

인공지능 연구에 사활을 걸고 있는 건 글로벌 IT기업뿐 아니다. 스탠퍼드대학의 AI100 프로젝트는 마이크로소프트 부사장인 에릭 호비츠 Eric Horvitz의 기부금을 기반으로 인공지능이 미칠 사회적·경제적 영향을 100년간 연구하는 게 목표다. 또 마이크로소프트 공동창업자인 폴 앨런Paul Allen이 만든 앨런인공지능연구소, 10년간 1000억 엔을 투자하는 일본의 AI 연구개발 투자 등도 주목할 만하다. 국내에도 인공지능을 전담 연구하는 민간 연구소를 개소할 예정이다.

참신한 스타트업과 오픈 소프트웨어로 개방 인재 양성

산업적으로 인공지능 기술은 어떻게 활용돼야 할까? 최근 성공적인 인공지능 시스템을 보면 앞서 소개한 어떤 한 기술을 사용하기보다 문제의 해결 방안을 구조화하고, 여러 가지 기술을 적재적소에 복합적으로 활용하는 소프트웨어 구조를 구성하는 게 더 일반적이다. 알파고만 해도 전체 구조는 탐색 기술을 따르지만 세부적으로 탐색의 가짓수를 줄이는 데 신경망 기술을 사용했다. IBM의 왓슨도 상식 수준의 다양한 지식을 체계적으로 표현하는 규칙 기반 시스템을 토대로 가설을 만들고, 이를 체계적으로 줄이는 과정에서 기계학습 방법을 사용하는 등 수백 가지의 인공지능 알고리즘을 복합적으로 운용한다.

인터넷데이터센터IDC(Internet Data Center), 트랙티카, 맥킨지앤드컴퍼니, 지멘스 등은 세계 인공지능 시장이 급격히 커질 것으로 전망한다. 인터넷데이터센터는 세계 인공지능 시장 규모를 2017년 약 6650억 달러로 예상한다. 트랙티카는 기업용 인공지능 시스템 시장이 2015년 2억 달러 수준에서 2024년에는 111억 달러 규모까지 늘어나며 연평균 56.1퍼센트 급성장할 것으로 보고 있다. 맥킨지앤드컴퍼니는 2025년

| 그림 1 | **산업적 응용을 위한 하이브리드 인공지능 기술의 구성 요소와 지원 구조**

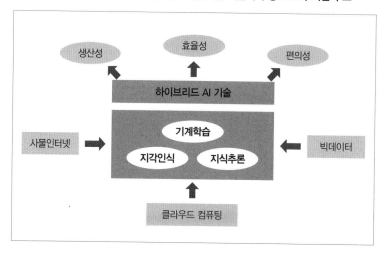

인공지능을 통한 지식노동 자동화의 파급 효과가 연간 5조 2000억 달러에서 6조 7000억 달러에 달할 것으로 분석한다.

알파고 사태로 인공지능 시장의 폭발적 증가를 예상하는 이 시점에, 일부 연구자가 전유해온 인공지능의 가능성과 필요성에 대해 국민적 공감대가 형성된 건 고무적이다. 특히 고령화와 함께 저성장의 늪에 빠져 있던 한국 사회에 인공지능은 뜻밖의 모멘텀이 될 수 있다. 이 불씨를 살려 경쟁력을 키우려면 미래 산업의 과제를 알아봐야 한다.

첫째, 인공지능 핵심 기술을 이해하고 복합적인 산업의 문제를 해결할 수 있는 인재를 양성해야 한다. 인공지능 시대에는 어떤 분야든 소프트웨어를 다루는 기술과 데이터를 분석하는 기술이 필수적인 소양이기 때문에 체계적인 교육이 필요하다. 딥러닝이든 지식추론이든

한 가지 기술을 만능키로 마스터하기보다는 필요한 기술을 적재적소에 활용하는 소프트웨어 구조 설계와 오픈소스의 활용 능력을 키워야 한다. 알파고가 잘 알려진 방법들을 복합적으로 사용해 불가능해 보이는 무한 공간에서의 의사결정 문제를 실제로 해결한 것은 두고두고 되새겨볼 만하다.

둘째, 인공지능 기술의 효과를 극대화하려면 빅데이터와 사물인터넷 등 방대한 데이터를 처리해야 하고, 클라우드 컴퓨팅과 같은 대규모 컴퓨팅 자원을 활용할 수 있도록 지원체계를 확립해야 한다. 대용량의 표준 데이터베이스를 확보하고 고성능 컴퓨팅 자원을 효과적으로 지원하는 것은 민간이 주도하기 어렵기 때문에 정부의 적극적인 참여가 필요하다. 특히 고가의 슈퍼컴퓨터를 보유할 수 없는 기업이나 스타트업도 비교적 저렴한 비용으로 인공지능을 개발하도록 컴퓨팅 자원을 사용할 수 있어야 한다.

셋째, 우수한 인재들이 인공지능이라는 분야에 눈떠 참신한 아이디어로 스타트업에 도전해야 한다. 기업들도 자체 개발보다는 핵심 기술을 보유한 스타트업과의 적극적인 인수합병을 통해 상생하는 산업 생태계를 구축해야 한다. 오픈 소프트웨어 정신을 잘 활용해 폐쇄적 시각에서 벗어나 기술 플랫폼을 공개하고, 이를 바탕으로 우수 인재를 훈련시키고 흡수하는 전략을 마련해야 한다. 최근 글로벌 IT기업이 기술을 오픈소스로 공개하는 추세로 돌아선 건 인공지능처럼 어려운 기술은 독자적인 노력만으로 발전하기에 한계가 있음을 절실히 깨달았기 때문이다.

우수한 인재들이 빅데이터와 클라우드 컴퓨팅 환경의 지원하에서 차별화된 서비스로 글로벌 경쟁을 하며 부가가치를 창출하는 데 인공지능 기술이 지렛대 역할을 할 것이다. 여기에 상생의 생태계를 기반으로 한 기업 문화까지 더해진다면 사람과 사물, 공간을 초연결하는 사이버-물리 시스템과 사물인터넷을 근간으로 산업 구조와 사회 시스템의 혁신을 일으킬 수 있다. 결과적으로 이는 4차 산업혁명의 견인차 역할을 할 것이다.

인공지능 기술은 출산율 저하와 고령화에 따른 생산 가능 인구의 감소 문제를 도와줄 수 있다. 일각에서는 인공지능으로 인한 일자리 감소 문제를 심각하게 고민하지만, 실은 현대사회에 만연한 노동 인구의 부족이 더 심각한 문제다. 새 일자리를 창출하려면 기존 인력을 재교육하고 줄어든 노동시간에 맞게 고용 구조를 바꾸며, 인공지능으로 대체 불가능한 분야에 집중해 노동 가치를 높여야 한다. 이것이 우리 삶의 질을 높이는 데 일조할 것이다.

하지만 인공지능 기술이 단기간에 기술적·사업적 성과를 올리기는 어렵기 때문에 장기적이고 체계적인 지원을 계속해야 한다. 지금까지 한국 기업은 선진 업체의 제품을 신속하게 따라가는 '패스트팔로워' 전략을 사용해왔다. 하지만 이 전략으로 창의력이 핵심인 인공지능 기술을 선도하기는 어렵다.

최근 발표된 인공지능 기술 성공 사례에 자극받아 기업과 정부도 관심을 갖고 투자를 계획하고 있다. 이것이 단발적인 해프닝으로 끝나지 않으려면 장기적인 관점에서 인력을 양성하고 지원할 필요가 있다.

스마트를 넘어
다정함까지

인공지능 기술은 기업의 비즈니스 모델 전반에 혁신을 가져온다. 알렉산더 오스터발더Alexander Osterwalder와 예스 피그누어Yves Pigneur에 따르면 비즈니스 모델은 자원·활동 → 가치 제안 → 관계·채널로 구성되는데, 인공지능은 이 각각에 영향을 미쳐 새로운 서비스를 창출하거나 비용을 절감할 수 있다.

첫째, IT기술이 과거에는 주로 고객 접점의 후방 지원 업무를 대체했다면, 감성 분석이 가능한 인공지능은 고객 접점 업무도 해낼 수 있다. 고객 관리를 휴머노이드 로봇과 아바타가 수행하는 셈이다. 둘째, 인공지능은 개별 고객의 취향과 니즈를 예측해 최적화된 맞춤 서비스를 제공한다. 과거 고객 맞춤 서비스는 VIP 고객만이 향유할 수 있었

| 그림 2 | 인공지능이 견인하는 비즈니스 모델 변화

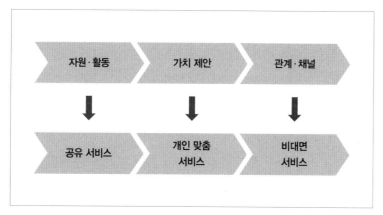

자료 : 이성호 · 설라영 · 김은희, 《신기술발전에 따른 산업 지형의 변화 전망과 대응 전략 : 제2권 인지컴퓨팅》, 과학기술정책연구원 정책연구, 2015.

지만 인공지능 기술을 통해 다수의 중산층 소비자도 저렴하게 개인 맞춤 서비스를 이용할 수 있다. 셋째, 가치사슬의 후방에서 기업의 장비·설비를 효율적으로 이용하도록 함으로써 유형자본 투자비를 절감할 수 있다. 특히 공유경제Sharing Economy 시스템에서 다수의 소비자가 차량, 숙박시설 등 자본재를 공유함으로써 투하 자본의 효율성이 극대화된다. 이상의 비즈니스 모델 혁신은 그림처럼 정리할 수 있다.

고객을 응대하는 로봇들

과거의 컴퓨팅은 온라인 유통채널의 혁신을 가져왔고 이를 통해 인건비, 보관비 등을 절감해 오프라인 유통채널보다 저렴한 가격에 상품을 판매할 수 있었다. 하지만 인터넷을 능숙하게 다루는 사용자들만이 혜택을 누린다는 문제가 있었다. 인터넷 이용자조차도 시스템의 융통성이 부족해 온라인 거래가 답답하고 불편하게 느껴지는 경우가 많았다.

인공지능은 자연어를 활용해 자연스럽게 소통하고 유연하게 상호작용해 사람이 개입하지 않아도 편리하고 친근하게 상품을 구매하고 서비스에 몰입할 수 있게 유도한다. 인공지능은 온라인과 오프라인 유통에 모두 적용되며, 특히 휴머노이드 로봇과 결합될 때 큰 파괴력을 가질 수 있다.

'로봇 같다'는 비유는 흔히 융통성 없이 시키는 일만 기계적으로 수행하는 행태를 말한다. 산업 현장에서 가끔 그런 로봇이 유용할 때도 있다. 하지만 서비스 업종에서 고객이 감성 없는 기계와 상호작용한다는 것은 괴로운 일이다. 컴퓨터는 스스로 감정을 느끼지 못하지만 인공지능 기술을 적용해 고객에게 감성적인 응대를 하는 것은 가능하다. 똑똑하지만 냉정한 사람보다는 덜 똑똑해도 마음이 따뜻한 사람과 사귀는 것이 즐겁듯, 고객은 단순히 스마트한 기술이 아닌 친근하고 다정한 서비스를 선호한다.

소프트뱅크는 감성을 보유한 로봇 '페퍼'를 2015년 6월 세계 최초로 상용화했다. 페퍼는 사람의 감정을 인식할 뿐 아니라 자신 역시 가상의 감정으로 대응한다. 사람의 감정은 다양한 호르몬에 영향을 받는데 페퍼는 다양한 호르몬 조합에 따른 감성의 발현을 시뮬레이션한다. 사람을 처음 만났을 때는 다소 긴장해 조심스럽게 행동하지만, 친숙해지면서 점점 활달하게 변한다. 사용자가 관심을 보이는 주제나 스포츠 등을 파악해 최신 뉴스를 알려주고, 기상 정보를 미리 알려줄 수도 있다.

소프트뱅크는 2016년 6월부터 페퍼를 가정에 판매하기 시작한 데 이어 그해 하반기부터는 기업에 판매하는 '페퍼 포 비즈Pepper for Biz' 사업을 개시했다. 페퍼는 딥러닝 기술을 적용해 다양한 물체를 시각적으로 인식할 수 있기 때문에 상점에서 파는 모든 제품을 눈으로 인식해 학습한다. 여기에 인터넷에서 찾은 관련 정보를 더하는 지식 확장도 가능하다.

| 그림 3 | 네슬레 매장에서 고객을 응대하는 로봇 '페퍼'

자료 : 네슬레 홈페이지

기업은 페퍼에게 다양한 직무를 맡길 수 있고, 그 직무를 수행하는 데 적합한 성격(진지함, 친숙함, 유머러스함 등)을 배정할 수도 있다.[1] 네슬레는 일본 전역의 커피머신 매장에 페퍼 로봇을 배치해 영업에 활용할 계획이다.

야마다전기도 소프트뱅크와 일본 IBM을 파트너로 맞아 전국 점포와 인터넷을 융합해 고객에게 디지털 체험을 제공하는 옴니채널 전략을 짜고 있다. 특히 점포에서 인공지능을 탑재한 로봇 페퍼가 응대하는 고객 체험을 제공할 계획이다. 다양한 언어로 고객을 대하면서 실시간으로 재고 정보를 확인해 가장 적합한 제안을 즉각적으로 하는 솔루션도 개발 중이다.

페퍼 로봇이 영업에 투입되면 온라인 전자상거래에 능숙한 디지털 네이티브 세대뿐 아니라 오프라인 거래에 더 익숙한 장년층 이상도 휴머노이드 로봇과 이야기하며 저렴하게 서비스를 이용할 수 있다. 삼성페이, 애플페이 등 모바일 결제 방식이 확산되면 결제가 쉬워져 로봇의 서비스 수행이 더 용이해질 것이다.

예측 기반 개인 맞춤 서비스

과거에는 개인 맞춤 서비스를 제공하기 위해 고객에게 세부적 선호도 및 취향을 낱낱이 물어봐야 했다. 성가신 건 둘째치고, 고객은 자신의 선호를 명확히 정의하는 데부터 어려움을 느낀다. 황당한 것은 자기 자신이 의식적으로 생각한 선호가 자신이 무의식적으로 행하는 실제

미래는 더 나아질 것인가

행태와 불일치하는 경우다. 인공지능은 사용자에게 선호를 명확히 정의하도록 요구하는 대신 사용자 행태를 지속적으로 관찰하며 실제 선호를 파악한다. 구글이 거액에 인수해 유명해진 네스트는 가족 구성원이 각자 방에서 일하거나 자거나 외출할 때 어떤 온도를 좋아하는지 스스로 학습해 가족 각각의 생활 패턴에 맞도록 자동으로 온도를 조절한다.

기업의 구매 이력 데이터, GPS 위치 데이터, SNS 관계 데이터 등 다양한 데이터들이 결합되며 다양한 산업 부문에서 소비자가 원하는 서비스를 적시적소에 제안할 수 있는 예측 및 분석이 가능해지기 시작했다. 고객 반응, 구매 의사결정, 고객 유치 및 이탈, 제품에 대한 불만 등 다양한 데이터를 전방위적으로 취합하고 각 개인의 취향과 요구를 예측해 경쟁우위를 확보할 수 있다.

예를 들어 아마존의 '예측 배송' 기술은 소비자의 이전 구매 이력, 물품 검색, 위시리스트, 장바구니를 분석한다. 심지어 마우스 커서가 특정 아이템에 얼마나 오래 머무는지까지 분석해 쇼핑몰 이용자가 구매를 결정하기도 전에 포장, 선적, 배송에 착수한다. 소프트뱅크의 로봇 페퍼는 고객이 어느 시간에 방문해 어떤 행동을 하는지는 물론 연령, 성별 등을 고려해 고객에게 최적화되도록 맞춤 대응한다.

의료 및 제약 분야는 개인 맞춤 서비스의 성장이 가장 기대되는 분야다. 개인 유전자는 30억 개의 서열로 구성되는데 1990년 시작한 휴먼지놈프로젝트는 13년의 시간과 30억 달러의 비용을 투입해 1명의 유전체를 해독해냈다.[2] 유전자 전체를 검출하려면 시간과 비용이 막대하게 든다. 그래서 유전자 분석의 대표 기업인 23앤미드도 질환과 연관성이 있는 유전자, 소위 바이오마커만을 DNA 칩으로 선별적으로 검출해 서비스를 제공했다.

그러나 2014년에 미국 일루미나가 단 하루 1000달러의 비용으로 개인의 유전체 분석을 해내면서 상황은 완전히 달라졌다.[3] PC 가격이 1000달러 이하로 떨어지며 보편화된 것처럼 개인 유전자 분석이 1000달러 이하로 낮아지며 '유전자 맞춤 의료' 혁명이 시작된 것이다. 일루미나는 현재 제약 회사들과 암환자의 유전자 특성에 따라 가장 적절한 맞춤 치료제를 찾는다.

물론 거대한 데이터에서 특정 유전자와 질병 사이의 인과관계를 규명해내려면 강력한 컴퓨팅 파워와 뛰어난 패턴 인식이 가능한 알고리즘 개발이 필수적이다. 이미 인과관계가 어느 정도 규명된 바이오마커조차도 아직 의료 현장에 실제 활용되기에는 걸림돌이 많다.

의사들이 연구 논문을 찾아 환자의 종양에서 발견되는 돌연변이가 암 세포의 생리적 기능을 어떻게 변화시키는지, 종양을 없애려면 어떤 치료법이 효과적인지 알아내야 한다. 그런데 지놈서열 분석부터 환자에 맞는 치료법을 결정하기까지 과정은 수주 내지 수개월이 걸린다. IBM은 왓슨 기술을 적용해 분석 시간을 단축시키고 있는데, 생물학 분야의 유전체 데이터와 의료 분야의 환자 데이터를 융합한 분석이 관건이다.[4]

미래는 더 나아질 것인가

공유 방식의 온디맨드 서비스화의 빛과 그림자

2008년 금융위기 이후 적은 돈으로 서비스를 누리고픈 수요자의 니즈와 자신의 자산 및 시간을 이용해 수익을 창출하려는 공급자의 요구가 서로 부합했고, 스마트폰과 소셜미디어가 중재를 촉진하며 우버, 집카, 에어비앤비 등의 공유경제 모델이 급성장했다. 2015년 9월 기준 우버와 에어비앤비의 기업 가치는 각각 510억, 255억 달러에 달하는 것으로 추정되며[5] 포드, 윈덤호텔, 하얏트호텔 등 대기업마저 공유 비즈니스 모델에 참여하고 있다.

처음부터 대여를 목적으로 자산을 상업적으로 활용하는 우버, 집카는 사실 진정한 의미의 공유경제(유·무형의 자산을 타인과 공유하여 불필요한 소비와 자원의 낭비를 줄이고, 궁극적으로 사회 공동의 이익 증가에 기여하는 경제 활동)와는 무관하다. 그러나 중요한 변화는 많은 소비자가 자산을 소유하기보다는 필요할 때만 서비스로 활용하는 구매 행위에 익숙해졌다는 점이다.

미국의 대표적 차량공유 기업인 집카는 2000년 창업해 2007년 플렉스카와 합병했고, 2013년 대형 렌터카 업체인 아비스에 인수됐다. 2007년 10만 명이던 회원 수는 2015년 6월에는 90만 명 이상으로 증가했고, 보유 차량도 1만여 대에 이른다.[6] 다임러벤츠, BMW, 엔터프라이즈 같은 대기업도 카스투고Cars2Go, 드라이브나우DriveNow 같은 차량공유 사업에 속속 진출하고 있다. BMW는 드라이브나우 서비스를 통해 전기자동차도 공유하는데, 보다 많은 사람들이 전기자동차를 접하게 해 수요를 확산시키려는 시도다.

지금까지 차량공유 서비스 확산의 일등공신이 스마트폰이었다면 자율주행 기술은 2차 기폭제가 될 전망이다. 현재의 차량공유 서비스는 주차구역까지 이동해야 하는 결정적인 불편함이 있지만, 자율운행 기술이 차량공유 서비스와 결합하면 원하는 시간에 문 앞에 차가 와서 대기할 수 있다. 이렇게 차량 스스로 움직여 사용자가 원하는 시간에 원하는 장소로 온다면 지금처럼 굳이 한 사람이 한 차량을 배타적으로 소유하는 것보다 여러 사람이 차량을 공유하는 게 경제성, 편의성, 공익성 측면에서 낫다.

차량공유 서비스가 활성화되면 자동차 소유가 줄어든다. 중·대형차와 소형차 2대를 소유했던 가정은 연비가 좋은 소형차만 유지하고 중·대형차는 필요할 때만 대여해 사용할 수 있을 것이다. 차량공유 서비스 업체인 릴레이라이즈와 집카는 공유되는 자동차 1대당 10~13대의 자동차와 주차공간을 줄일 수 있다고 주장한다.

구조조정 컨설팅회사 앨릭스파트너스는 2014년 미국 10개 대도시 1000명의 차량 공유 서비스 이용자와 1000명의 비이용자를 조사해 신차 구매 절감 효과를 실증적으로 분석했다. 그 결과 공유차량 1대당 무려 32대의 신차 구매가 절감되는 것으로 나타났다. 이에 따라 미국에서만 차량공유를 통해 누적 50만 대, 2020년까지는 120만 대의 신차 구매가 절감될 전망이다.

차량 활용률이 낮은 사람들이 우선적으로 차량공유 서비스를 이용하리란 점을 감안해도 1대 32라는 높은 비율을 보면, 상당수가 출퇴근 같은 일상은 대중교통을 활용하고 비일상적 이동수요가 필요할 때는 차량공유 서비스를 통해 승용차를 이용했음을 짐작할 수 있다. 대중교통의 이용도 덩달아 늘어나는 것이다.

자동차뿐 아니라 숙박시설, 자전거, 장난감 등도 마찬가지다. 사물인터넷에 인공지능이 결합하면 상품이 스스로의 상태를 관리하고 사용자의 이상 행동을 감지함으로써 훼손을 예방해 공유 서비스를 촉진한다. 로봇청소기, 휴머노이드 로봇이 저렴한 가격에 널리 보급되면 주택 관리가 쉬워져 에어비앤비 같은 숙박공유 사업이 더욱 활기를 띨 것이다. IBM 연구원 비엔나 퓨레스바렌Veena Pureswaran 등의 분석에 따르면, 사물인터넷과 인공지능을 적용해 미국 상업용 부동산의 절반에 유휴공간을 실시간으로 거래하는 시장을 형성할 경우, 이를 통해 39퍼센트의 추가 공간이 공급되며 그 결과 단위면적당 비용이 42퍼센트 인하되는 효과가 나타난다.

물론 이런 효율성 극대화가 긍정적이기만 한 것은 아니다. 그 이면에는 고용 감소와 자본재 생산 기업의 매출 감소라는 새로운 문제도 도사리고 있다. 이미 공유경제 모델에선 근무 조건이 열악해지는 부작용이 생기고 있다. 전통적인 운송업, 숙박업의 정규직 근로자들이 우버, 에어비앤비에서 부업으로 일하는 임시직 노동자들에 의해 대체되고 있다.

미래 공유경제 모델에 인공지능 기반의 무인제어 기술까지 적용되면 임시직 노동마저 소멸하면서 고용 감소가 확대될 수밖에 없다. 또 자본재 활용의 효율성이 개선되면 자본재를 생산하는 기업은 휘청거릴 것이다. 자본재의 운영 효율이 증대될 뿐 아니라 사고나 파손의 감소로 자본재 수명이 증가해 자본재 수요는 이중으로 감소한다. 비용 감소에 따라 자본재 이용자가 일시적으로 증가하지만, 동일 수준의 서비스 제공을 위한 자본재 요구의 감소율이 이용자 증가율을 넘어서게 되면 결국 자본재 판매는 감소하게 된다. 자본재의 사고 감소는 상해보험 산업의 매출도 추가로 감소시킨다.

지금까지 살펴본 것처럼 인공지능이 비즈니스 모델 혁신과 결합하면 다양한 산업에서 파괴적 변화를 야기할 수밖에 없다. 사물인터넷과 인지컴퓨팅 기술이 결합하면서 자율주행 자동차처럼 사물이 스스로 서비스를 제공하게 되면 제조업과 서비스업의 융합은 가속화될 것이다. 과거 노동 집약적인 산업은 인력 및 조직 관리의 어려움 때문에 규모의 경제를 구현하기 힘들었다. 그러나 인지컴퓨팅 기술로 노동을 대체하면 규모의 경제 구현마저 쉬워진다.

택시운수업의 경우 대부분 지역 단위의 중소기업들이 영업해왔지만 무인택시 기술이 등장한다면 우버처럼 단일 기업이 전 세계를 상대로 영업을 전개할 수 있다. 또 인공지능 기술을 활용한 공유경제 비즈니스 모델이 확산되면 고정비 비중이 큰 생산 구조를 갖춘 공유재화 생산 기업은 경영 위기에 직면한다. 이에 영향을 받게 될 대표적인 산업이 자동차다.

자가용을 이용하던 사람들이 무인택시를 이용하게 되면 도심의 주차장 수요가 감소하게 된다. 주차장으로 쓰이던 기존 공간이 다른 용도로 전환되면 상업용 부동산 산업도 공급 증가가 발생하게 되며 임대료가 감소하고 수익이 악화될 것이다. 결국 토지, 건축물, 장비·설

116

미래는 더 나아질 것인가

비 등 유형의 자본재가 중심인 기업은 경영이 어려워지는 반면, 인공
지능이란 무형의 자본재를 확보한 기업은 기존의 노동 집약적 업종으
로 확장하면서 새로운 산업 구조가 등장할 것이다.

　이처럼 다양한 산업이 인공지능에 영향을 받기에 기업들은 자신이
속한 산업의 비즈니스 모델을 살펴보며, 그중 일부가 인공지능에 의
해 대체될 때 가치사슬 전반에 어떤 연쇄적 파급효과를 미칠지 예상
해봐야 한다. 인공지능이 야기하는 미래의 산업 구조로 인한 피해는
최소화하고 수혜는 극대화할 수 있도록 선제적인 대응을 하기 위해서
말이다.

이미 시작된
인간과 기계의 공생

2016년 인공지능 알파고와 이세돌 9단의 바둑 대국은 전 세계에 큰 충격을 안겼다. 1997년 체스에서의 딥블루Deep Blue, 2011년 제퍼디 퀴즈쇼에서의 왓슨에 이어 인간의 절대 영역이라 믿어왔던 바둑에서까지 인공지능이 인간을 압도적으로 이긴 것이다. 이번 이벤트로 인공지능혁명이 거스를 수 없는 시대적 대세임을 전 세계인이 체감했다.

흥미로운 점은 이런 인공지능의 비약적 발전이 비교적 최근에야 이뤄졌다는 데 있다. 인공지능 연구는 1950년대부터 시작됐지만, 과도한 기대와 부진한 기술적 성과 때문에 1970년대 말과 1980년대 말 두세 번의 부침을 겪었다. 인공지능 기술은 기술 투자가에게 일종의

미래는 더 나아질 것인가

'양치기 소년'이었던 셈이다.

그러던 인공지능 기술이 2010년 들어 다양한 기술 기반이 무르익자 약진하기 시작했다. 무엇보다 무어의 법칙에 따라 컴퓨팅 자원 가격이 급속히 하락했고 분산처리 기술, 클라우드 컴퓨팅, 고성능 그래픽처리장치 활용 등을 통해 저비용으로 거대한 컴퓨팅 역량을 구축할 수 있게 됐다. 또 학습, 탐색 기반의 머신 러닝 등 새로운 알고리즘 구축 방법론이 도입되며 돌파구가 마련됐다. 아울러 인공지능을 학습시키는 데 방대한 빅데이터가 이용되면서 빠른 성능 개선이 가능해졌다. 인공지능은 머신 비전, 센서, 사물인터넷 등을 활용해 인지 능력까지 갖추고 네트워크를 통해 인간과 다양한 상호작용을 하면서 지속적인 업그레이드 기회를 얻게 됐다.

수많은 인공지능 스타트업들이 창업하고, 구글, 페이스북, IBM, 바이두 등 다양한 글로벌 대기업들이 투자를 확대하면서 〈그림 4〉처럼 인공지능 생태계가 빠르게 형성되고 있다. 에이전트, 자율운행 시스템, 기업용, 산업용, 개발 툴, 플랫폼 등 다양한 분야에서 전문 기업들이 핵심 기술을 개발한다. 그리고 이들을 조합해 새로운 인공지능을 만드는 선순환이 이뤄지면서 인공지능은 예상보다 더 빨리 발전되고 확산될 전망이다.

이미 일상생활의 배후에서 지능형 알고리즘이라는 형태로 다양한 인공지능들이 작동하며 인간의 삶을 더욱 편리하고 풍요롭게 바꾸고 있다. 예를 들어 구글의 검색 결과 제시, 페이스북의 친구 소개, 아마존의 개인화 상품 추천, 넷플릭스나 유튜브의 동영상 추천, 매치닷컴

| 그림 4 | 인공지능 생태계 현황

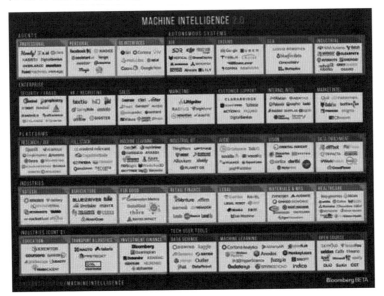

자료 : Shivonzilis.com

의 데이트 후보 소개, 내비게이션의 목적지 길찾기 등 많은 스마트 서비스에는 대부분 고성능 알고리즘이 활용되고 있다. 이들 영역에선 알고리즘의 개발과 개선이 새로운 기업 경쟁력의 원천이 되고 있다.

인공지능의 도입 현황

기업들이 인공지능의 사업적 가치에 주목하면서, 인터넷 산업뿐 아니라 금융(트레이딩, 포트폴리오 관리, 투자 자문), 유통(맞춤형 제안, 구매 단

미래는 더 나아질 것인가

순화), 의료(판독, 진단), 법률(자료 판독), 보안(지능형 감시) 등 다양한 분야에서 인공지능의 개발 및 활용이 이뤄지고 있다.

금융 산업은 사실 인공지능의 초기 형태인 알고리즘이 가장 먼저 널리 활용된 분야다. 이미 1980년대부터 알고리즘 기반의 시스템 트레이딩이 큰 인기를 얻었고, 2000년대 후반에는 0.001초의 단기 차익 거래에 집중하는 알고리즘 고빈도매매HFT(High-Requency Trading)가 빠르게 저변을 확대했다. 고빈도매매란 전문 투자 집단이 속도가 빠른 전용선 등을 이용해 단시간에 많은 주문을 내서 일반 투자자보다 빠르게 주식을 채가거나 눈치채지 못할 정도로 적은 차익을 붙여 주식을 파는 방식을 말한다. 2000년대 후반 이래 알고리즘이 수십 개의 정량적 수치를 자동 분석해 투자 포트폴리오를 구축하고 자동으로 매수하는 퀀트 투자Quant Investing가 인기를 얻었다. 2010년대에는 인공지능의 적용 범위가 투자 분석과 투자 자문까지 확산되고 있다.

미국의 인공지능 기업 켄쇼에서 개발한 인공지능 워런Warren은 "4월에 헬스케어 업종이 좋을까? 유틸리티가 좋을까?"라고 자연어로 질문하면 관련 분석이나 유망 종목을 제시한다. 미국의 CNBC 방송에서는 이 인공지능을 이용해 '켄쇼에게 물어봐Ask Kensho'라는 시청자 참여 코너를 운영하고 있다. 최근 한국도 보험이나 자산관리를 중심으로 로보어드바이저Robo-Advisor 서비스를 도입하는 추세다. 인공지능을 이용해 개인화된 금융 자문 수수료를 크게 낮출 수 있는 서비스기 때문이다.

유통회사들도 인공지능을 활용해 복잡한 구매 과정을 획기적으로 단순화하는 시도를 하고 있다. 아마존은 인공지능을 활용한 예측판매

모델을 추구한다. 사용자의 구매 패턴, 생활 방식을 분석해 소모성 생필품의 소진 시기를 미리 예측해 구매를 제안한다는 개념이다. 가정용 도우미 디바이스인 아마존 에코Echo가 "화장지가 일주일 후면 떨어질 것으로 보이는데, 구매할까요?"라고 묻고, 구매를 원하는 사용자가 미리 배포한 대시버튼Dash Button을 누르면 구매에서 배송까지 일사천리로 진행되는 식이다.

중국의 알리바바는 2014년 사용자가 원하는 상품을 이미지만으로 정확하게 찾아내는 '타오바오앱'을 출시했다. 예를 들어 상점에서 맘에 드는 옷을 사진으로 찍어 검색하면 같거나 비슷한 옷을 찾아 보여주고 온라인에서 가장 싸게 파는 곳을 제시한다. 센스 있게도 소비자가 정확한 상품명을 모를 경우 검색하기 힘든 불편함까지 알아서 해결해준다.

의료 산업에도 향후 인공지능이 도입될 가능성이 크다. 최근 의료 분야의 화두는 근거중심의학Evidence-Based Medicine이다. 최신 임상 연구 결과와 환자의 생체 데이터에 근거해 최적의 맞춤형 치료법을 제공하자는 것이다. 그러나 의료 정보는 2년마다 2배씩 폭발적으로 증가한다. 격무에 시달리는 의사들은 최신 연구 트렌드를 따라잡기도 어렵고, 환자마다 수없이 달라지는 바이오 데이터를 종합적으로 살피기도 쉽지 않다. 다양한 데이터를 종합해 분석하고 적절한 치료법을 제안하는 인공지능에 대한 수요가 더욱 높아지는 이유다.

인공지능의 상업화는 영상 이미지 판독 분야에서 가장 먼저 진행 중이다. 미국의 스타트업 엔리틱은 엑스레이, 컴퓨터단층촬영CT, 자기

공명영상장치MRI 등의 의료 영상 패턴을 분석해 폐암이나 골절 진단을 돕는다. IBM의 왓슨은 2013년부터 미국 최고의 암센터 중 하나인 뉴욕의 메모리얼슬론케터링병원에 투입됐다. 왓슨은 여기서 의사들의 암·백혈병 환자 진단을 돕고 있으며, 최근에는 신약 개발 분야 진출도 준비하고 있다. 또 유전자 진단 분야에서 23앤드미나 딥지노믹스는 독자 알고리즘을 활용해 개인 유전자를 초고속, 저비용으로 분석하고 미래 질병 가능성을 제공한다.

언론 분야에서는 2013년부터 로봇 저널리즘이 빠르게 확산되고 있다. 미국의 내러티브사이언스는 기사 작성 알고리즘으로 작성한 기업 실적 분석 정보를 〈포브스Forbes〉에 제공하고 있다. 기사 한 편의 작성 시간이 1분이 안 걸릴 정도로 빠른데, 글 솜씨 역시 인간 기자와 구별되지 않을 정도다.

로봇 저널리즘의 가능성이 확인되면서 AP통신에서도 오토메이티드 인사이트Automated Insight 알고리즘을 이용해 기업 실적 분석 기사를 작성하고 있다. AP통신은 과거 한 분기에 기업 실적 기사를 300개 정도 송고했지만, 기사 작성 알고리즘을 도입한 후 분기당 4300여 개로 늘렸다. 국내에서도 〈파이낸셜뉴스〉가 2016년부터 FnBot이라는 로봇 기자를 도입해 시험 운영 중이다.

한편 미국의 블랙스톤디스커버리는 최초 개시(공판 전 증거 서류나 사실을 제시하는 절차), 관련 문서 검토 등 노동 집약적인 법무 자료 조사 단계를 대행하는 인공지능을 개발해 서비스하고 있다. 쥬디카타라는 스타트업은 판례 탐색·분석 등을 대행하는 인공지능을 선보였다.

지금까지 이런 자료 조사는 주로 초급 변호사나 법률 조사역들이 맡아왔다. 조사·분석 알고리즘은 일차적으로 법무 부문에 적용하고 있지만, 리서치를 기반으로 한 다양한 유사 영역으로 쉽게 응용될 전망이다. 이로 인해 로펌뿐 아니라 많은 지식 산업에서 조사역의 수요가 줄어들 소지가 다분하다.

미래 노동의 구도

급속한 인공지능의 발전은 경제와 사회에 생산성 향상과 삶의 질 개선이라는 긍정적 효과를 미치는 반면, 다른 한편으로 노동시장의 대격변과 인간 고용의 대폭적 감소라는 부정적 효과를 낳을 수 있다. 이미 옥스퍼드경제연구소, 맥킨지앤드컴퍼니, 세계경제포럼 등 다양한 기관에서 로봇 및 인공지능의 인간 대체 가능성에 대한 정량적 분석을 내놨다. 또한 에릭 브리뇰프슨, 앤드루 맥아피, 마틴 포드, 재론 래니어 등 많은 논자들이 기계에 의해 인간 고용이 잠식되는 우울한 미래를 이미 경고했었다. 보다 구체적으로 인공지능의 발전은 인력의 대체·보완이라는 직접적 영향과 경영 방식 재설계와 시장 게임 룰의 변화라는 간접적 영향의 두 방식을 통해 노동시장에 큰 영향을 미칠 것으로 판단된다.

인공지능과 로봇은 세부 직업군에 대해 직무 특성별로 각각 다른 영향을 미칠 수 있다. 〈그림 5〉는 이런 영향을 직종별로 제시한 것으로, 인공지능은 특히 감성 노동, 지식 노동이 주를 이루는 판매직, 단순

| 그림 5 | **인공지능 및 로봇의 직종별 영향**

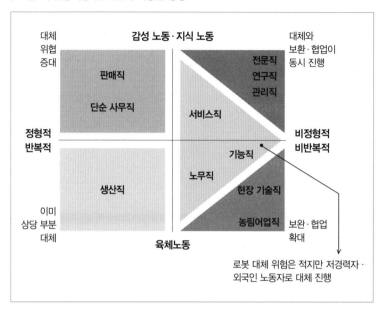

자료 : LG경제연구원

사무직, 서비스직, 전문직, 연구직, 관리직 등에 직접적인 영향을 미칠 것으로 보인다. 연구직, 관리직, 전문직 등 그동안 자동화로부터 안전하다고 여겨졌던 분야는 사회적 충격이 더욱 클 수 있다. 이들 업종에선 향후 로봇, 인공지능의 인간 대체와 기계-인간 협업이 동시에 진행될 것이다.

앞서 살펴봤듯 최근 인공지능 개발이 주로 금융, 의료, 법률 등 전문직과 관리직, 연구직 분야에 집중되는 이유는 복합적이다. 무엇보다 지식, 정보의 폭주와 직무 복잡성의 증대, 정량적 분석의 중시, 업무

속도 증가로 인간은 점점 업무 한계에 봉착하고 있다. 모라벡의 패러 독스가 시사하는 것처럼 인간이 어려워하는 방대한 지식 처리, 빠른 수치 계산, 오류 없는 판단은 인공지능에겐 오히려 쉬운 일이다. 또 고임금 구조의 특성상 기업들의 로봇, 인공지능 도입 선호도도 높다.

사정이 이렇다 보니 복잡한 논리적·단계적 규칙에 따라 계속적으로 객관적 데이터를 분석, 판단, 실행하는 직무에서부터 기계 대체가 일어날 가능성이 크다. 이처럼 알고리즘화가 쉬워 인공지능에 빠르게 잠식되는 대표적 영역이 금융시장의 트레이더, 펀드 매니저, 의료계의 영상 판독, 번역가 등이다.

한편 이 분야의 업무들은 대개 비정형적이고 업무 내용이 끊임없이 진화한다. 업무 진행을 위해 세련된 소통, 설득 기술과 포괄적 시각, 고도의 유연성, 나아가 창의성이 필요하다. 이런 능력은 대개 인간에게 고유한 것이므로 그만큼 완벽한 인공지능의 개발은 쉽지 않다. 사람은 특정 작업 처리 능력은 인공지능에 못 미칠 수 있지만 수십 가지 다른 작업들을 넘나들며 일할 수 있다. 이런 이유로 미래의 노동은 인간과 기계가 각자 잘하는 업무를 분담하는 협업 구도로 발전할 가능성이 크다. 기업에서 정형적이고 반복적인 실적 분석 및 보고를 인공지능이 담당하는 동안, 관리직들은 비정형적인 사업 이슈를 탐색하고 해결하는 사내 컨설턴트 형태로 전환할 것이다.

슈퍼스타 경제의 위험

인공지능이 확산되면 시장의 게임 룰이 변해 경영 방식을 재설계해야 한다. 이는 노동시장에 간접적이지만 장기적으로 더 치명적인 영향을 미칠 수 있다. 먼저 인공지능을 도입하고 생산성을 높이는 과정에서 업무 형태, 작업 환경 등 경영 방식 전반을 인공지능 위주로 바꾸게 된다. 예를 들어 아마존의 창고관리는 혼돈적 보관Chaotic Storage 방식으로 유명하다. 상품들은 인문, 과학, 경영 등 고정적인 일반 분류 체계 대신 알고리즘의 판매 연계성 분석에 따라 수시로 변동하며 보관된다. 목걸이 옆에 연애소설 책, 전동 공구 아래 DVD 등 종종 같이 팔리는 제품을 나란히 배열하는 방식이다.

뒤죽박죽된 채 물품 위치가 쉴 새 없이 변하기 때문에 과거 기억과 경험적 규칙성에 의해 움직이는 인간 작업자들이 일하기는 점점 힘들어진다. 대신 운송 로봇들은 물건이 무엇이든 상관하지 않고 명령받은 코드에 의해 상품을 꺼내온다. 묶음상품 간 최적 루트를 쉽게 계산할 수 있기 때문에 오히려 효율적일 수 있다. 아마존이 운반 로봇 키바Kiva를 인간 대신 창고에 도입하려는 이유도 여기에 있다.

이처럼 경영 방식이 인공지능 친화적으로 바뀔 경우 인간은 점점 경쟁력을 잃다가 결국 설 자리가 없어진다. 향후 자율운행 자동차의 보급에 맞춰 도로 운영 시스템이 인간 운전자 대신 인공지능 위주로 바뀌는 일도 비슷한 현상을 야기할 것이다.

인간의 입지 약화 현상은 시장 전반에 걸쳐 인공지능 간 경쟁이 일 때 더욱 두드러질 것이다. 대표적으로 최근 주식시장에 등장한 고빈도매매를 들 수 있다. 이런 고빈도매매 거래가 많아질수록 게임의 룰은 새롭게 바뀐다. 마이클 루이스Michael Lewis의 《플래시 보이스Flash Boys》에서 묘사된 것처럼 고빈도매매 거래 확대와 함께 증권거래 체결의 핵심 경쟁력은 개인 브로커들이 수년에 걸쳐 익힌 복잡한 거래 체결 전술 대신 초고속 광통신망을 확보할 자본력을 갖췄는지 여부로 바뀌고 있다. 또 인간은 상황에 따라 다른 인간에게 양보할 때도 있지만, 알고리즘은 미리 설정된 목적을 달성키 위해서라면 결코 다른 시장 참여자에게 양보하지 않는다. 이 때문에 고래 싸움에 새우등 터지는 식으로 인공지능 간 경쟁이 일면 인간 트레이더들은 점점 밀려날 수 있다.

향후 관리직, 전문직 분야는 이런 변화를 거치며 한쪽에서는 인공지능으로 대체되고, 다른 한쪽에서는 인공지능과 보완하고 협업하며 대전환의 소용돌이로 빠져들 것이다. 이 과정에서 직종의 매력도나 직무 내용이 극적으로 변하고, 기계와의 협업에 성공하는 사람들과 실패한 사람들로 나뉘면서 직종 내 양극화 문제도 나타날 수 있다.

인공지능은 일종의 자산이므로 보유하거나 능수능란하게 부릴 수 있는 사람이나 기업은 높은 소득을 거둘 것이다. 결국 인공지능의 보급 확대는 하위 소득자에겐 일자리를 감소시키는 반면 상위 소득자의 소득 증대를 유발해 격차를 더욱 확대시킬 것이다. 이들 직종에서 기계로의 대체·보완·협업이 동시 진행되면 슈퍼스타 경제Superstar Economy가 보편화된다. 슈퍼스타 경제에선 문화예술, 스포츠 분야처럼 극소수의 재능 있는 엘리트가 큰 보상을 받고, 절대 다수는 평균 또는 그 이하의 소득을 얻는다.

　인공지능의 발전과 확산은 향후 고용뿐 아니라 정치·사회·문화 등 다양한 분야에 영향을 미치며 인간 세계를 근본적으로 변화시킬 것이다. 이와 함께 과거에 경험하지 못했던 다양한 이슈들이 봇물 터지듯 나타날 수도 있다. 최근엔 인공지능의 중립성과 윤리성, 인공지능에 대한 법인격 부여 여부, 인공지능에서 인공의식으로 진화 가능성, 인공지능 시대에 인간의 가치, 부의 양극화와 기초소득 도입 필요성 등 과거 전혀 생각해보지 못했던 문제들이 제기되고 있다.

　중요한 건 변화의 속도다. 현재 인공지능의 발전과 확산은 사회가 대응하기 힘들 만큼 빠르다. 고용을 비롯해 사회 전반의 다양한 이슈에 대한 선제적 논의와 광범위한 대책 마련이 필요한 시점이다.

로봇에게도
죄를 물을 수 있다?

2016년 1월 다보스포럼은 4차 산업혁명에 대한 이해에 초점을 뒀다. 로봇, 인공지능, 사물인터넷의 기술융합에 의해 사이버-물리 시스템이 구축되는 기술혁명이 그것이다. 로봇공학, 컴퓨터화된 알고리즘, 인공지능, 증강현실, 의료용 센서, 기계 대 기계 커뮤니케이션, 사물인터넷, 3D 프린팅, 자율주행차가 글로벌 경제 양상을 재편할 것이란 전망이다.

역사상 그 어느 때보다 인공지능이 빠르게 똑똑해지는 이유는 기계적 알고리즘이 파악하는 정보량이 폭증해서다. 뇌의 정보처리 방식을 인공적으로 재현해 정보를 처리하는 딥러닝이 2014년 개발된 덕에 답보 상태를 거듭하던 인공지능 연구는 대도약의 기회를 맞았다.

딥러닝은 기계학습의 한 유형으로 비구조화된 정보를 알고리즘이 관찰하므로, 유용한 정보 패턴을 입력하거나 가르쳐주지 않아도 스스로 알아서 습득한다.

인공지능은 코드로 구성된 알고리즘

실력 수준을 가늠할 길 없는 스타 바둑기사 알파고의 정체도 정보 패턴을 기계 스스로 학습하도록 설계된 알고리즘일 뿐이다. 바둑기사들이 두는 기보 데이터를 대량으로 관찰하고, 이를 기반으로 예측·추론을 거쳐 승리를 위한 최적의 한 수를 고르는 방식이다. 페이스북의 딥페이스Deep Face가 사람들의 얼굴을 97퍼센트 정도 인식하고 분류하는 서비스도 딥러닝 덕분에 가능하다. 이는 인공지능이 방대한 데이터를 학습해 추론하고, 이를 통해 주어진 문제를 해결하는 능력을 갖춰가고 있음을 뜻한다. 요컨대 인공신경망을 통한 딥러닝과 소셜 네트워크와 스마트폰에서 얻어지는 빅데이터는 인공지능 기술발전에 최적의 조건을 제공하고 있다.

한편 현재 발표되는 다수의 인공지능 연구물은 로봇공학, 머신러닝, 지능기계Intelligence Machine, 사이보그, 봇Bots, 로봇이 인공지능이란 용어와 동일시되거나 혼용되고 있다. 인공지능의 궁극적 본질은 코드로 구성된 컴퓨터 알고리즘이다. 사이보그 또는 로봇공학은 인공지능 알고리즘을 하드웨어적·기계적으로 구현해 상황별 정보를 판단하고 이용하는 형태로 봐야 한다.

자율주행차, 인공지능형 로봇, 워드스미스Wordsmith 등의 로봇 저널리즘, 인공지능을 이용해 정보 비대칭을 줄여주는 비즈니스 모델, 로봇수술, 개인 맞춤형 투자자산 관리를 하는 로봇 어드바이저, 인공지능을 이용한 법률정보 분석 플랫폼인 렉스 마키나Lex Machina 등등. 기대감을 높이는 미래의 신산업 기반 기술은 무한히 확장하고 있다. 친근한 사회성을 갖추고 대화를 나누는 감정 인식 로봇은 일본에서 선풍적인기를 끌고 있다. 인공지능의 적용 분야는 스팸 필터링부터 감성 컴퓨팅, 주행 통제, 진료, 상황 인식, 전략적 판단, 생명공학 연구 등 다양하다.

여기서 법적·윤리적·규범적 검토란 인공지능 기술의 연구개발을 금지시키거나 강력한 규제가 필요하다는 접근을 의미하진 않는다. 인공지능에 대한 규제를 당연시하는 대신 인공지능에 대한 규범적 대응이 어떤 측면에서 필요하고, 누가 규제할 것인가에 초점을 맞춰볼 필요가 있다. 규제적 관심을 기울여야 하는 대상이 적어도 '친근한 인공지능Friendly AI'은 아닌 것이다.

일부 윤리학자와 과학자는 장기적으로 인공지능이 인류의 존속을 위협할 수 있다고 경고한다. 2015년 5월 〈네이처Nature〉에 게재된 "로봇공학:인공지능의 윤리"는 인공지능이 탑재된 살상무기LAWS를 우려하는 인공지능 선구자 스튜어트 러셀Stuart Russell의 주장을 담았다. UN의 특정 재래식 무기의 사용금지 및 제한에 관한 협약Convention on Certain Conventional Weapons은 LAWS를 회의 의제로 삼고 있다. 휴먼라이트워치 등이 포함된 단체 '스톱킬러로봇'은 사전에 설정된 기준에 따라 목표물을 찾아내 공격하는 살상용 로봇의 개발과 배치·운용에 제동을 걸 수 있는 국제 규제를 마련해야 한다고 주장한다.

로봇이 화재 진압용, 재난 구조용으로 이용될 수는 있다. 그러나 비용 대비 효율성과 산업적 유용성만을 따진 인공지능을 군사적 대량살상 목적으로 사용한다면 인류는 비극을 면치 못할 것이다. 자동 살상하도록 프로그램된 킬러 로봇이 전장을 누비는 문제는 인권 침해의 소지가 있어 적절한 시점에 국제 규범이 만들어질 확률이 크지만 그 우려를 인공지능 분야 전체로 확대하는 건 무리다.

스티븐 호킹, 일론 머스크Elon Musk, 빌 게이츠Bill Gates, 스튜어트 러셀Stuart Russell은 공통적으로 인공지능 발전을 인류 안보의 차원에서 접근하고, 인공지능의 잠재적 위험을 기후변화, 핵무기와 동일선상에 놓고 있다. 인공지능 연구개발이 전면화되는 이 시점에 인류 안보를 잊어서는 안 된다고 선언한 셈이다. 인공지능이 유용한 만큼 더욱 산업화해야 한다는 개발론자들의 주장과 인공지능의 활용엔 인본적 가치를 우선해야 한다는 신중론들자의 주장 사이에 긴장이 형성돼 있는 듯하다.

그러나 인공지능 활용이 어떤 식으로 금지돼야 하는지에 대한 판단 기준은 아직 존재하지 않는다. 최근 인공지능의 활용과 법을 주제로 삼은 인공지능 공학자, 정책입안자, 법학자들의 관심사를 봐도 로봇과 인공지능 자체의 개발을 막아야 한다는 목소리는 찾기 어렵다. '인공지능과 법', '위로봇We Robot' 등 국제 콘퍼런스와 법정보학에 집중하는 스탠퍼드 로스쿨의 '코드엑스Code X' 프로그램의 면면을 살펴볼 필요가 있다. 로봇 의인화, 인공지능을 법률 서비스에 결합했을 때 시너지 효과, 법률 판례에 대한 학습 알고리즘, 인공지능을 이용한 휴리스틱 검색의 구축, 로봇 설계와 거버넌스, 금융 분야의 로봇 활용, 로봇의 사회적 측면에 대한 평가, 로봇 시대에 대비하기 위한 전담 부처의 역할 등이 들어 있다.

인공지능 기술의 활용이 목전에 다가오면서 거론되는 법적·윤리적 쟁점을 열거하면 다음과 같다. 자율주행차가 사고를 냈을 때 배상책임과 처벌, 자동주식거래시스템에 대한 규제, 로봇 활동에 대한 규제를 전담하는 정부 기구의 필요성과 역할, 자율주행차의 사고 등 알고리즘의 실수로 불법 행위나 피해가 발생했을 때 법적 처리, 인공지능에 의한 질병 검진과 로봇 수술 허용 여부가 쟁점이다. 또 사람의 지시에 따라 활동하는 원격 로봇에 법인격을 부여할 것인가, 로봇을 도덕적 행위자로 볼 수 있나, 주식거래 알고리즘은 규제돼야 하는가, 로봇의 진단과 로봇 수술을 안전성을 이유로 규제할 것인가, 알고리즘의 편향이 누군가에게 피해를 줬을 때 처리와 해결책은 무엇인가 등이다.

난감한 점은 인류사에서 그 어떤 법률도 스스로 판단하고 운행하는 차량을 상정하거나 병을 진단하고 수술을 위해 집도하는 로봇 의사를 생각한 전례가 없다는 것이다. 열거한 규범적 문제들은 결코 간단하지 않고 기존의 법적인 틀로 풀어내기에는 이론적 토대도 부족하다. 로봇의 법적 지위에 대한 의문, 그 행위 책임을 묻기 위해서는 기초 개념부터 재정의해야 한다. 인공지능 알고리즘은 주어진 정보를 판단하고 사안마다 다르게 대응한다는 점에서 제조물 책임법을 적용하기엔 무리가 있다. 인공지능 시스템과 로봇이 인체에 대한 상해나 물질적 손해를 일으킨 경우 민사 손해배상을 위한 요건을 충족시키느냐도 문제지만 형사처벌을 받는 대상이 없으므로 비난의 귀속이나 형사책임에 대한 판단이 계속 필요한가도 의문이다.

라이언 칼로Ryan Calo는 로봇공학의 발전이 기존 법률이나 규범 체계와 마찰의 소지가 많아지면서 이를 조정하는 로봇 법정책이 필요하다고 역설한다. 또 다양한 쟁점에 대해 전문가들이 논의할 수 있는 장으로 연방로봇위원회Federal Robotics Commission 개설을 제안했다. 반면 우디 하트조그Woody Hartzog는 기존의 연방거래위원회FTC가 로봇 문제에 대한 담당 기관으로 적절하다는 소비자 보호의 관점을 강조한다.

예컨대 로봇을 활용한 비즈니스가 서비스를 제공할 때 오작동하거나 피해를 내면 '불공정한 행위 또는 기만적 관행'으로 간주해 연방거래위원회법 제5조를 적용하는 식이다. 언뜻 실용적으로 보이지만 로봇의 행동이 야기하는 새로운 법적·윤리적 문제들을 종합적으로 판단하고 대응하기에는 충분치 않다.

한편 유럽연합이 진행한 로보로Robot Law 프로젝트는 2014년 '로봇공학 규제를 위한 가이드라인Guideline for Regulating Robotics'을 내놨다. 여기서는 자율주행차, 수술용 의료 로봇, 로봇 인공기관, 돌봄 로봇으로 나눠 규제정책의 근거를 제시하고 있다. 활용 분야별로 쟁점을 분석해 규제를 검토한 점이 주목을 끈다. 우리나라도 인공지능을 적용한 로봇이 사회규범에 미치는 영향에 대한 논의가 필요하다. 적절한 규제와 정책을 전담하는 주무 부처를 기존 조직이 맡는 게 나을지 아니면 전문가로 구성된 독립적 로봇위원회가 나을지 본격적 논의가 필요한 시점이다.

로봇을 행위자로 본다면

2015년 11월 인류 역사상 처음으로 무인자동차가 캘리포니아 주 팰로앨토의 도로를 달리다 교통경찰에게 딱지를 떼었다. 경찰은 운전석에서 아무도 발견할 수 없었다. 구글의 무인자동차가 사고를 우려해 지나치게 저속 운행한 것이다. 우리나라 현행법은 '사람'과 '법인'만을 권리·의무의 주체로 하기 때문에 행위 책임을 묻기 위해서는 어떤 경우에도 '사람'의 행위가 있어야 한다. 따라서 알고리즘 판단과 제어에 의한 자율주행차의 사고는 그 책임 소재가 불분명하다. 이 경우 다음과 같은 문제들이 제기될 수 있다. 알고리즘은 오류 없이 그야말로 완벽하므로 상대방 차량이 자신의 잘못이 아니라는 점을 입증해야 하는가, 탑승자는 언제나 100퍼센트 면책되는가, 아니면 알고리즘의 상황 인지와 판단 실수이므로 알고리즘 제작사를 상대로 손해배상을 청구해야 하는가 등이다.

미국 네바다, 플로리다. 캘리포니아, 미시간, 워싱턴DC, 버지니아 주는 자율주행차 주행을 허용하는 법제화를 마쳤지만 알고리즘 오작동에 따른 교통사고에서 과실, 손해배상 등에 대한 판단의 공은 모두

법원으로 넘겨버렸다. 물론 자동차 제조업체인 볼보는 인공지능을 탑재한 자율주행차의 모든 사고는 회사가 책임을 지겠다는 방침을 발표했다. 하지만 여기엔 인간이 운전하는 차량과 달리 인공지능을 탑재한 차량이 대형사고를 낼 확률이 극히 드물 것이란 자신감이 내포되어 있다. 현대자동차, 도요타 등 다른 자동차 제조업체들도 이와 비슷한 정책을 채용할 것인지, 자동차 보험과 소송이 자율주행차에 한해서는 필요 없어질지 여부 등은 흥미로운 관전 포인트다.

자율주행차의 경우 윤리적 딜레마에 빠질 수 있다. 차량이 주행할 때 갑작스런 끼어들기와 추돌이 발생한다고 가정해보자. 인공지능 알고리즘의 판단에 따라 그대로 직진해 1명의 상대방 운전자만 칠 것인지, 아니면 오른편으로 핸들을 꺾어서 4명의 행인을 칠 것인지 순간적인 선택을 해야 한다. 이 경우 인간이라면 돌발적 상황에서 대응이 불가능했노라고 말할 수 있지만, 인공지능은 찰나의 순간에도 수백 번의 판단이 가능하니 피해를 최소화하는 방법을 택할 수 있다. 이렇게 알고리즘에 기초해 피해를 계산할 때 피해를 입은 측은 인간 생명에 대한 경시라고 항의할 것이다. 이는 알고리즘의 판단과 편향도 윤리적 논쟁으로 번질 수 있음을 시사하는 대목이다.

도덕적 행위자로서 인공지능

먼 미래의 이야기지만 판매된 로봇이 소유주의 말을 따라 사람을 치거나 물건을 파손하는 등 사고를 일으킬 때 책임은 소유주에게 있을까? 아니면 그 명령을 따르도록 알고리즘을 설계한 제작자에게 있을까? 이를 판가름하기란 결코 쉽지 않다. 불법행위에 사용되지 않도록 처음부터 로봇 자체에 인체를 해하거나 파괴하는 명령은 거부하게끔 설계할 수 있다. 이럴 경우 제조사나 설계자의 선택에 따라 로봇은 자율적으로 행동할 여지가 있다면, 로봇의 인공지능 시스템을 도덕적 행위자로 의제하고 로봇에게 책임을 물어야 할까? 로봇의 자율적 판단에 대한 책임을 로봇 스스로가 지려면 로봇의 기술이 어느 수준에 도달해야 할까? 이는 2035년의 시카고를 배경으로 한 영화 〈아이, 로봇〉의 주제기도 하다.

만일 로봇이 기계적인 작업뿐 아니라 인간 고유의 영역에 들어와 고도의 지적 능력이 필요한 일을 하는 경우, 로봇의 불법 행동이나 부작위에 대해 수동적 기계라는 이유로 면책해야 하는가는 심각한 문제다. 인공지능을 갖춘 로봇은 스스로의 판단에 따라 움직이는 새로운 개체 또는 주체의 출현을 의미한다고 다수가 수용하고 있고, 사람들이 로봇을 기계 덩어리가 아니라 의인화된 대상으로 받아들이기 때문이다.

사이보그는 사이버네틱스와 조직체의 합성어다. 인간과 결합해 결여된 신체 기능을 보완하거나 특정 부분을 강화하는 기능적 조직이다. 에든버러대학 교수 앤디 클라크Andy Clark은 우리 몸에 장착하거나 결합된 기능적 시스템이라는 점에서 스마트폰도 이미 사이보그화됐고, 인간과 기계의 경계는 흐릿해지며 소멸하는 중이라고 주장한다.

실제 미국 연방대법원은 라일리 대 캘리포니아Riley vs. California 판결

미래는 더 나아질 것인가

에서 경찰이 피의자를 체포했어도 영장 없이 스마트폰을 검색하거나 압수할 수 없다고 천명했다. "만일 화성에서 지구에 도착한 가상의 외계인이 인간을 해부한다면, 가장 중요한 특성으로 일상에서 떨어지지 않는 스마트폰을 들 것이다"라고 판시한 이 사례는 이미 사이보그가 된 스마트폰과 인간의 관계를 보여준다. 이런 사이보그 기술엔 프라이버시 침해와 정부의 감시에 매우 취약하다는 치명적 약점이 있어 적절한 법정책이 필요하다. 콜롬비아대학의 팀 우-Tim Wu는 인간과 기계의 경계가 모호해지는 포스트휴먼 시대를 맞이해 사이보그법과 정책을 강조한다.

로봇공학과 인공지능 기술은 산업정보 시대에 기틀이 마련되고 정보화 시대에 촘촘해진 법적·제도적 틀에 상당한 변화를 압박하고 있다. 그럼에도 국내외에서 일고 있는 인공지능과 로봇공학의 법률관계와 책임 귀속 논의는 아직 초기 단계다. 법이 기술발전에 뒤처지는 현상은 어제 오늘의 일이 아니지만 특히 인공지능 분야는 특히 규제 역량과 전문성이 크게 미흡하다. '파괴적 기술'을 사회적으로 수용할 때마다 수반되는 현상이니만큼 이제부터라도 대응책을 마련해야 한다.

인공지능과 로봇공학에 대한 법제 마련은 새로운 인공지능 경제 시스템의 제도적 설계에 해당한다. 인공지능 기술의 발전에도 불구하고 인본적 가치는 유지돼야 하고 로봇과 알고리즘에 대한 통제는 확고해야 한다. 알고리즘에 기반한 판단이 인간에게 유용해야 한다는 공감대가 이미 형성돼 있다. 인공지능이 정보의 인식·분석·판단을 담당하는 시대가 도래했으므로 법제도의 마련은 경제적 요소만을 고려해서는 안 된다. 위험을 적절하게 배분하고 책임 귀속 주체를 명확히 하며 인간 가치를 보호하는 관점에서 설계돼야 한다. 현재 우리나라에는 '지능형 로봇 개발 및 보급 촉진법'이 제정돼 있고, 다양한 '인공지능 산업법안'이 논의 중이다. 법안들은 진흥에 초점을 두고 있지만 인공지능을 탑재한 로봇에 대한 법적 책임도 고려하는 게 바람직하다.

정부도
똑똑한 기계로 대체된다

최근 빠르게 발전하는 인공지능, 로봇, 드론Drone, 자율주행차 등의 무인·자동화 기술, 홀로그램, 가상현실·증감현실 기술 등은 미래 사회를 급변시킬 전망이다. 특히 농업·산업·정보혁명에 이은 제4차 기술혁명, 즉 인공지능혁명은 인류의 모습을 근본적으로 변화시킬 특이점으로 간주된다. 정부와 공직사회는 이런 기술의 변화에서 자유로울까? 미래학자인 데이터Jim Dator는 이 세상의 모든 것이 변해왔고 지금도 변하고 있지만, 정부와 공직사회만큼은 여기서 벗어나 있다고 주장한다.

현재 우리가 사용하고 있는 '정부'라는 사회적 발명품은 아주 낡은 시스템이다. 250년 전 처음 고안된 정부는 당대의 활용 가능한 첨단기술과 세계관을 적절히 반영한 훌륭한 발명품이었다. 그러나 이후 정부 형태엔 어떤 변화도 일지 않았다. 현재 세상에는 정부처럼 진부한 사회제도도 존재하지 않는다. 지난 300년 동안 과학기술은 지속적으로 발전해왔고 세계관도 함께 변해왔는데, 정부와 공직사회만큼은 이런 변화를 따라잡지 못하고 있는 셈이다. 최근 부상하는 기술발전은 정부에 대해 새로운 접근 방식을 제시하며 다른 형태의 조직 운영을 요구하고 있다.

기술혁명과 정부 형태

역사를 돌이켜보면 기술혁명과 함께 정부 조직을 운영하는 시스템도 변해왔다. 기원전 8000년 농업혁명이 시작되면서 수렵과 채집경제가 중심이던 원시공동체 사회에 일대 변혁이 인다. 노벨경제학 수상자인 더글러스 노스Douglass North는 농업혁명을 산업혁명에 버금가는 큰 변화로 간주하면서 이를 제1차 경제혁명으로 불렀다.

농업 기술의 발달로 사람들은 더 이상 사냥과 채집을 위해 떠돌아다닐 필요가 없어져 한곳에 정착했다. 원시 수렵 사회는 부족원이 다 같이 사냥하고 채집해 나눠먹는 공산 사회였다. 그러나 농업 기술의 발달로 잉여 생산물과 사유재산이 발생하면서 계층과 계급이 나타나기 시작했다. 지배층의 분화와 위계서열이 생기며 국왕을 정점으로 한 중앙집권적 '왕조'의 정부 형태가 출현한다. 왕조를 운영하기 위해 나타난 조직 운영 시스템이 바로 관등제와 신분제다.

방적기와 증기기관으로 대표되는 제2차 기술혁명인 산업혁명은

미래는 더 나아질 것인가

18세기 중반 영국에서부터 진행돼 인류 사회에 커다란 변혁을 가져왔다. 기계공업의 발전으로 경제는 농업 중심에서 공업 중심으로 전환됐으며, 성장하는 경제적 기반을 바탕으로 인구증가와 도시화가 급격히 진행됐다. 산업화의 진전으로 자본가들은 더 많은 부를 축적하고 부르주아와 프롤레타리아라는 새 계급이 형성됐다.

산업혁명은 시민혁명과 맞물리면서 근대 국가의 기반이 됐고 근대 정부를 탄생시킨다. 생산성이 급격히 늘어나자 능률과 효과성에 대한 인식이 높아졌고 이는 근대 관료제를 형성한다. 막스 베버Max Weber는 관료제가 산업화 시대에서 조직의 효율을 최대로 높일 수 있는 조직 형태라고 했다. 관료제의 기반이 되는 고도의 분업화, 표준화, 전문화는 산업사회의 주요 특징이기도 하다. 직무에 따른 의무와 책임을 명확히 하고, 위계와 서열화로 대표되는 관료제는 산업혁명이 낳은 제도적 발명품이라 할 만하다.

20세기 중반 이후 인류는 또 하나의 기술혁명을 경험한다. 바로 컴퓨터와 인터넷으로 대표되는 정보통신기술이다. 정보사회가 도래하면서 개인의 생활은 사회, 정치, 경제, 문화 전반에 걸쳐 전면적으로 바뀌었다. 개인은 소비 주체임과 동시에 생산 주체가 되면서 영향력이 확대되고, 네트워크를 통한 정치 참여를 하면서 민주주의를 심화·발전시켰다. 자본과 노동보다는 정보와 지식이 중요해지고, 금융자본이 글로벌 네트워크와 연결되며 실물경제를 압도하게 됐다. 기업 활동에서도 빠른 의사결정을 위한 정보 수집이나 가공, 판단이 중요해지면서 조직이 변했다. 연공서열적·위계질서적 시스템에서 자유로워지면서 능력 위주의 수평적 조직으로 전환되기 시작한 것이다.

정부와 행정 분야에서도 전자 정부라는 새로운 형태가 나타났다. 많은 사람들은 전자 정부가 산업사회가 낳은 관료제·계층제의 병리 현상을 치유하고 보다 투명하고 효율적이며 신속한 행정 서비스를 제공할 것이라 기대했다. 전자 정부의 도입으로 정부가 투명해지고 서비스가 신속해진 것을 부인할 수는 없다. 그럼에도 정부 조직과 관료, 부처 간 칸막이, 비능률성, 저생산성 등 기존의 관료제와 계층제에 도사리던 병폐는 남아 있다. 정부 조직에 대한 근본적인 변화 없이 기존의 관료제에 기술(전자 정부)만 덧칠했기 때문이다. 짐 데이터의 표현을 빌리자면 "말이 끄는 마차에 내비게이션을 설치한 것" 같은 형국이었다.

정부 형태와 운영 시스템에 일어난 변화

디지크라시Digicracy, 헤테라키Heterarchy, 코즈모크라시Cosmocracy, 사이버크라시Cybercracy 등등. 이는 새로운 의사결정 방식과 지배구조 방식을 일컫는 말이다. 에드호크라시Adhocracy와 홀라크라시Holacracy는 새로운 조직 운영 시스템이다. 이렇게 기술발전은 의사결정과 지배구조, 조직 운영에 새로운 변화를 일으킨다.

먼저 '디지크라시'의 출현을 살펴보자. 디지크라시는 디지털과 직접 민주주의가 결합한 의사결정 방식이다. 디지크라시의 진전으로 거대 정당은 설 자리를 잃고 정당이 개별 정책을 중심으로 시민사회와

미래는 더 나아질 것인가

연대하는 일종의 '정책 네트워크' 형태로 진화한다. 이에 따라 정당의 주역은 국회의원이라는 정치 중개인 대신 정책전문가 그룹으로 바뀌고, 시민의 의사를 실시간으로 반영하는 '온라인 정당'까지 탄생한다.

현재 대부분의 민주국가는 '위계'에 기반을 두고, 위정자와 대중을 분리하는 이른바 엘리트 중심의 대의제를 취하고 있다. 이에 반해 '헤테라키'는 사회 구성원의 통합을 목표로 '다중 지배'에 중점을 두기 때문에 힘이 강화된 개인과 정부, 정당, 시민단체 사이의 권력이 공유된다. 헤테라키는 지배하지만 수평적이고 협업한다는 점에서 위계와 구별된다. 이 과정에서 IT가 매우 중요하게 매개한다. 시민의 민주적 참여를 촉진하고 정치적 책임성을 구현하며 참여자 간의 협동을 촉진하고, 주권자로서 시민의 영향력을 늘려나간다. 이때 갈등 조정의 효과는 덤이다.

'코즈모크라시'는 전문성과 자율성을 갖춘 민간 독립기구 또는 국제기구가 주권국가를 대신해 글로벌 이슈들을 해결하는 글로벌 지배 구조다. 코즈모크라시 체제에서 개별 정부는 개인과 단체에 강제할 권한을 갖지 못하며 단지 협력의 대상으로 기능한다. 코즈모크라시는 세계적이면서 분권화된 권위 체계를 전제하며 환경, 기후변화, 인권 등 주권국가가 해결하지 못하는 글로벌 난제들을 글로벌 시민 참여를 통해 해결하려 한다.

'사이버크라시'는 일반 시민이 인터넷을 통해 직접 의사결정에 참여함으로써 대의민주주의의 한계를 극복하려는 시도다. 디지크라시와 비슷하지만 궁극적으로 정부가 사라진 새로운 정치 이념을 지향한

| 표 1 | **기술혁명이 가져온 정부 형태와 운영 시스템의 변화**

기술혁명	시작 시점	정부 형태	운영 시스템
1차 농업혁명	기원전 8000년	왕조	귀족 신분제
2차 산업혁명	18세기 중반	근대 정부	관료제
3차 정보통신혁명	20세기 중반	전자 정부	에드호크라시
4차 인공지능혁명	21세기 초반	???	???

다는 점에서 다르다. 최근엔 가상현실·증강현실 기술을 활용해 시민들이 정책 결과로 나타날 미래를 당겨서 체험한 후 피드백을 반영해 정책화하는 시도도 하고 있다.

조직 운영 시스템도 마찬가지다. 민간 부문에서는 이미 오래전부터 관료제와 계서제의 한계에 대체하려 했다. 그래서 등장한 것이 바로 애드호크라시와 홀라크라시다.

'애드호크라시'는 전통적 조직구조인 관료제처럼 역할이나 직제에 따라 종적으로 분리되지 않고 기능별로 유연하게 분화된 횡적 조직 모형이다. 관료제가 표준화된 고정적·계층제적 구조라면, 애드호크라시는 융통성과 적응도가 높으며 혁신적인 성격을 띤다. 관료제가 기계적인 조직이라면 애드호크라시는 유기체적이다. 애드호크라시는 기본적으로 임시 조직이다. 일정 기간 필요에 따라 특정 활동을 수행한 후 목적을 달성하면 해체돼 원래 상태로 돌아간다.

'홀라크라시'는 관리자 없는 조직 체계로 조직의 위계질서를 배제하면서 모든 구성원들이 동등한 위치에서 업무를 수행하고 의사결정을 내리는 모형이다. 홀라크라시의 핵심 전략은 각 구성원이 조직 내에서 고정된 직무를 수행한다는 생각을 거부하는 것이다. 역할을 맡은 사람도 위계적 의사결정 구조가 아니라 자신의 판단으로 역할을 수행하고 결과에 대해 포괄적 책임을 진다. 홀라크라시의 목표는 구성원의 참여를 끌어내 특정 업무에 대한 권한을 위임하면서 조직의 자율성을 높이고 혁신을 도모하는 것이다.

미래 정부의 역할과 형태

세 차례의 기술혁명이 일어나는 동안 정부 형태와 운영 시스템도 함께 변해왔음을 살펴봤다. 제4차 기술혁명인 인공지능혁명은 미래의 정부를 어떤 형태로 진화시킬까? 그런 정부를 운영하는 조직 시스템은 어떻게 달라질까?

과거 기술혁명에 따른 정부 형태와 정부 시스템의 진화에서 얻을 수 있는 시사점은 이렇다. 기술발전에 따라 먼저 경제와 사회가 변하고 그 변화에 부응하기 위해 사회적 발명품들이 나타난다. 농경 시대의 왕조와 신분제, 산업 시대의 근대 정부와 관료제, 정보 시대의 전자 정부 및 다양한 의사결정 구조가 출현하는 것이다. 그렇다면 미래의 정부 형태와 조직 시스템을 고민하기 전에 인공지능 등 첨단 기술의 발전이 가져올 사회적·경제적 변화를 예측해볼 필요가 있다.

인공지능을 포함해 무인화·자동화 기술의 발전으로 가장 직접적이고 즉각적인 영향을 받는 분야는 일자리와 경제다. 생각하는 기계가 인간 친화적일지라도 일자리 시장과 경제에 커다란 영향을 줄 것이라는 사실은 변함없다. 사실상 기계가 거의 모든 것을 하게 되면 대부분의 사람들은 임금을 벌어들이지 못할 것이다.

개인적 성취나 보수에 전혀 관심이 없는 외계인이 지구에서 일자리를 구한다고 가정해보자. 기업은 경쟁력 확보를 위해 전 직원을 외계인으로 고용할 수도 있다. 결국 성공적인 기업가나 투자자 등을 제외한 대다수 개인들은 일자리를 잃게 된다. 이후 필수재 이외의 상품을 생산하는 기업들이 무너지기 시작한다. 외계인은 아무것도 사지 않으며, 대부분의 노동자들은 물건을 살 돈이 없기 때문이다.

외계인을 고용한 일부 자본가들의 부는 더욱 확대되고, 부의 집중도는 상위 5퍼센트가 아닌 상위 0.1퍼센트에 더욱 집약된다. 나머지 99.9퍼센트의 소득은 지속적으로 낮아져 사회적 이동 가능성이 아예 사라지게 된다. 이들 하위 99.9퍼센트가 빚을 내 소비를 늘릴 수는 있겠지만 임금을 늘리지 않는 이상 지속가능한 대안이 될 수는 없다. 결국 소비할 주체가 사라지면서 경제는 파국으로 치닫고 자본주의는 붕괴될 위험에 처할 것이다.

기계를 외계인에 비유한 위의 사례는 인공지능혁명이 역설적으로 자본주의의 붕괴를 가져올 수도 있음을 보여준다. 미래의 일상적인 일들은 로봇과 인공지능이 대체해 경제와 일자리 시장에 엄청난 영향을 주면서 소득의 불평등은 극심해진다. 결국 정부가 이 불평등을 시정하는 조정자로 나설 수밖에 없다.

바람직한 대안은 정부가 기본소득 지급을 통해 중산층의 일정한 소비를 보장하는 것이다. 정부가 강력한 규제를 행사한다면 저소득층과 중간 소득층이 구매력을 갖게 되면서 소비시장이 활발해진다. 따라서 미래 정부의 목표는 전반적인 사회안전망 구축뿐 아니라 소비자의 낮은 임금을 보충하는 데 초점이 맞춰질 것이다. 소득보장에 쓰일 재원은 상위 0.1퍼센트에게 자동화세를 신설해 충당하는 방식으로 해결할 수 있다.

결국 미래 정부의 핵심 역할은 극심한 소득 불평등의 조정인데, 부의 공평한 분배를 위해 정부 형태도 '지능형 정부'로 바뀔 수밖에 없다. 인공지능 기술은 보다 공평하고 효율적인 자원 분배를 위해 활용된다. 실시간으로 시민들의 의견을 수렴하고 정책 결과를 시뮬레이션해 최적의 의사결정을 지원할 것이다. 정부의 운영 체계도 사람 중심의 관료제에서 보다 똑똑해진 기계 중심의 소프트웨어로 대체될 것이다.

비트네이션, 미래 정부를 예측하는 샘플

현재 운영 중인 글로벌 가상국가 비트네이션Bit-Nation은 다가올 미래 정부 형태에 중요한 단서를 제공하고 있다. 비트네이션은 현재 오프라인 정부가 수행하고 있는 일부 기능을 '블록체인Block-Chain'이란 국가 운영체제를 통해 수행하고 있다. 블록체인은 '비트코인Bit-Coin'이란 디지털 화폐의 근간을 이루는 기술로, 행정 서비스·법률·교육·안전 등 국가 운영을 위한 기본 체제다. 비트네이션은 이를 통해 결혼, 출생 및 사망, 공증, 토지 및 기업 등기 등의 행정 업무를 수행하며, 시민권도 부여하고 있다.

컴퓨터, 스마트폰, 무인자동차 운영을 위해 운영체제가 존재하듯 정부 운영을 위한 운영체제도 실제로 활용되고 있다. 특이한 점은 비트네이션의 정부 운영체제는 기존 운영체제에 인공지능 기술이 접목된 형태로 활용되고 있다는 점이다. 제네릭 알고리즘Generic ALGorithm이 탑재된 프로그램을 통해 실시간으로 시민의 의견을 수렴하고, 정책 결과를 가상으로 시뮬레이션해서 최적의 의사결정을 추구한다. 물론 비트네이션 정부에도 공무원들이 있다. 그러나 이들은 일반 공무원과 달리 비트네이션 운영을 위한 시스템 개발, 유지, 보수, 관리의 업무를 주로 한다.

미래 정부가 비트네이션 같은 지능형 정부로 대체된다면 이를 지원하는 공무원 인사 시스템도 함께 변해야 한다. 기존 관료제는 해체되고 공무원 인재상, 채용, 양성, 평가·보상, 활용, 복지 등 인사제도 전반에 걸쳐 혁신이 일어날 것이다. 200년 이상 정체됐던 정부 조직과 공직사회에 새로운 변화의 태풍이 닥치고 있는 것이다.

미래는 더 나아질 것인가

3장

실생활 속
가상현실

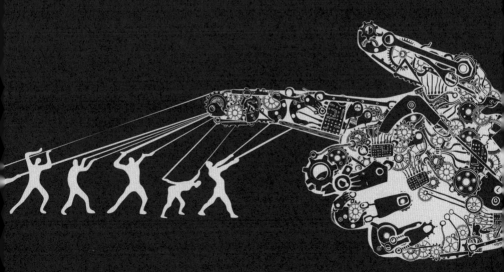

필진 ————————————————

윤정현 STEPI 미래연구센터 전문연구원

정덕영 ㈜클릭트 대표

최항섭 국민대 사회학과 부교수

최재홍 강릉원주대 멀티미디어공학과 교수

구태언 테크앤로법률사무소 대표

김정현 고려대 컴퓨터학과 교수

현실 속에 들어온
가상현실

최근 페이스북 CEO 마크 저커버그Mark Zuckerberg는 주목해야 할 차세대 플랫폼으로 가상현실을 지목했다. 1938년 프랑스 극작가 앙토넹 아르토Antonin Artaud가 관객을 몰입시키는 극장을 '가상현실 공간La Réalité Virtuelle'으로 묘사한 이래[1] 일부 컴퓨터공학자가 프로그램 속 새로운 공간을 명명했던 가상현실이 엄청난 잠재력을 안고 인류의 생활 속으로 성큼 들어온 것이다.

가상현실이란 인공적으로 만들어낸 가상 환경에서 감각 정보를 활용한 상호작용을 통해 현실세계의 공간적·물리적 제약을 극복하고 실감적으로 타자의 경험을 체험하는 기술이다.[2] 지금까지의 가상현실 기술이 간단한 장치로 3D게임을 즐기거나 시뮬레이션을 경험하는 정도였다면, 이제는 사람의 움직임과 뇌의 운동을 실시간으로 감지해 마치 가상현실 세계 안에 있는 듯한 착각을 불러일으키는 기기가 등장했다. 그 결과 국방 시뮬레이션 훈련 수단으로 활용된 가상현실 기술이 게임, 교육, 문화예술, 부동산 시장에까지 광범위하게 적용되고 있다. 컨설팅회사 글로벌인포메이션에 따르면, 2015년 13억 7000달러 규모였던 가상현실 시장은 연평균 57.8퍼센트씩 성장해 2022년에는 339억 달러에 달할 것으로 보인다.[3]

새로운 정보 플랫폼으로서의 가상현실

그간 인류가 활용해온 대표적인 정보 전달 플랫폼은 무엇일까? 우선 수천 년의 역사를 가진 '텍스트', 19세기에 발명된 '사진' 그리고 최근에야 컴퓨터나 스마트 기기를 통해 보편적으로 공유하게 된 '동영상'을 꼽을 수 있다. 이들이 섬세하게 정보를 전달하긴 했지만 수용자가 정보를 받아들이는 형태 면에서는 여전히 간접 경험에 머물러 있었다. 반면 가상현실에선 실제와 거의 근접한 직접 경험이 가능한데, 바로 '몰입감'과 '현장감'에 그 차별점이 있다.

가상현실 기술은 가상의 환경을 사용자가 실제처럼 느끼고 그 내용을 받아들이도록 하는 게 목표다. 따라서 시각·청각·촉각·후각·미각 등 오감에 전달하는 정보를 조작해 종합적인 가상의 경험을 피험자에게 제공한다. 그 결과 정보의 수용자는 다채로운 감각 정보를 뇌에서 통합해 스스로가 특정한 가상환경에 존재한다고 지각하는 것

미래는 더 나아질 것인가

이다. 즉 세계의 선별적인 정보를 제공받아 수용하는 메커니즘에서 스스로가 정보를 능동적으로 찾아나서고 체화하는 일대 전환이 일어나는 셈이다.

정보 전달 미디어로서 가상현실 기술이 가장 큰 파급력을 미치는 분야는 교육과 문화 부문인데, 이는 수요자에게 지식을 파격적으로 체화시킬 수 있기 때문이다. 이 때문에 교육 콘텐츠 개발자들은 가상현실이 학습 동기와 창의성을 일깨우는 새로운 플랫폼이 될 것이라 확신한다. 스포츠, 예술 분야도 마찬가지다. 경기장과 콘서트홀, 갤러리를 직접 찾지 않아도 현장의 열기와 분위기를 실감케 할 무궁무진한 잠재력을 갖고 있다.

허물어지는 현실과 가상의 경계

가상현실 기술은 개발자에 의해 제작된 콘텐츠를 즐기는 구조에서 사용자가 적극적으로 제작에 참여하는 구조로 변하고 있다. 방송미디어, 엔터테인먼트, 교육 등에 적용됨에 따라 이런 추세는 강화될 전망이다. 사용자가 보는 관점의 조작뿐 아니라 물리적 행동을 취하는 인터랙션이 실시간으로 반영된다면 영화 〈아바타〉나 〈매트릭스〉의 세계가 실제로 눈앞에서 펼쳐질 것이다.

이 느낌을 실감할 수 있도록 현실과 가상의 공간 구조를 동일하게 구성해 즐기는 콘텐츠가 등장하고 있다.[4] 현실세계에 기둥이 있으면 가상현실에서도 똑같은 위치에 비슷한 물체를 세워두는 식이다. 가상현실 속에서는 웅장한 신전의 기둥이나 코끼리 다리로 대상이 달라 보일 수도 있다. 하지만 중요한 것은 가상현실 속을 걷다가 어딘가 부딪힐 경우 현실의 신체 역시 기둥에 부딪힌 것처럼 충격이 전달된다는 점이다. 이처럼 가상현실의 물리적 환경마저도 실제 체감하는 것과 크게 다르지 않게 되면 양자의 경계는 더욱 모호해진다.

그간 가상현실 디스플레이와 입력장치는 콘텐츠를 소비하기 위해 사용됐지만, 최근 이를 생산 도구로 활용하려는 시도가 이뤄지고 있다. 예를 들어 가상현실이 제공하는 3D 공간을 보면서 조작 대상을 조립하고 해체하지만, 가상현실 공간의 작업 결과물은 실시간으로 저장돼 현실에서 똑같이 구현된다. 사전적 의미에서는 '가짜를 만들어내는 기술'에 불과했던 가상현실 기술이 진짜와 진배없는 세상을 만들어내는 것이다. 비록 실세계에 존재하지 않는 콘텐츠이지만 콘텐츠 속에서 공간적 실재감과 경험감을 느낄 수 있게 되면서 그 영향은 실시간으로 반응하고 상상하는 사용자에 의해 실세계에 남겨지게 된다.

또 다양한 인터페이스 및 인터랙션 기술을 사용해 1명의 사용자가 아니라 다수의 사용자가 동시에 인터랙션할 수 있는 시스템도 개발 중이다. 가상현실은 또 하나의 세계를 펼쳐준다는 점에서 동시에 여러 명이 즐길 수 있는 형태로 발전할 가능성이 높다. 뜻을 같이하는 이들과 가상의 세계를 공유하고 실제 상호작용하는 시대가 열리는 것이다.

현실과의 차이를 실감할 수 없고 누구보다도 나와 마음이 통하는 친구까지 존재하는 가상현실이 펼쳐진다면 어떨까? 그곳에 더 오래 머무르고 싶고, 현실 속의 관계보다 가상현실 속의 관계가 더 소중해지는 그런 날이 올지도 모른다.

법적·윤리적 논란에 대한 대비

그럼에도 가상현실 시장의 확대를 섣불리 낙관할 게 아니라 좀 더 냉정히 살펴보자는 의견도 많다. 불과 몇 년 사이 폭발적인 성장을 보이긴 했지만 가상현실은 아직 개발 중인 신기술이다. 콘텐츠가 충분치 않고 실제 같은 몰입감을 줄 수 있는 양질의 기기를 구매하기엔 값이 만만치 않다는 지적도 있다. 따라서 시장 조성을 위해 정부의 정책적 노력이 지속적으로 필요하다. 세계적인 가상현실 열풍에 힘입어 미래창조과학부는 2016년 1월 '제2차 정보통신기술정책 해우소'에서 가상현실을 응용한 산업 육성방안을 발표했다. 정부는 한국의 정보통신기술 기반 디지털 콘텐츠를 대표할 5대 전략 품목(선도 프로젝트)을 선정했는데 이 중에서 3개가 가상현실을 적용한 엔터테인먼트 분야였다.[5]

선도 사업이 성공적으로 추진되려면 '소프트웨어-콘텐츠-디바이스-네트워크 통신 기업' 사이에 유기적인 협력이 가능한 생태계를 조성해야 한다. 여기엔 콘텐츠 지적재산권 허용, 사업자 간 네트워크 인프라 공유 같은 복잡한 문제가 걸려 있다. 이해관계자 조정에 대한 정부의 역할이 절실하다.

마지막으로 가상현실 기술은 여전히 현실세계의 법과 윤리를 따라야 한다. 폭발적으로 늘고 있는 가상현실 콘텐츠 분야가 폭력 게임, 성인물이라는 조사 결과는 당장 가상현실 세계의 윤리 논쟁을 촉발시킨다. 이들의 행위가 가상현실 세계를 벗어나기 전에 미리 현실 제도로 통제해야 할까? 가상과 현실의 벽이 모호해질수록 법적, 윤리적 논란은 더욱 뜨거워질 것이다.

인류 형태를 바꿀
거대한 융합 플랫폼

2015년부터 한국에도 슬슬 불어닥치기 시작한 가상현실의 바람은 구글의 알파고와 함께 전 세계의 주요 화두가 되어버렸다. 최근 IT 이슈의 상당수는 가상현실이 점령했고, 심지어 동네 마트에서 저가의 가상현실 기기가 판매될 정도로 빠른 속도로 대중화가 이뤄지고 있다.

1990년대에 가상현실이 반짝하던 시기가 있었다. 이때 닌텐도가 '버추얼보이Virtual Boy'라는 게임 기기를 발매했고, 여러 회사가 얼굴에 장착하는 디스플레이 장비, 즉 헤드마운트디스플레이HMD(Head Mounted Display)를 속속 출시했다. 또 요즘의 가상현실 기기와 가장 비슷한 체험형 게임머신 '버추얼리티Virtuality'가 등장했지만 기술의 한계로 성능이 조악해 흥미를 끌지 못하고 사라졌다.

21세기에 들어와 약관 20세의 청년 팔머 럭키Palmer Lucky가 가상현실이라는 낡은 단어를 다시 끄집어내 대파란을 일으켰으니, 그것이 바로 가상현실 기기인 '오큘러스 리프트Oculus Rift'다. 가상현실 기기가 등장하고 수십 년이 흐른 후에야 오큘러스 리프트라는 형태로 세상에 빛을 본 이유는, 가상현실 HMD의 구성 부품이 대부분 스마트폰 부품과 겹치기 때문이다. 아이폰이 촉발한 스마트폰 시장의 폭발적 성장에 기인한 바가 크다는 뜻이다. 20세기에는 미군에서나 쓸 법했던 초고가 부품들, 디스플레이와 모션 센서가 스마트폰의 기본 부품이 되면서 전 세계적으로 대량생산돼 가격 경쟁력을 갖추었다. 과거의 꿈이던 가상현실을 부활시킬 환경적 준비가 마련된 셈이었다.

럭키가 창업한 가상현실 전문 스타트업인 오큘러스가 촉발시킨 가상현실은 곧 여러 회사를 자극했고 다양한 제품군이 줄지어 출시됐다. 첫 시작은 삼성이 오큘러스와 협력해 만든 기어 가상현실Gear VR이다. 그 뒤를 이어 게임 유통의 강자 스팀STEAM과 대만 제조업체 HTC가 협력해 바이브VIVE를 출시했다. 뒤이어 소니가 프로젝트 '모피어스'를 출범해 플레이스테이션 가상현실이라는 이름으로 선보일 예정이다.

글로벌 기업들의 각축전이 벌어지는 가상현실 시장

오늘날 가상현실 시장은 폭발적 성장과 함께 소비자의 크나큰 관심을 받고 있다. 시장조사 업체 슈퍼데이터는 가상현실 시장이 2016년 37억 달러에서 2020년 404억 달러까지 성장할 것이라고 예측한 바 있다. 가상현실 시장이 활성화되기 위해서는 디바이스뿐 아니라 플랫폼, 네트워크, 콘텐츠가 동반 성장해야 한다. 현재 디바이스 부분의 선두주자는 단연 오큘러스다. 오큘러스의 창업자 럭키는 실질적인 가상현실 붐을 일으킨 장본인이다. 창업 이후 두 차례 개발용 기기를 출시했고, 2016년 3월에는 최초의 가상현실 상업용 제품인 '오큘러스 리프트 CV1Oculus Rift CV1'를 선보였다. 오큘러스 리프트 CV1은 현재 PC를 기반으로 하는 제품군 중 성능과 경험, 양적 측면에서 가장 뛰어나다. 다만 제품 공급이 원활하지 못해 보급에서 고전하고 있다.

콘텐츠에서 강세를 보이는 곳은 HTC다. HTC는 소비자가 즐길 만한 콘텐츠를 확보하려 게임 유통의 강자 밸브VALVE와 합작해 '바이브'를 제작했다. 기본적으로 오큘러스 리프트 CV1과 성능 면에서 크게 차이 나지 않지만, 온라인 PC 게임 유통을 장악한 플랫폼 스팀을 갖고 있다. 또 현존하는 가장 정확한 위치 추적 시스템 '라이트 하우스'와 2개의 컨트롤러를 기본 시스템으로 장착한 상태에서 오큘러스가 부러워하는 제품 공급력까지 갖추고 있다.

플랫폼 측면에서 선전하는 곳은 소니다. 소니는 PC가 아닌 자사의 엔터테인먼트 시스템인 플레이스테이션4의 에드온 형태인 HMD를 발표했다. 플레이스테이션 가상현실은 PC에 비해 성능은 조금 떨어지지만, 콘솔 게임 기기를 기반으로 해서 PC, 모바일 기반의 가상현실보다 빠르게 성장하고 있다. 또 게임 소프트웨어 부문의 강점이 시너지 효과를 내 업계 1위를 차지했다.

이외에도 다양한 글로벌 기업이 가상현실 시장에 진출했다. 삼성은 오큘러스와 기술 협력을 맺고, 갤럭시에 장착해 폰 스크린을 사용하는 '기어 가상현실'을 만들었다. 구글도 안드로이드폰을 종이 케이스에 끼워 사용하는 '카드보드Card Board'를 선보였다. 마이크로소프트, 화웨이, 샤오미 등도 기기를 개발하며 가상현실 시장에 진입할 채비를 하고 있다. 가상현실 시장이 성장하면서 이를 선점하기 위한 국내외 공룡 기업들의 움직임은 가속화할 것이다.

3D TV처럼 찻잔 속 미풍에 그칠까

위에 소개한 제품군들을 대략 가상현실 1세대라 부를 수 있다. 미국을 중심으로 중국, 일본 등 대다수 국가가 가상현실이란 신대륙을 향해 달려가고 있는데, 한국은 아직 규제에 발목 잡혀 개발에 필요한 견본용 출시 제품조차 구하기 힘든 상황이다. 한 한국인이 트위터를 통해 럭키에게 왜 한국에는 오큘러스 리프트를 팔지 않느냐고 묻자 "당신 나라의 규제 때문이다"라고 답한 일은 유명하다. 몇 년 전부터 전 세계적으로 가상현실에 대한 투자는 급물살을 탔으며, 한국에서 외롭게 가상현실에 투자해온 몇몇 선각자가 이미 미국, 중국, 일본 투자자의 공격 표적이 된 지 오래다.

사실 가상현실은 스마트폰 같은 새 플랫폼의 등장보다 더 거대한 무엇이다. 그런데도 정부와 민간은 가상현실의 대두를 단순히 iOS나 안드로이드, 앱스토어 같은 형태의 플랫폼으로만 바라보는 경향이 있다. 상황이 이렇다 보니 그들의 관심사는 '이 플랫폼이 성공할 것인가'

에 방점이 찍혀 있다. 부정적인 시선 중에는 가상현실이 결국 3D TV의 위상 정도에 그칠 것이란 예측도 있다. 하지만 필자의 생각은 좀 다르다. 3D TV는 출시와 함께 그 상태로 발전·확장되지 못하는 완성형 제품이었던 반면, 가상현실은 이제부터가 시작이기 때문이다. 오히려 3D TV가 가진 한계를 돌파한 제품으로 보는 편이 맞다.

한 가지 재미있는 점은 가상현실이 너무나 새롭다 보니 부족한 점들이 많다고 하는데, 이것이 가상현실의 단점으로 작용하는 게 아니라 오히려 장점이 되고 있다는 것이다. 많은 사람의 상상력과 욕구를 자극하며 다양한 산업계의 사람들로 하여금 부족한 가상현실 위에 자신들의 분야를 융합시키도록 끌어당기는 효과를 나타내고 있기 때문이다. 현재의 가상현실 산업은 IT 분야의 발전에 의한 결과물이면서도 오히려 IT 이외의 산업 분야의 관심과 참여를 접목시키며 거대한 용광로처럼 커나가고 있다. 바로 이점이 과거 3D TV 출시 이후 나타난 현상과 현재의 가상현실이 낳고 있는 산업 간의 역동적인 융합 현상 사이의 차이점이다.

가상현실 기술의 다음 단계는 아마도 촉각을 느끼고픈 새 욕구를 실행하는 방향으로 이어질 것이다. 내 신체 자체의 표현, 더 높은 해상도, 더 높은 퍼포먼스, 실외 위치 추적, 냄새와 맛의 전달, 더 완벽한 가상현실과 현실과의 싱크로에 대한 욕구를 반영하는 쪽으로 나아갈 것이다. 이처럼 가상현실 기술은 현재의 부족한 부분을 보완하고 더 실감나는 느낌을 구현하고 싶다는 개발자들의 욕구를 자극하며 끊임없이 발전하고 있다. 인간의 모든 오감을 정말 진짜처럼 충족시킬 때까지 무궁무진 진화해나갈 것이다.

결국 이 모든 욕구 충족 기술의 종착역은 뇌에 직접 정보를 전달하는 기술, 즉 영화 〈매트릭스〉에 등장하는 기술과 비슷하게 수렴될 것으로 예측된다. 가상현실 기술은 종국에 뇌와 직접 데이터를 교환하는 생체 인터페이스 터미널 기술로 발전하고, 더 나아가 생화학적·뇌과학적 방식이 시도돼 실제 뇌가 느끼는 감각 그 자체를 완벽히 흉내 내서 전달하는 형태까지 진화할 것이다.

개인적으로 현재의 오큘러스 리프트나 바이브 등 어떤 특정 기기가 가상현실 시장을 장악할 것으로 보지 않는다. 이 기기들은 단지 인류에게 어떤 가능성의 문을 열어준 것으로 이미 충분한 역할을 했다. 기술발전의 역사에서 새로운 장르에 벽돌 한 장을 얹은 것으로 봐도 무방하다. 이런 이유로 필자는 가상현실 기술이 3D TV처럼 찻잔 속의 미풍에 그칠 것이라는 의견에 동의할 수 없다. 앞서 살펴본 것처럼 가상현실 기술의 발전은 다른 분야의 기술을 모두 빨아들이는 거대한 용광로로 기능하기 때문이다. 결국 그 완성은 우리 뇌에 연결된 기존 신체 감각의 대체를 향해 가고 있다. 판도라의 상자는 이미 열렸고 인간은 가까운 미래에 그곳에 도달할 것이다. 기대되고 경험해보고 싶은 미래지만 그 결과는 아직 확신하기 어렵다.

여전히 가상현실이 새로운 기술 플랫폼 정도로 느껴지는가? 21세기 초 가상현실 기술의 부상은 인류에게 유전자의 발견만큼이나 파급력이 큰 사건으로 남을 가능성이 크다. 그리고 중요한 의사결정자가 이 가상현실을 단순히 플랫폼 사업의 하나로 보는가 또는 인류의 형태와 미래를 바꿀 거대한 대변혁의 시작이라고 보는가에 따라 그 끝은 크게 다를 것이다.

인류 최초로 손에 넣은 '직접 경험' 미디어

가상현실이라는 말 자체가 등장한 지 100년이 넘었는데 출발은 연극 무대를 개념화한 용어였다. 생각해보면 인간이 만들어내는 모든 창작물이란 결국 큰 개념에서 가상현실이라 할 수 있다. 문학은 인간이 겪어보지 못한 서사를 전달하고 음악은 그 자체가 시공간성을 내재한 예술이다. 미술, 영화나 게임 같은 창작물 역시 가상의 경험을 관객에게 전달한다. 인간의 모든 창작 활동은 큰 의미에서 다른 현실을 전달해주려는 욕망의 표현이다. 그것들이 지금까지 모두 간접 경험에 머물러 있었을 뿐이다.

그 점에서 가상현실은 인간의 예술을 직접 경험으로 전달하는 가능성을 보여준 최초의 기술이다. 지금까지 인류가 직접 경험할 수 있는 수단은 '꿈' 이외엔 없었다. 이제 우리는 직접 경험을 타인에게 전달하는 수단의 단초를 손에 넣었다. 이는 게임뿐 아니라 교육과 생활 환경에서 막강한 효과를 발휘하리라 본다.

현실과 가상현실의 교류가 시작된다

2016년 가상현실이 다시금 주목받고 있다. 1960년대 군사훈련 시뮬레이션을 위해 개발된 가상현실 기술은 최근 일상에 상용화되며 그 사회적 영향력이 커지고 있다.

사실 가상현실은 낯설고 새로운 게 아니다. 1985년 재론 래니어가 헤드마운트디스플레이HMD를 기반으로 하는 가상현실 기술을 처음으로 상용화하며 가능성이 알려졌다. 하지만 일반인이 구매할 수 없는 높은 가격 장벽 때문에 금세 뇌리에서 잊혀졌다. 그 뒤 가상현실은 1980년대 일본을 중심으로 급격하게 발전한 게임 산업을 통해 일반에 각인됐다. 세가, 소니, 닌텐도와 같은 거대 게임 업체가 발전된 그래픽 기술과 인체인식 기술을 통해 게임 산업을 대중화하는 데 성공한다.

의료·군사 부문에서 시뮬레이션 가상현실이 발전하곤 있었지만 세가의 히트작 '버추어 파이터', '버추어 레이싱'에서도 보듯 가상현실은 곧 게임이라는 인식이 지배적이었다. 즉 가상현실은 '상상을 통해 구성된 실재감 높은 가짜 현실'로 여겨졌다. 이는 장 보드리야르의 개념 '시뮬라크르Simulacre'를 통해서도 설명되곤 했다. '원본이 없는 가짜 현실이지만, 원본보다 실재감이 훨씬 높아 원본을 대체해버리는 것' 말이다.

지금까지의 가상현실과 미래의 가상현실

가상현실은 현실의 시공간 제약을 극복하고 인간에게 더 다양하고 재미있는 경험을 하게 돕는 것이었다. 과거의 역사적 사실을 게임 속에서 재현할 수도 있고, 좀비와 싸우거나 최고의 축구선수가 될 수도 있다. 지루한 현실과는 다른 게 가상현실이었다. 현실의 시간은 한순간의 선택이 다음 순간을 결정한다는 의미에서 숙명적이지만 가상현실에선 내가 원하는 그 순간으로 되돌아갈 수 있다. 원치 않으면 그 순간을 생략할 수도 있고, 심지어 '나 다시 돌아갈래!'라고 생각하면 '완전히 처음으로 다시 돌아갈 수도' 있다. 가상현실의 시간은 불연속적이고 비숙명적이기 때문이다. 또 현실 공간은 이동에 한계가 있지만 가상현실 공간은 얼마든지 확장·압축될 수 있다.

이렇게 지금까지 가상현실은 현실과 '다른' 것으로 인식돼왔다. 그런데 2016년 들어 본격화되는 모습은 지금까지 게임으로 알아왔던 가상현실과는 사뭇 다르다. 필자는 가상현실의 새로운 모습이 가까운 미래 현실에 엄청난 변화를 가져올 것으로 예측한다. 가짜 현실에 머무는 게 아니라 현실과 다를 바 없는 가상현실로 진화하고 있다는 의미에서다.

가상현실의 진화, 현실이고 싶다

가상현실 기술은 그래픽, 인공지능, 생체인식, 네트워크 기술이 발전하면서 업그레이드 중이다. 무엇보다 스마트폰의 등장이 큰 영향을 미쳤다. 과거 래니어가 구현한 가상현실 기기는 일반인이 구매하기에는 터무니없는 가격이었다. 하지만 이제 HMD에 스마트폰을 끼워서 가상현실을 구현하면서 일반인에게 기술의 문턱을 획기적으로 낮출 정도의 가격 경쟁력을 갖추게 됐다.

오큘러스 리프트는 70만 원대, 소니의 플레이스테이션 가상현실은 50만 원대, 삼성의 기어 가상현실2는 10만 원대에 판매되고 있다. 심지어 기술은 조악하지만 유튜브 등의 가상현실 영상을 경험하기엔 무리 없는 중국제 가상현실 기기가 시중에서 3~4만 원대에 판매된다. 바야흐로 일반인이 얼마든지 가상현실 기술을 접할 수 있는 시대가 열린 것이다. 헤드마운트 형태의 가상현실 기기 판매량은 2014년 20만 개에서 불과 4년 후인 2018년 3억 9000개로 폭발적인 성장세를 보일 것으로 예측된다.

급격히 일상에 파고드는 가상현실 기기는 게임을 중심으로 하던

| 그림 1 | **가상현실 체르노빌 콘텐츠 제작 장면**

자료 : vrperception, com

과거의 가상현실과는 달리 '현실에서의 진짜 경험들', 그간 시공간의 제약으로 인해 쉽게 할 수 없던 경험을 하는 쪽으로 진화하고 있다. 패러글라이딩, 깊은 바다 속 스쿠버다이빙, 방사능 오염으로 폐허가 된 체르노빌을 걷는 경험 등이 실제로 그것을 구현한 누군가에 의해 가상현실 영상으로 만들어지고 유튜브로 공유된다. 가상현실 기기를 착용한 유저들은 과거 그 어떤 방식보다 실재감을 느끼며 그 경험을 할 수 있다.

더 정교해진 그래픽 기술로 현실에서 진짜 경험을 하는 것처럼 돕는 가상현실 콘텐츠도 빠르게 등장하고 있다. 소니의 플레이스테이션 가상현실을 자신들이 구현해오던 게임 속 세계의 경험에 엄청난 수준의 '현실감'을 부여한다. 이제 가상현실은 현실과 다른 것이 아니라 현실과 거의 동일한 경험이 되고 있다.

아바타가 필요 없는 가상현실

새 가상현실 기술은 HMD를 기반으로 하는데 이 경험은 과거와 분명히 차이가 있다. 지금까지는 내가 있고 가상현실은 나와 물리적 거리가 있는 스크린 안에서 내가 조종하는 아바타를 통해 구현됐다. 나는 게임의 컨트롤러를 통해 TV 스크린 안 아바타를 조종하면서 가상현실을 경험한 것이다. 영화 주인공의 감정에 공감하면서 나를 동일시하는 게 1차적 동일시라면, 내가 직접 통제할 수 있는 아바타와의 동일시는 2차적 동일시다. 그런데 HMD를 기반으로 하는 새 기술에선 내가 가상현실로 곧장 들어갈 수 있다.

HMD를 쓰는 순간 나는 그 시간과 그 공간으로 들어가 직접 무엇을 한다. 롤러코스터를 타는 것도 서핑을 하는 것도 나다. 고개를 좌우로 돌려 주위를 보면 롤러코스터 옆에 앉아 있는 타인 그리고 서핑을 하는 다른 이도 보인다. HMD를 뒷받침해주는 생체인식 기술(눈의 움직임을 파악하는 기술, 신체적으로 위아래 움직임과 진동을 느끼게 하는 기술 등)이 따라주게 되면서 나는 이제 아바타 없이도 가상현실 안으로 직접 들어가 경험하는 주체가 될 수 있다. 아바타와의 동일시가 사라진 것이다.

아바타의 사라짐, 360도, 3D, 생체들이 조합된 가상현실의 의미는

| 그림 2 | **가상현실 에펠탑 광장 경험**

자료 : jewishinteractive.org

실재감이 과거에 비해 엄청나게 증가한 데 있다. 실재와 유사해진 가상현실. 가상현실과 현실 사이의 경계가 희미해지고 일반인은 가상현실 기기를 통해 '현실과 거의 동일한 경험'을 하게 됐다. 이제 주목할 것은 가상현실 기기를 통해 어떤 현실 경험을 하게 될 것인가 하는 점이다. 현실의 지루하고 반복적인 일상을 잊게 해주는 경험이 우선 선택될 것이다. 롤러코스터, 바다에서의 스킨스쿠버, 체르노빌의 경험처럼 일상에서 쉽게 경험할 수 없고 긴장감을 통해 몰입감을 주는 경험 말이다. 이런 몰입적 경험은 과거 게임의 가상현실에서도 경험하던 것이지만 이젠 실재감의 증가 덕분에 긴장감 없이도 몰입감이 높을 수 있다.

런던 트라팔가르 광장에 서 있는 경험, 파리 에펠탑 밑에 서 있는 경험, 공연장에 직접 가 있는 경험이 그 예다. 삼성 가상현실 기기의 영국 광고를 보자. 청소년들이 가득한 공연장에서 무표정한 중년 남자가 가상현실 기기로 공연을 담고 있다. 그는 집으로 돌아가 그 공연 콘텐츠에 HMD를 씌워 공연에 가지 못한 딸에게 공연장의 현장감을 경험케 한다. 딸은 공연장에 있는 것처럼 노래를 따라 부르고 몸을 흔들며 즐거워한다. 또 가상현실 기기로 미리 체험한 에펠탑 광장에 실제 갔을 때나 이미 에펠탑에 갔던 사람이 가상현실 기기로 에펠탑 광장을 다시 경험하는 것, 양쪽 모두 재발견의 즐거움을 선사한다. 가상현실에서 현실을 확인하고, 현실에서 가상현실을 확인하는 셈이다. 현실에서 한 경험을 가상현실에서, 가상현실에서 한 경험을 현실에서 하는 상호 경험의 즐거움이다.

가상현실이 인공지능과 만나면

가상현실은 앞으로 인공지능과 만날 것이다. 그리고 가상현실 안에서 인공지능으로 만들어진 가상적 인간과 만나 관계를 맺게 된다. 1993년에 '가상적 인간Personne Virtuelle' 개념이 이미 제시된 바 있다. 이 관계에 대한 사회학적·정치학적 접근이 필요하다. 가상적 인간은 단순한 이미지가 아니다. 그것과 관계를 맺는 인간이 실제 감정을 느끼게 된다면 그 가상적 인간은 그 인간에게 어떤 존재인가? 이 관계는 인간의 정체성을 어떻게 바꿔놓을 것인가? 이것이 가상현실이 인공지능과 만날 세계에서 던져야 하는 중요한 질문이다.[6]

미래는 더 나아질 것인가

가상인간은 디지털화된 인간의 모습으로 보여진다. 물론 형상화된 육체가 반드시 필요하지 않다. 영화 〈허Her〉에서의 사만타는 형체는 없지만 현실의 인간과 관계를 맺으면서 자신의 정체성을 변화시켜나 간다. 다만 최근 발전하고 있는 가상현실 기술은 가상적 인간도 인간 처럼 사고하고 느끼면서 동시에 인간의 육체를 형상화하는 방향으로 진화하고 있다. 만일 〈허〉에서 주인공이 책의 모양을 하고 있는 사만 타가 아니라 실제 목소리의 주인공인 스칼렛 요한슨Scarlett Johansson 얼굴 의 가상적 인간과 관계 맺는다면 더 매력적일 것이다.

곧 인공지능을 갖춘 가상적 인간들이 가상현실 속에서 우리에게 '실재 경험'을 하게 해줄 것이다. 가상현실 속 가상적 인간과의 관계는 현실에서 고립된 현대인들에겐 매력으로 다가온다. 래니어는 왜 가상 현실에 몰두했느냐는 질문에 자신이 처한 비참하고 우울한 현실을 잊 기 위해서라고 답했다. 점점 우울해지는 현실과 마주한 한국 사회 구 성원(특히 한국의 청년세대, 1인 가구)은 새 기술을 토대로 가상현실의 현존감을 크게 높인 공간 안으로 들어가고 싶을 것이다. 현재 한국은 끝이 보이지 않는 경쟁, 청년실업, 고령층 빈곤화, 계층 양극화, 미세 먼지, 자살률 1위의 키워드가 지배하는 대단히 우울한 현실 속에 놓여 있다. 아름답고 멋진 가상현실로 들어가고픈 욕구는 이에 비례해서 커질 수밖에 없다.

가상현실 공간이 확산되면 인간은 그 공간에 존재하는 다른 가상 적 존재와 관계를 확대하게 된다. 인간의 사회적 관계는 다른 인간과 의 관계에서 만들어지지만 가상현실에선 인간이 직접 그 안으로 들어

| 그림 3 | **가상현실 안에서 가상 인간들과의 관계맺음이 가져올 수 있는 변화**

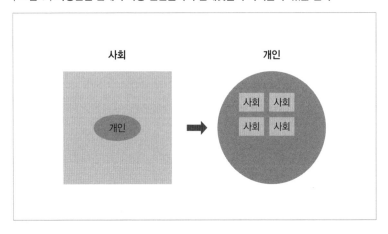

가 가상현실 내에 존재하는 다른 존재(그래픽으로 구현됐으나 현존감을 가진)와 관계를 맺는 것이 가능해진다. 그리고 이는 인간의 사회적 관계와 관계에서 형성되는 정체성에 큰 변화를 몰고 온다.

'나'는 이제 현실에서 군이 관계를 맺어야 할 필요성을 느끼지 못할 수도 있다. 이미 현실 속 인간관계가 점점 고립과 경쟁으로 점철되고 실업 등의 현실적 조건 때문에 혼자 살 수밖에 없는 사람이 늘어가는 상황에서 개인은 가상현실 안에서 가상적 인간들과의 감성적 관계에 만족할 수 있다. 이렇게 되면 지금까지 오랜 기간 당연시돼온 인간관계와 사회에 대해 근본적인 검토가 필요하다. 한 개인이 친구, 동료로 이뤄진 사회 속에 존재했다면 이제는 한 개인 속에 다양한 친구, 동료가 각기 다른 관계를 맺는 여러 사회가 구현되는 셈이다.

2016년은 인터넷, 소셜미디어, 스마트폰으로 진화해오던 정보사회

미래는 더 나아질 것인가

가 가상현실과 인공지능으로 바뀌는 원년이다. 이 변화의 뒷면에는 항상 이윤의 끊임없는 증식을 위해 없던 욕망을 만들어내려는 거대 자본기업들이 있다는 사실을 간과해서는 안 된다. 새 기술이 가져올 엄청난 사회적 파장을 대비하지 못하면, 기업의 이윤만 늘려주고 인간은 디스토피아에서 생존을 위해 허덕일 수도 있다. 이것이 더 늦기 전에 가상현실이 가져올 인간의 사회적 관계와 정체성 문제에 대해 미리 고찰해야 할 이유다.

킬러 콘텐츠 개발에 나선
교육과 문화

최근 가상 기기 업체인 오큘러스를 세계 최대 소셜네트워크 기업 페이스북이 23억 달러란 엄청난 금액에 인수하면서 가상현실에 새 바람이 불기 시작했다. 과거에도 PC를 기반으로 가상현실 바람을 일으킨 세컨드라이프Second Life와는 차원이 다른 기기와 콘텐츠, 서비스를 제공하고 있다. 이후에 일어난 HMD를 중심으로 구글의 카드보드, 삼성의 기어 가상현실, HTC의 바이브, 소니의 플레이스테이션 가상현실 등 다양한 가상현실 기기들의 경쟁이 가격과 성능을 자랑하며 급격히 성장했다.

특히 중국 제품은 특별한 기술 장벽이 없는 HMD를 쉽게 제조해 1대당 20~30만 원 하던 기기들을 2~3만 원 대에 공급하고 있다. 중국

가상현실 개발 업체 폭풍마경이 그 대표적 예다. 이런 현상은 하드웨어에서 콘텐츠, 서비스 경쟁으로의 변화를 예고한다. 어떤 IT 산업도 초기엔 하드웨어가 성장하고 이어 콘텐츠나 서비스 그리고 각각의 생태계로 성장하는 프로세스를 밟는다.

100만 원 대의 스마트폰과 달리 낮은 단가의 가상현실 HMD 기기로는 기업의 매출과 순이익을 유지하기 어렵기 때문에 콘텐츠와 서비스 경쟁은 불가피하다. 때문에 지금 가상현실이 성인 콘텐츠와 게임, 스포츠, 교육, 의료 콘텐츠로의 개발과 확산에 한창 열을 올리는 건 당연하다. 여기서는 이제 막 폭풍 성장의 출발선을 지난 가상현실 기술과 산업에 대해 이야기하면서 인터넷에 난무하는 시장 규모 예측이나 동향을 언급하기보다는 미래에 일어날 가능성이 있는 것, 특히 가장 고차원적인 교육과 문화의 가상현실에 대해 알아보고자 한다.

교육과 문화는 가상현실과 어떻게 조우하는가

가상현실은 증강현실 AR(Augmented Reality)과 함께 몰입을 위한 교육과 영화, 전시, 테마파크 등 수준 높은 콘텐츠나 서비스를 제공하기 적합한 기술이다. 이용자에게 몰입감을 주기 위해 HMD와 촉각장갑, 웨어러블 등 주변 도구가 가상현실을 실제의 현실처럼 받아들이게 해준다. 이를 통상 4D 가상현실이라 부른다.

초기 가상현실은 단순 체험에 머문다. 가상세계를 보며 자신의 아바타를 통해 게임이나 오락, 군사 작전이나 건축을 하는 데 이용됐다.

예를 들어 세컨드라이프는 가상공간에서 다른 삶을 살고자 하는 이용자에게 상상 속의 아바타를 통해 새로운 경험을 구현시켜 신선한 반향을 일으켰다. 그러나 세컨드라이프는 새롭다는 점이 부각돼 일정시간 성공했지만 현실감과 몰입도가 낮아 상업용에 한계를 노출하며 결국 시장에서 사라졌다.

스마트폰의 상용화는 우리에게 너무 큰 변화를 몰고 왔다. 스마트폰의 고급화로 가장 크게 변화된 영역이 가상현실이다. 네트워크의 속도 개선과 콘텐츠의 질적 향상으로 시간이 흐를수록 가상과 현실의 구별이 어려워지는데, 이는 현실과 결합된 증강현실에서 더욱 크게 부각되고 있다. 최근 설립된 미국 스타트업 매직립은 게임이나 교육과 관련해 더욱 현실감이 뛰어난 콘텐츠를 생산하고 있다. 이 회사는 중국의 알리바바, 미국의 구글과 퀄컴, 벤처캐피탈 등으로부터 투자 제안을 받고 있다.

이런 투자 열의는 2018년 5G의 구현으로 네트워크 속도가 크게 개선될 것이란 기대와 맞물려 있다. 최근엔 군사와 교육, 헬스케어, 의료, 패션과 관광, 전자상거래와 스포츠, 영화와 공연 등에서 다양한 콘텐츠와 서비스가 질적·양적으로 성장했다. 특히 성인물을 제외한 교육과 스포츠, 의료와 공연에서 더욱 많은 시도가 이뤄지는 건 이쪽이 시장 규모가 크고, 선진국형 산업이며, 아직까지 절대 강자가 없는 분야이기 때문이다. 그런 면에서 앞으로 더욱 중요해질 시장인 가상현실에 대해 교육이나 문화 측면에서 이뤄질 논의가 절실하다.

가상현실이 집중력과 몰입도 높인다

교육은 황금알을 낳는 시장이며 해가 지지 않는 비즈니스다. 인류에 있어서 가장 중요한 문명 발전의 기초가 된다. 그런 면에서 교육은 가장 보수적이며 변화 없는 시장이다. 인류가 교육을 시행한 이후 가르치는 자와 배우는 자 사이에 지식을 전달하는 기본 골격은 변하지 않았다. 이렇게 오랜 역사를 가진 고전적 시스템이 교육인구의 증가와 다양한 요구에 따른 다변화된 분야가 생기며 도태하게 됐다. 따라서 동영상 기반 지식 전달 교육에서 이동한 경험 위주의 가상현실 교육은 파격적인 지식과 경험을 전달할 수 있는 최고의 기술이며, 상상을 초월하는 신산업으로 자리 잡고 있다.

최근 3차원 영상처리 기술과 하드웨어의 발달, 네트워크 속도, 그래픽 강화에 힘입어 가상현실은 실감형 교육을 모토로 연평균 25.8퍼센트 고속 성장 중이다. 이러닝E-Learning이 모바일 러닝M-Learning으로 그리고 로봇을 이용한 알러닝R-Learning, VR러닝으로 변하며 교육의 수준이 급격히 증가하고 있다. 가장 최근에 시연된 마이크로소프트의 '홀로렌즈'를 이용한 의료와 설계, 게임 적용은 놀라움 자체였으며 그 응용 사례는 무한정 늘어나고 있다. 최근 개발자용 소프트웨어 개발 키트SDK를 개방하고 개발자들에게 홀로렌즈를 제공하고 있기에 가능한 일이다.

통상적으로 가상현실을 이용한 교육은 전통적인 교육에 비해 2.7배의 효과를 보이며 집중력이 100퍼센트 이상 향상된다. 이처럼 집중력이 높아지는 건 가상현실을 통한 몰입도 외에도 사용자를 위한 맞춤형 교육을 하기 때문이다. 가상현실 교육에 대해선 오픈심 전문 잡지

〈하이퍼그리드비즈니스*Hypergrid Business*〉가 소개한 다섯 가지 미래 교육
의 변화 내용을 인용해볼 만하다.

1. 가상교실에서의 협력은 학습자의 사회적 결속을 증진한다.
2. 현실에서 불가능한 것들이 가상현실에서는 가능하다.
3. 가상게임 기반의 경험은 학습자의 학습 동기를 증진한다.
4. 가상현실은 보상에 대한 새로운 접근을 알려준다.
5. 가상플랫폼과 헤드셋은 기존 교육의 경계를 깨고, 창의적 학습
   의 새로운 도구가 될 것이다.

이처럼 가상현실을 통한 교육이나 체험은 현존하는 최고의 교육적
효과를 나타내기에 전 세계 여러 나라뿐 아니라 각 기업에서 앞다퉈
도입하고 있다. 그러나 가상현실 교육이 모두 긍정적인 것만은 아니
다. 전통적인 교육과의 충돌은 불가피하며 교육에 관한 법과 제도가
가상현실 교육에는 적합하지 못할 수도 있다. 또 숙련을 위한 교육이
아닌 인성을 다루는 인문학 교육엔 한계를 보일 것이다. 무엇보다 더
욱 발달된 기술과 인프라로 현실과 가상을 구분하지 못하는 삶의 위
험성이 있다.

최근 들어 아이돌 공연이나 스포츠 경기를 360도로 관람하는 영상
들을 자주 보게 된다. 360도 영상 촬영을 통해 영상 합성으로 다양한
각도에서 보면 관람 주체가 주인공의 위치에서, 실제 공간에 위치하고
있는 느낌이 든다. 2015년 록밴드 '더 기프트*The Gift*'가 20주년 기념

미래는 더 나아질 것인가

| 표 1 | **가상현실·증강현실 교육, 훈련, 공연 체험의 예**

주관기관	가상현실·증강현실 체험과 훈련, 교육
카네기멜론대학	도시설계
툴레로대학	해부학, 신체 체험 프로그램
알레르타대학	재활 경험, 휠체어 경험
싱가폴 난양폴리텍대학	가스터빈공학교육
카타르 도하	2022 월드컵 가상건축설계
BMW	자동차 수리 가상현실·증강현실 프로그램
LA 필하모니	필하모니 공연 중계
코카콜라	오큘러스용 축구경기 체험
일본 홈즈	가상현실 부동산 매물 내부 확인
노르웨이 육군	전차병 훈련 가상현실 프로그램
영국 폴렉스텍컨설팅	원격 진료
발렌티노	가상 박물관
CNN	미국 민주당 대선후보 토론 중계

자료 : 김선빈 외, 《대한민국 정책지식 생태계》, 삼성경제연구소, 2007.; 서용석, 《싱가포르의 행정과 공공정책》, 신조사, 2010.; 서용석 외, 《영국의 행정과 공공정책》, 신조사, 2010.

콘서트를 기어 가상현실로 생중계한 이후 많은 문화공연이 이 방식을 시도하고 있다.

분야는 다르지만 이와 유사한 스포츠 시장을 보자. 다른 국가에 비해 큰 시장을 형성하고 있는 미국의 경우 다양한 스포츠 방송의 중계 시도가 가상현실로 이뤄져 스포츠의 킬러 콘텐츠적 가능성을 보여준다. 농구나 축구, 야구, 골프, 자동차경주 등이 녹화 중계 또는 생중계

| 그림 4 | MWC 2016에서 전시된 KT의 평창 올림픽 대비 가상현실 영상 시스템

자료 : 최재홍 페이스북

로 시도되고 있으니 빠른 시일 안에 보편적인 콘텐츠로 자리매김할 것 같다.

우리나라는 2018년 5G 시범 서비스를 평창 올림픽에서 첫 실행한다. 가상현실이 원활히 구현될 수 있도록 네트워크와 단말이 발달되면 현재보다 더욱 선명하고 몰입감을 주는 문화공연이나 스포츠 중계가 가능해질 게 틀림없다. 그 점에서 2016년 바르셀로나에서 열린 모바일월드콩그레스MWC에서 주관 사업자인 KT가 제안한 가상현실을 이용한 가상체험과 영상 시스템(평창 서비스)은 의미가 크다.

경험할 수 없는 영역까지 경험하라

미래 전망이 밝다고 이야기한다면, 이는 대단히 무책임한 태도다. 우리에게는 총론보다 각론이 필요하다. 어떤 분야에, 어떻게, 언제, 무엇이 밝을 것인가가 중요하다. 가상현실은 2013년 오큘러스가 페이스북에 인수되면서 관심이 고조됐고, 이를 계기로 많은 사업자들이 뛰어들었다는 점에서 전형적인 공급자 주도형 산업이다. 그럼에도 사용

미래는 더 나아질 것인가

자 환경을 다양하게 제공하면서 훈련을 통한 교육, 의료, 게임, 관광 및 전시, 광고 등에 다양한 응용 가능성을 제시하고 있다. 그렇기에 사용자들이 소비하는 시간과 비용은 꾸준하게 늘어나고 있다. 편리하고 이질감이 줄어들고 충분하게 몰입할 수 있는 기기와 콘텐츠가 증가한다는 것이다.

이처럼 다양하고 값싼 기기와 5G의 네트워크, 몰입감을 주는 게임이나 콘텐츠는 초기엔 사업자 주도형 가상현실 산업이었다. 하지만 시간이 흐르면서 자연발생적인 가상현실 생태계를 구성하게 돼 가상현실 산업으로 규모를 갖춰갈 것이다. 또 서비스나 기기 관련 소프트웨어 개발 키트를 공개함으로써 제삼자의 참여를 유도하고, 활발한 인수합병으로 관련 생태계가 활성화되니 가상현실 산업에 대한 미래가 밝다고 이야기할 수 있다.

국내에서도 2010년 한국과학기술연구원KIST이 '실감교류 인체감응 솔루션 연구단CHIC을 설립해 현실과 가상이 구분되지 않는, 실감 있는 공간을 만드는 연구를 진행 중이다. 또 한류 동영상으로 유명해진 360도 동영상 기반의 가상현실에 촉매가 돼 유튜브와 페이스북, 개인 방송 등에 유용하게 이용되고 있다. 이런 영상은 다중채널 네트워크의 성장과 함께 동반 성장하는 모양새다.

2016년 6월 KT가 가상현실 음악을 시작하면서 쇼케이스, 뮤직비디오 100여 편을 제작해 서비스(지니 가상현실)를 개시한 것도 같은 맥락이다. 이 영상은 가상현실 HMD를 장착하고 음악과 공연, 스타의 녹음실 등을 보여준다. 해외에서 이미 활발하게 이뤄지는 기업 간 기술개발과 응용 그리고 영상을 기반으로 하는 국내의 360도 가상현실의 콘텐츠 개발 등은 모두 초기적 형태다. 우열을 가리기보다는 교육과 문화뿐 아니라 다양한 형태의 실험을 하고 있다고 보는 편이 정확하다.

5G 시대가 오면 현재보다 가상현실 기기와 콘텐츠, 서비스는 지금보다 발전될 게 자명하다. 단순히 속도만 개선돼도 실시간 공연이나 스포츠 중계에서 시간지연이나 끊김 등의 현상이 없어지고 현실감은 높아질 것이다.

최근 알리바바의 가상쇼핑몰 구현이 중국에서 실행될 예정이라고 보도됐다. 자체 개발한 가상현실을 이용한 '바이플러스'라고 불리는 도구를 사용한다고 한다. 미국에서 구글은 증강현실로 다져진 구글글래스에 웨어러블과 증강현실을 결합해왔고, 초기엔 카드보드 같은 보급형 가상현실 HMD를 만들어냈다. 이는 하드웨어가 아닌 운영체제와 콘텐츠, 서비스에 승부를 걸겠단 의미며, 가상현실 산업과 시장을 한 차원 격상시키려는 시도다. 발표에 의하면 구글은 크롬 운영체제에 웹 가상현실을 붙인 '가상현실 셸Shell', 즉 어떤 웹사이트도 가상현실로 볼 수 있는 서비스를 2016년 가을 오픈소스로 공개한다고 한다. 물론 모든 웹사이트를 가상현실로 볼 수 있다는 건 아니다. 기본적으로 가상현실 콘텐츠는 제작할 때부터 가상현실을 고려해야 하기에 모든 웹을 가상현실로 바꾸는 것으로 오해하지는 말아야 한다.

삼성의 기어 가상현실이나 LG 360, 또 고급형인 노키아의 오조OZO와 같은 가상현실 영상기기 단말기 가격은 급격히 떨어지며 저가의 보급형이 쏟아져 나온다. 한 번의 사진 촬영으로 스티치가 되는 소프트웨어 기술도 탁월하게 진보하고 있다. 이런 정황들로 보면 가상현실은 더욱 생생하고 실감나면서, 가상과 현실을 구별하기 어려운 정도까지 발전할 게 틀림없다. 성숙도에 있어서도 곧 다가올 5G 시대와 잘 맞는 조합이다. 바야흐로 관람이 아닌 체험의 시대다.

가상현실 시장은 현재 공급자가 주도하고 있다. 세계 유수 제조업체, 소셜미디어 업체, 검색 업체가 모두 선두에서 달리고 있다. 그렇다고 그 산업이 성공가도를 달리는 한 축이 될 것인가에 대해서는 아직 증명된 바 없다. 다만 현재 운영체제에서, 콘텐츠에서, 서비스와 다양한 기기에서 동시다발적으로 모든 사업자가 명운을 걸고 뛰고 있을 뿐이다. 중요한 것은 고객의 경험치가 상승하면서 가상현실이 많은 응용 분야에 도입되며 그 효과를 인정받고 있다는 점이다. 교육과 문화뿐 아니라, 우주, 항공, 의료, 건축, 여행, 군사 등 모든 분야까지 확장되고 있다.

가상현실은 인간이 아직 경험해보지 못했거나 비용이나 위험성 때문에 경험할 수 없는 영역의 경험까지도 제공한다. 즉 인류의 경험 차원을 한두 단계 올려준다. 누구도 인류의 새로운 경험을 통해 나올 수 있는 산출물에 대해서 언급한 적은 없지만 짐작컨대 상상을 초월할 것이다. 바로 이것이 기존에 없던 산업과 신인류를 맞이할 기회가 가상현실에 있다고 믿는 까닭이다.

가상현실이
범죄에 사용된다면…

당신의 눈앞에 빨간 약과 파란 약이 놓여 있다. 파란 약을 선택하면
이제까지 가상현실을 진실로 믿고 살아왔던 대로 계속 가상현실 속에
서 살게 된다. 빨간 약을 먹으면 가상현실에서 벗어나 진짜 삶을 마주
할 수 있다. SF영화 〈매트릭스〉의 장면이 수십 년 안에 실현될 것 같
다. 급속도로 진행되는 가상현실 기술의 발전으로 진짜 현실과 가상
현실을 구별할 수 없는 시대가 임박했다.

빨간 약과 파란 약, 현실 같은 가상현실 시대

필자는 핀테크 기업 투자 유치를 위한 법률 자문을 위해 2016년 2월

미래는 더 나아질 것인가

스페인 바르셀로나에서 열린 세계 최대의 모바일 전시회인 모바일월드콩크레스에 참석했다. 현장에서 목도한 새 기술의 화두는 가상현실이었다. 삼성전자를 비롯 LG전자, HTC 등 유수한 스마트폰 제조사가 모두 가상현실과 관련한 서비스를 제공하고 있었다. 가상현실은 2016년 정보통신기술 산업의 최대 이슈 중 하나로 업계 선두주자들이 가상현실 기술에 대한 투자를 확대하며 생태계를 구축해나가고 있다. 페이스북이 2014년 3월 오큘러스 가상현실을 인수했고, 저커버그가 '몰입형 3D콘텐츠가 명백히 영상 이후의 차세대 콘텐츠가 될 것'이라 선언한 점도 주목할 만하다.

사실 가상현실 기술은 최근 들어 새롭게 등장한 게 아니라 1950년대부터 시작됐으며, 이 기기를 구성하는 일부 요소는 이미 1860년대부터 그 개발의 흔적을 찾아볼 수 있을 정도로 오래됐다. 그간 대중화되지 못하다가 최근 정보통신 관련 기술의 발전으로 급속히 확산 일로를 걷고 있는 것이다.

통계 포털사이트 스타티스타에 따르면 2020년 가상현실 하드웨어 시장 규모는 52억 달러, 가상현실 소프트웨어 시장 규모는 245억 달러로 추산된다. 삼성의 기어 가상현실은 2016년 500만 대 이상의 매출이 예상되는 등 가상현실 기기를 실제로 구매하는 이용자 숫자도 급증하고 있다. 미래창조과학부와 한국가상현실산업협회는 2020년 국내 가상현실 시장 규모가 5조 7000억 원에 이를 것으로 전망한다. 국내 기업인 삼성전자와 LG전자가 가상현실 산업의 하드웨어 시장을 주도할 것으로 보이지만 소프트웨어 시장은 아직 발전이 미미하다.

그럼에도 가상현실 콘텐츠는 게임, 스포츠, 헬스케어, 교육 등 다양한 분야와 접목될 가능성이 많은 전도유망한 시장이다. 이미 존재했지만 대중에게 호소할 콘텐츠 부족으로 인해 개발이 늦어졌던 점을 보면 가상현실에서 하드웨어와 소프트웨어가 균형을 이루며 지속가능한 생태계를 만들어가는 게 얼마나 중요한지 실감한다. 최근 정부도 '문화와 정보통신기술 융합을 통한 콘텐츠 신시장 창출 간담회'를 통해 가상현실 생태계의 중요성을 인식하고 관련 플랫폼과 콘텐츠 창출을 위해 힘쓰고 있다.

가상현실은 영상 이후의 차세대 콘텐츠로서 우리 생활 깊숙이 자리할 것이다. 산업, 경제, 문화, 사회 등 전반적인 분야에 구체적으로 어떤 영향을 미치게 될까? 영화 〈매트릭스〉에서처럼 빨간 약을 먹고 각성해야지만 현실이 아님을 인지할 정도로 가상현실을 현실과 구분할 수 없게 되면 어떤 일이 생길까?

우선 가상현실 기술이 활성화되면 소비자의 직접 경험을 가상현실을 통한 경험으로 대체하게 돼 항공, 관광 등 산업이 타격을 받을 것이다. 중국 알리바바그룹의 여행서비스 플랫폼인 '알리트립'은 이미 가상현실 기술을 도입해 소비자가 호텔 객실을 예약할 때 기기를 통해 객실을 둘러본 뒤 결정하게끔 하고 있다. 오감을 통해 생생하고 자연스러운 경험을 할 수 있도록 가상현실 기술이 발전하면 호텔 객실 예약 서비스를 넘어 호텔에 숙박하는 경험 자체를 가상현실로 대체할 것이다.

또 가상현실 기술이 실생활의 일부가 되면 이제까지 평면의 월드

미래는 더 나아질 것인가

와이드웹Flat World Wide Web이 음악, 여행, 쇼핑 등의 산업에서 소비자의 선택에 영향을 미친 것처럼 경제의 수요 및 공급 판도를 뒤흔들 수 있다. 인터넷, 월드와이드웹은 다양한 산업 분야와 경제 흐름에 지대한 변화를 불려왔지만 쇼핑에 비해 부동산, 교육 산업에는 그다지 큰 영향을 미치지 못했다. 가상현실은 소비자가 모든 시장 요소에 입체적으로 접근하게 해 경제의 판도를 바꿀 것이다.

뿐만 아니라 문화 콘텐츠에 가상현실 기술을 적용하면 소비자가 보다 풍부하게 감상할 수 있다. 연극 같은 무대예술에 가상현실 기술을 접목해 관람객의 몰입감을 높이는 식이다. 2015년 10월 국립과천과학관이 선보인 석굴암 가상현실 체험관에선 관람객이 직접 걸어서 석굴암 내부를 탐험했다. 이는 저널리즘까지도 확장된다. 기자의 관점으로만 이야기를 전달해온 기존 방식을 깨고 다양한 각도에서 스토리를 전개하는 가상현실 저널리즘이 가능해진다.

새 제도 도입, 지켜보며 숙의할 시간 필요

한편 가상현실 기술의 대중화로 인해 발생할 부작용도 만만치 않다. 폭력이나 포르노에 무방비로 노출되고 인간의 존엄성이 파괴되는 윤리 문제가 발생할 수 있다. 구체적으로 의사소통 부재와 인간 소외, 현실 부적응 현상이 우려된다. 가상현실에선 비윤리적 행위를 해도 양심의 가책이나 죄의식을 느끼지 못할 수도 있다.

가상현실에 대한 법적 규제가 가능한지 여부, 가상현실의 일상화 때문에 발생하는 문제를 규제하는 새로운 법률이 필요한지 여부, 어떤 법률을 통해 규제할지 등 다양한 논의가 가능하다. 가령 진짜 현실과 가짜 현실을 구별하지 못하게 되면 범죄가 발생할 수 있고, 가상현실에서 범죄를 저지르면 그 범죄를 처벌할 수 있는지 등에 대한 도덕적·법적 문제가 야기될 것이다.

우선 가상현실을 법적으로 규제할 수 있는지부터 살펴보자. 가상현실은 인공적 기술을 활용해 구축된 실제와 유사하지만 실제가 아닌 인공 환경을 말한다. 인간의 상상 속 현실 같은 가상현실에 대해 법적 규제를 가하는 건 인간의 사고를 법적으로 규제하겠다는 것과 크게 다르지 않다. 진짜 현실에 실재하지 않는 가상현실에서의 행위가 현실에서의 범죄 발생으로 연결되지 않는 이상, 행위 자체에 대한 법적 규제는 현실적인 난관에 부딪힐 것이다. 결국 불법이거나 유해한 가상현실 소프트웨어 내지 콘텐츠를 개발한 개발자에게 그 법적 책임의 소재를 묻는 방식이 되지 않을까 싶다.

가상현실을 법적으로 규제할 수 있다 하더라도, 가상현실에서 일어난 각종 범죄사건 당사자의 국적이 다를 경우 어느 나라가 관할권을 갖느냐도 문제다. 두 나라의 법이 다르면 어떻게 조정해야 할까? 명예보호에 관한 범죄인 경우 대부분의 선진국은 형사처벌을 하지 않는 반면 우리나라는 명예훼손죄를 처벌한다. 이럴 때 어느 국가의 관할권을 인정하느냐에 따라 처벌 여부가 달라진다.

다음으로 가상현실을 규제하기 위한 새로운 법의 필요성을 보자. 가상현실이라 해서 법률 문제를 전면적으로 재편할 필요는 없어 보인다. 규제당국은 새로운 현상은 새 규제를 도입해 해결하려는 경향이 있으나 지켜보며 숙고할 기간도 필요하다. 가상현실이 우리 생활에 미치는 변화가 무엇인지 보고 느낀 다음에야 문제점을 파악할 수 있다. 무작정 새 규제를 도입하기보다는 충분한 시간을 갖고 문제점을 숙고해 기존 규제를 개정해나가는 편이 바람직하다.

가상현실로 인한 법적·윤리적 이슈 중 뜨거운 감자는 포르노그래피다. 가상현실로 포르노그래피가 제작될 경우 성性과 관련된 폭력적인 행위가 정당화될 수 있다. 또 가상현실에서 사용자의 행위가 현실 속 성범죄 결과로 이어질 가능성을 배제할 수 없다. 경우에 따라 결과의 발생이 애초에 불가하나 위험성이 있는 경우 처벌하는 범죄인 불능미수로 볼 수 있다. 가상현실에서의 행위이기 때문에 범죄 행위의 위험성조차 없는 것으로 간주해 불가벌적 불능범으로 판단할 소지도 있다.

가상현실에서 사용자의 행위로 인해 현실에서의 범죄 발생이 가능하며 위험성도 존재한다면, 관련 법령에 따른 책임을 부담할 수도 있을 것이다. 가상현실에서 상대방이 원치 않는 가상 신체 접촉을 통해 성적 수치심이나 혐오감을 준 경우 이를 처벌해야 하는지 등 다양한 문제도 생길 수 있다.

이뿐 아니다. 가상현실에서 유명상표나 상호를 도용해 표시하면 지식재산권 침해로 볼 수 있느냐 하는 것도 문제다. 일반인은 볼 수 없고 특수 장치를 써야만 보이는 가상현실 안에서 지식재산권의 침해가 발생한단 사실이 생소하지만, 조만간 서비스가 상용화되면 가상현실

내에서도 법적 이익 침해가 있다는 인식이 보편화될 것이다. 또 특정인의 외관을 이용해 아바타를 만들어 활용하면 초상권 침해가 되며, 타인의 초상권을 그가 전혀 원하지 않는 목적으로 무단 사용한다면 명예훼손과 함께 손해배상을 해야 할 수도 있다.

한편 가상현실 기술의 일상화로 간편 결제수단이 가상현실에도 적용돼 금융회사나 핀테크회사가 여러 가지 서비스나 상품의 거래를 중개할 것이다. 그리고 너무나 간편해진 지급 결제 방법 때문에 순간적으로 금전적 손실을 입을 수도 있다. 전자상거래 사기를 당해 큰 손해를 본 경우 가상현실 서비스 플랫폼이 이를 예방할 수 있었는지에 대해선 좀 더 면밀한 법률 검토가 필요하다.

1인 미디어 시대가 도래하면서 콘텐츠 제작이 대중화됐다. 무엇보다 실제 현실 같은 자연스런 가상현실을 구현하기 위한 고화질 디스플레이 기술이 개발되고 모션 기술과 위치정보 기술, 컴퓨팅 기술과 네트워크 기술의 발전으로 실제 현실 같은 가상현실의 표현이 가속화되고 있다.

영화 〈매트릭스〉 속 인간의 감각기관에 연결된 센서들을 통해 제공되는 광대한 가상현실이 실제 현실화되는 시대가 생각보다 빨리 도래할지도 모르겠다. 더구나 다가오는 가상현실 시대가 영화처럼 빨간 약을 먹어야만 현실이 아님을 인지할 수 있는 시대라면 어떻게 될까? 가상현실과 인공지능 기술이 결합하면 미래의 모습이 어떨지 예측하기 점점 어려워진다.

현 시점에서는 우선 가상현실 규제에 대해 다양한 분야에서의 다각화된 윤리적·법적 담론을 마련하는 장이 마련돼야 할 것이다. 새로운 법률을 숙의 없이 무작정 도입하기보다는 현상을 바라보되 앞서가지 않는다는 원칙을 지키면서 가상현실 시대에 적합한 법 규제를 갖추는 게 바람직하다.

실제처럼 생생하게, 시장 선점의 조건

가상현실이 빅데이터, 사물인터넷과 더불어 머지않은 미래에 우리 생활을 크게 바꿔놓을 기술로 회자되고 있다. 관련 상품, 기술, 서비스가 속속 개발돼 선보이면서 관련 시장과 투자 가치에 대한 관심도 뜨거워지고 있다. 가상현실은 말 그대로 사실과 비슷한 가짜를 만들어내는 기술이다. 좀 더 쉽게 설명하자면, 명품 시뮬레이터 시스템 및 콘텐츠라 할 수 있다.

가상현실 시스템은 다음과 같은 시스템적 혹은 기술적 구성 요소를 지닌다.

• **오감 콘텐츠** : 온몸을 시각, 청각, 촉각, 후각, 역감 등 다양한 채널로

자극하고 표현하는 시뮬레이션 콘텐츠. 콘텐츠는 가상 객체와 그들의 행위 및 오감적 표현, 가상공간에서의 이벤트 그리고 이들이 모두 조직화된 가상환경Scene으로 구현된다.

- 디스플레이·출력기 : 오감 콘텐츠를 사용자 신체로 자극하는 각종 출력 기기를 의미한다(HMD 같은 시각 디스플레이, 3차원 사운드 시스템, 촉각 장치, 로봇을 이용한 역감 제시기, 향 발생기, 몸 전체를 흔들어주는 모션 플랫폼 등).

- 센서·입력기·인식기 : 가상세계에서 사용자의 입력을 실제에서와 비슷한 형태로 전달할 수 있게 하는 각종 센서 및 인식 알고리즘(3차원 추적기, 손·손가락·모션 캡처, 얼굴 표정 인식 등)을 의미한다.

가상현실은 기술적으로 3D게임 기술과 비슷하지만 각 장르가 지향하는 목적에서 중요한 차이가 난다. 1인칭 슈팅 콘텐츠를 만든다고 할 때 가상현실에서는 게임과 달리 실제 그 속에서 '무서워서 움츠리

| 그림 5 | **가상현실 시스템의 기본 구성**

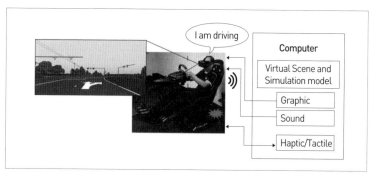

게 되는' 콘텐츠를 만들어야 하고 그에 필요한 자극의 정도, 특정 시뮬레이션, 인터랙션, 디스플레이 기법들을 디자인하게 된다. 가상현실의 주요 목적은 사용자가 콘텐츠 '속'에서 '공간적 실재감'과 '경험감'을 느끼게 하는 것이다.

가상현실의 요소 기술들은 지난 50년간 꾸준히 혁신과 발전을 이뤄왔고, 일부 제한된 영역에서 상용화도 이뤄졌다. 모바일 기기 이후 가상현실은 새로운 형태의 정보 미디어로서 대중화에 성공하고 있다. 여기서는 주요 기술들이 어느 정도까지 발전했고 대중화 면에서 가격대가 얼마만큼 낮춰졌는지 간략히 알아본다.

가상현실의 대중화, 그보다 앞선 문제들

우선 컴퓨터 그래픽스 기술을 살펴보자. 사실적 시각자극 생성 기술은 실제인지 인공적 객체인지 모를 정도의 수준으로 영상 생성이 가능한데 일반인이 사용하는 PC나 모바일 기기에서 충분히 구현할 수 있다. 최근 가상현실의 붐을 일으킨 오큘러스 리프트 몰입형 디스플레이는 그 전 세대 HMD와 비교해 매우 높은 시각적 해상도, 안정적 자세 센싱을 갖춘 것은 물론 파격적으로 낮은 가격에 구입할 수 있다(500달러 이하)는 장점까지 있다. 모바일 기기를 끼워 사용하는 구글 카드보드는 3만 원 이하까지 내려갔다.

청각 자극의 경우 3차원 공간 사운드 기술은 그 활용도가 아주 높은 편은 아니지만 기술 자체가 성숙돼 있고 당장 대중화가 가능하다.

햅틱(역감 제시) 및 촉각 기술은 실제적인 인터랙션을 제공하는 데 중요한 역할을 하지만, 자극 전달 기기(로봇 매커니즘, 모션 플랫폼 등)를 쉽게 설치하고 사용하는 게 불편하고 가격도 비싼 편이다. 이를 보완하기 위해 저렴한 소형 진동기를 써 시청각과 융합 역감이나 촉감을 유도해내는 기술도 개발되고 있다. 후각 자극의 경우 어느 냄새나 합성할 수 있는 시각의 삼원소에 해당하는 구성 요소가 없기 때문에 다양한 냄새를 발생시키기 어렵고, 한번 공중에 뿌려진 향의 여운이 없어지려면 시간이 걸려 적용에 어려움이 많다. 마지막으로 미각은 혀에 약한 전기자극을 주는 자극 제시기가 연구되고 있지만 실용화까지는 먼 것 같다.

한편 센싱의 경우, PC의 마우스처럼 3차원 가상환경에서 x, y, z 축으로의 선형 운동 그리고 회전을 추적할 수 있는 '트래커'가 가장 중요한 센서다. 최근 자이로에 기반한 회전 트래커는 가격이 낮아지고 정확도가 매우 좋아 HMD나 스마트폰에 내장되고 있다. 마이크로소프트 키넥트Microsoft Kinect 같은 깊이 센서, 모션의 립Leap이나 구글 솔리Soli 같은 정교한 손가락 센싱, 그간 눈부시게 발전한 컴퓨터 비전 기술(얼굴 인식, 실시간 모션 캡처) 및 인공지능 인식 알고리즘(표정, 제스처 인식 등)이 사용자의 움직임을 추적하고 해석하는 데 활용되고 있다. 이제는 가격이나 정확도 역시 고급 가상현실 콘텐츠 구축이 가능할 만큼 성숙해졌다.

요약하자면 가상현실 구성에 필요한 최소한의 기술과 경제성은 충분히 확보된 듯하다. 더불어 가상현실 콘텐츠 제작 기술, 소프트웨어,

인간공학적 사용성 연구에서도 많은 진전이 있었고 관련 도구들의 가격 현실화가 이뤄졌다. 모바일 기기 이후 체험감이 극대화된 새로운 미디어를 갈구하게 된 대중의 시대적 요구를 보면 가상현실의 대중화가 임박한 듯하다.

그럼에도 50~100만 원 대의 기기 및 콘텐츠는 여전히 대중에게 부담스러운 가격이다. 더 큰 문제는 HMD의 무게가 400그램 정도로 아직 가볍지 않다는 점이다. 크기나 육중함이 보통 안경의 4~5배 정도며, 파워코드 및 디스플레이 케이블을 연결해야 돼 대중화 장벽을 넘기엔 아직 무리수가 많다. 특히 기존의 PC나 모바일과의 연동 및 통합 플랫폼, 가상현실 콘텐츠 인터랙션 양식 등 일반 사용성 문제를 극복해야 한다.

한편 가상현실의 쓰임새는 여러 분야에서 검증돼왔다. 공포증, 중독증, 정신분열 등 각종 정신질환 치료, 각종 교육이나 훈련, 원격 현실 기반 회의나 가상 여행, 몰입형 게임 등이 성공적인 적용 사례다. 다시 말해 오감을 모두 동원하지 않더라도 해당 분야에 중요한 콘텐츠 요소에 집중해 현실감을 최대한 높이고, 사용자가 상호작용 중 실재감을 느낄 수 있다면 효과를 거둘 수 있다.

가상현실 기술의 대중화를 더욱 가속화할 기술로 360 몰입형 비디오를 꼽을 수 있다. 기존 시각적 경험을 몰입화한 형태의 가상현실로, 이것만으로도 생생한 경험감을 제시할 수 있다. 여러 회사에서 이미 360 비디오를 획득·저장할 수 있는 카메라를 내놓고 있으며 관련 콘텐츠도 유튜브, 페이스북 등을 통해 대중과 공유하고 있다. 이들을 토

| 그림 6 | **2025년까지 가상현실과 증강현실 응용 분야 및 예상 시장 규모**

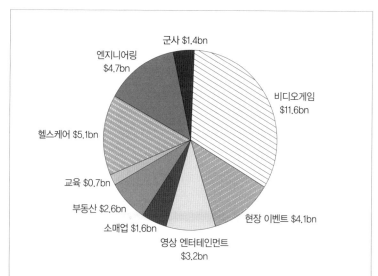

자료 : Goldman Sachs Global Investment Research Report.

대로 진전된 HMD 등으로 감상할 수 있는 에코 시스템이 곧 구축될 전망이다. 이런 움직임은 가상현실 관련 시장을 더 공고히 하고 여타의 기술발전을 가속화할 것이다.

산업적 우위 분야에 전념하면 파급력 커진다

가상현실 기술은 응용 분야가 매우 넓을 뿐 아니라 텔레비전, 게임기, 모바일 기기처럼 대중화된 도구로 확장할 수 있어 산업적 파급력이 상당하다. 이 기술은 체험을 기반으로 하는 미디어 콘텐츠에서부터 교육·의료·시뮬레이션·훈련·정보 가시화·게임·방송·관광 등 엔터테인먼트 산업, 제조·영업·광고 등 산업 기반 기술에까지 폭넓게 응용할 수 있다. 콘텐츠뿐 아니라 몰입형 디스플레이·광학·센싱·인공지능·소프트웨어 산업, 햅틱·촉각 기기 등 요소 기술, 하드웨어·기반 소프트웨어 산업에서도 거대한 시장이 구축될 수 있다.

수년 전 필자는 충남 어느 공군 기지에서 F16 전투기 가상훈련 시스템 시연을 관람한 적이 있는데, F16 전투기 자체보다 시뮬레이터 가격이 더 비싸다는 데 깜짝 놀랐다. 이처럼 기존 시뮬레이터 시장만 고려해도 가상현실이 결합되어 그 가치가 높아지는데, 이 기술과 콘텐츠가 좀 더 대중화된다면 일부 컨설팅회사의 추측보다 훨씬 큰 시장이 열릴 것이 분명하다.

오프라인 시장에 대한 기대감도 크지만 실재감 있는 가상세계가 구축되면 온라인에도 새로운 기회가 많다. 단적인 예로 수년 전 유행했던 온라인 가상세계 '세컨드라이프'를 들 수 있다. 기존 게임과 달리 어떤 미션이 존재하지 않았음에도 불구하고 수십만 명의 사용자들이 그 안에서 다양한 경제 활동을 했고 가상화폐까지 만들었다.

가상현실 분야를 산업적 측면에서 볼 때, 우리나라는 이미 다양한 영역에서 매우 유리한 위치에 서 있으며 여러 핵심 요소 기술에서 세계적 기술우위를 점하고 있다. 오감 입출력 장치 중 시각 영역의 핵심이 되는 디스플레이 기술과 햅틱 기술의 기반이 되는 기계·로봇 제어 기술, 인터랙션을 위한 센서·각종 소자 기술 그리고 상품화를 위한 패키징·소형·집적화 기술까지 높은 경쟁력을 자랑한다. 이런 기존 관련 산업을 기반으로 가상현실 분야에 특화된 더욱 정교하고 경제적 기술을 개발해나갈 필요가 있다. HMD를 위한 고해상도의 초소형 LCD 기술, 증강현실 글래스를 위한 초소형 프로젝터·광학 기술, 3차원 공간 속에서의 정확한 6자유도 센서, 소형 햅틱 장치 등이 대표적이다.

물론 가까운 미래에 가상현실이 대중화되려면 아직은 넘어야 할 중요한 기술적 도전이 남아 있다. 멀미감 해소, 관련 기기의 저렴화, 소형화 및 사용성 확보, 가상현실의 특성에 맞는 콘텐츠 개발 등이다. 특히 멀미감의 해소 및 최소화 문제에 미국, 일본 등 선진국은 현재 기술적 투자를 많이 하고 있다. HMD 속에 눈동자 추적 센서를 장착해 멀미감을 줄이는 방법, 망막에 직접 영상을 투사하는 방법, 홀로그램을 이용한 방법, 영상 시야각을 동적으로 운용하는 방법 등이 그 예다. 우리나라도 지속적인 기술개발과 투자를 통해 이런 기술을 먼저 확보하는 게 매우 중요하다.

앞으로 가상현실은 그 자체로서도 계속 발전할 것이지만 증강현실, 인공지능, 빅데이터, 사물인터넷 등과 융합되어 관련 소프트웨어 기술이 함께 발전해야 하는 과제도 안고 있다. 우리나라는 전통적인 게임 강국이다. 특히 3D 게임은 기술적 기반이 가상현실 콘텐츠와 비슷해 이 분야에서 이미 경쟁력을 갖춘 셈이다. 기존 게임 기술에 가상현실 개념을 적용해 새로운 가치를 창출하고 이를 다른 분야에 접목하는 것만이 갈수록 치열해지는 게임 시장에서 블루오션을 만드는 길이다. 게임을 넘어 경험감이 살아 있고 사용성이 극대화된 가상현실 콘텐츠를 기획하고 제작하려면 사용자 욕구를 이해하는 기술 전문 인력을 하루빨리 양성해야 한다.

앞으로 가속화될 가상현실의 기술혁신, 안정화, 대중화가 가져다줄 가장 매력적인 그림은 뭘까? 아마도 기존 온라인 공간을 넘어선 '내가 육체적으로 들어갈 수 있는' 3D 실감 공간일 것이다. 가령 필자는 직접 악기를 다루지도 즐기지도 못하지만 가상공간에서 연주하는 실감형 콘텐츠를 개발한다면, 컴퓨터 음악 기술을 토대로 가상 카네기홀에서 피아니스트에 빙의해 연주하는 게 가능하다. 이런 가상공간은 방이 3개인 필자의 집에 있는 '제4의 방'이 되거나 혹은 그 이상의 방이 돼 자연스러운 문화 공간이 될 것이다. 이처럼 일상으로 들어온 가상현실은 앞으로 우리가 살아가는 모습을 획기적으로 바꿀 것이다.

미래는 더 나아질 것인가

4장

지식혁명과
미래문해력

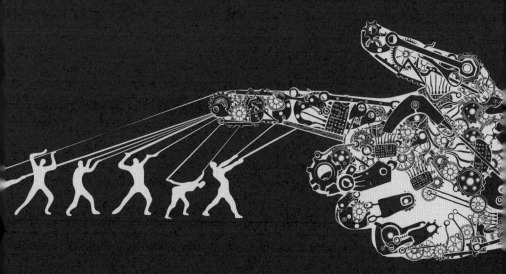

필진 ——————

이두갑 서울대 서양사학과 교수

김석현 전 STEPI 미래연구센터 연구원

서용석 한국행정연구원 연구위원

최항섭 국민대 사회학과 교수

박성원 STEPI 미래연구센터 부연구위원

열린 지식 생태계와
인식의 전환

오늘날 우리는 지식 생산과 보존, 유통 과정의 심대한 변화를 목도하고 있다. 그 기저에는 무엇보다 혁신적인 정보통신기술발달이 자리한다. 2012년 세계경제포럼은 정보통신기술발달로 기술과 사회, 문화의 모든 요소가 연결되는 시대가 온다고 천명했다. 인류 역사상 유례없이 많은 사람이 동시에 전 세계적 규모로 교류하고 협력하는, 네트워크와 기술에 기반을 둔 초연결사회가 온다는 것이다.

세계적 규모의 정보통신 인프라 구축은 지식의 생산·유통·분류·저장에 큰 변화를 추동하고 있다. 이제 전 세계에서 생산된 모든 지식을 저장하고 이들 지식을 만들어낸 문화적·지리적 공간을 압축해 모든 이에게 동시적으로 전달할 수 있게 됐다. 이런 정보통신기술발전은 20세기 후반 지식사회의 등장을 가속화했으며 새로운 지식을 창출하고 있다.

여기서는 초연결 기술이 지식 생산 영역에서 어떤 변화를 일으키고 있는지를 성찰할 것이다. 개별 기술을 중심으로 지식의 생산과 분류 그리고 저장과 유통에 관한 중요한 변화를 살펴볼 것이다. 무엇보다 정보통신기술과 같은 기술적 변화에는 지식의 접근과 유통, 생산에 관한 혁신적이고 참신한 정치적·문화적 사고가 일조했음을 강조할 것이다. 다시 말해 정보통신기술의 확산은 지식의 생산과 유통에 대한 새로운 사고 덕분에 가능했다.

정보통신기술발달이 가져온 지식의 대량화, 민주화, 세계화

지식혁명이라는 용어는 다양한 방식으로 사용되고 있다. 많은 학자들은 정보통신기술발달과 더불어 나타난 다층적 차원에서의 지식 생산과 유통상의 변화를 통칭해 지식혁명이라 말한다. 여기에는 지식사회의 등장에 정보통신기술이 핵심적인 역할을 했다는 공통된 인식이 자리한다. 지식을 처리하는 정보 기술과 이를 전파하는 네트워크 기술이 결합되어 지식의 생산과 유통에 혁신적인 변화가 나타났다는 것이다.

지식혁명의 의의는 무엇보다 지식의 생산·유통 방식에 큰 변화가 나타났다는 데 있다. 정보통신 기기의 발달, 특히 컴퓨터를 통한 정보의 수집·처리·저장이 편리해지면서 지식 생산과 유통 규모가 거대해

| 그림 1 | 정보의 증가와 저장공간의 한계

정보 과부하

생산된 정보량과 저장 가능 데이터 용량(EB)

자료 : IDC

졌다. 프린스턴대학 경제학자 프리츠 매클럽Fritz Machlup은 저서《미국에서의 지식 생산과 유통The Production and Distribution of Knowledge in the United States》에서 지식 산업이 미국 국내총생산GDP의 29퍼센트를 차지하고 있으며 매년 급속도로 확장하고 있다며 정보사회가 왔음을 선언했다. 지식 산업의 성장에서 정보통신기술혁명은 매우 중요한 역할을 했다. 인텔 CEO 마이클 무어Michael Moore가 마이크로칩의 집적도가 18개월마다 2배씩 향상된다는 무어의 법칙을 선언한 후 컴퓨터의 능력은 놀랄 정도로 향상돼왔다.

미국 UC버클리 연구진은 2002년 한 해 동안 생산된 정보량이 미국 국회도서관 크기의 도서관 3만 7000개를 꽉 채울 정도에 이르며 매년 생산되는 정보량이 30퍼센트 증가하는 정보혁명 시대가 왔다고 지적했다. 〈사이언스 *Science*〉는 '정보혁명기'라 불리는 1986년부터 2007년까지 인류가 처리·저장·유통한 정보량을 계량화한 결과 2007년 기준으로 약 295엑사바이트에 달한다고 발표했다. 이는 미국 국토를 13겹의 책으로 쌓아 완전히 덮는 양이다. 더 놀라운 건 정보혁명기 동안 정보처리 능력은 매년 58퍼센트, 저장 능력은 23퍼센트, 유통 규모는 28퍼센트 성장했다는 것이다.

흔히 빅데이터라 불리는 지식 규모의 급격한 성장과 더불어 또 다른 변화는 지식에 대한 접근이 민주화됐다는 것이다. 컴퓨터와 인터넷이 대중화되고 정보의 처리·저장·유통 비용이 급격히 감소하면서 많은 사람이 지식에 보다 쉽게 접근할 수 있게 됐다. 애플, 구글 등이 '지식 기계' 컴퓨터의 대중화와 세계화를 주도하며 정보 산업의 중심으로 부상한 일이 대표적이다. 애플은 특별한 지식 없이도 사용할 수 있는 컴퓨터와 태블릿을 개발하여 컴퓨터의 강력함을 그야말로 만인에게 전달했다. 구글은 케임브리지대학, 하버드대학, 스탠퍼드대학 등 세계 유수 대학이 소장하고 있는 수백만 권의 책을 디지털화하여 이 중 저작권이 만료된 책을 전 세계에 무료로 공개하고 있다.

더 나아가 정보혁명기를 거치며 대중의 지식 생산과 유통 참여도가 지속적으로 확대되는 추세다. 지식 생산의 민주화라 일컬어지는 이런 변화는 무엇보다 지식의 문턱을 낮추고 싶은 대중의 요구를 반영한다. 일반인 참여로 만들어진 온라인 백과사전 위키피디아는 이미

미래는 더 나아질 것인가

| 그림 2 | **지식 생산의 세계화**

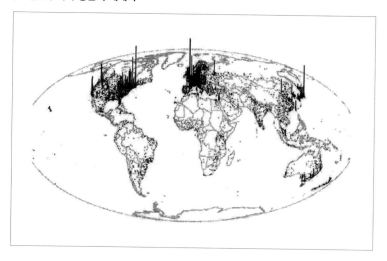

영어로 된 기사만 약 350만 건에 달하며 그 수와 내용이 기하급수적
으로 증가하고 있다. 위키피디아에 저장된 지식은 만인에게 무료로
제공되는데 이는 지식의 생산과 유통에 놀라운 변화를 몰고 왔다.

마지막으로 지식 생산의 세계화 역시 큰 변화다. 20세기 후반 냉전
붕괴 이후 미국과 유럽 이외에도 중국과 인도가 지식 생산의 중심으
로 부각하면서 세계경제와 문화의 중추 역할을 했다.

건국 때부터 지식의 민주적 접근과 확산을 중시한 미국

지식의 생산과 유통에 관한 중요한 변화를 기술적 혁신 중심으로 살
펴봤다. 지식혁명에 정보통신기술의 발달이 중요한 역할을 했지만 지

식혁명을 연구하는 학자들은 지식에 관한 새로운 사고와 인식이 없었다면 지식혁명은 불가능했음을 지적한다. 무엇보다 정보의 처리·저장·유통 기술의 혁신을 도모하려면 사회적 투자가 뒤따라야 한다. 사회 구성원들이 생산된 지식의 유용성과 필요성을 인식하고 사회의 정치·경제 시스템이 정보의 유통·확산·접근의 다양화를 추구해야 한다.

프린스턴대학 사회학자 폴 스타Paul Starr는 우리가 목도하고 있는 지식혁명은 정보통신기술변화와 함께 시작됐으며, 지식에 관한 새롭고 혁신적 사고가 중요한 역할을 했다고 주장한다. 최근 저서에서 그는 지식혁명의 주도국인 미국의 지식 생산·유통과 관련된 정치적·문화적 사고에 주목해 미국이 어떻게 정보사회를 주도하는 나라로 부상했는지 흥미롭게 분석한다.

그는 우선 지식이 한 사회의 정치·경제 시스템에서 유용하게 활용되려면 더 많은 구성원이 수준 높은 지식과 정보를 이해할 수 있어야 한다고 지적한다. 지식을 사용하는 사람들에 대한 교육이 필수적이라는 뜻이다. 사회에서 유통되는 지식의 양이 증가하려면 지식에 대해 자유로운 접근이 가능하고 생산·유통 비용이 낮아야 한다. 교육받은 사람이 늘고 지식 생산과 유통에 관한 기반 시설이 갖춰질 때 창의적이고 유용한 지식 생산과 유통이 가능하다.

미국은 이런 지식의 생산과 유통에 대한 혁신적 사고가 자라고 실현되는 곳이라는 게 스타의 주장이다. 그는 미국 건국 혁명가들은 미국 혁명의 이념을 정립하면서 지식의 정치적·사회적 가치에 대한 미국의 태도를 발전시켰다고 상기한다. 미국은 건국 이후 지식에 대한 생산과 유통의 다양화가 민주주의에 필수적이라는 사고를 바탕으로 이를 실현할 수 있는 정책을 펼치며 지식혁명의 기반을 마련했다.

게다가 19세기 초부터 정부에서 선도적으로 대중 교육을 확대하고 우편국 설립을 통해 책과 신문, 잡지의 유통을 지원해왔다. 책과 신문, 잡지는 다른 우편물처럼 무게에 비례해 비용을 지불하지 않고 정부 보조금을 투입하여 훨씬 저렴하게 유통될 수 있게 한 것이다. 그 결과 미국은 19세기 중반 이미 전 세계에서 문맹률이 가장 낮은 나라로 등극했고 책과 신문, 잡지의 생산과 유통 역시 급격히 증가했다.

스타는 이런 변화를 미국의 첫 정보혁명이라 부른다. 이 기저에는 일반인이 지식에 민주적으로 접근할 수 있어야 자유롭고 창의적인 사회로 발전할 수 있다는 사고가 있었다고 말한다. 여기에 더해 미국이 산업화를 이끌고 정보통신기술 기반 지식혁명을 선도하게 된 배후에는 전신, 전화, 인터넷 같은 정보통신 네트워크에 대한 정부의 지원과 제2차 세계대전 이후 지식 생산과 유통에 대한 연방 정부의 막대한 투자가 있었다. 이는 지식의 생산과 유통의 정치적·사회적 유용성에 대한 특유의 믿음이 없었더라면 불가능했을 일이다.

스타는 정보통신기술을 중심으로 지식사회의 등장과 현재 나타나는 지식 생산 방식의 변화, 지식 유통에 대한 새로운 사고의 근원을 파악하려면, 지식혁명의 기술적 기원을 지나치게 강조하는 기존 논의를 넘어서야 한다고 지적한다. 오히려 정치적·사회적 기원을 인식할 필요가 있다는 뜻이다. 미국이 지식혁명을 주도한 비결은 지식에 대한 민주적이고 열린 제도와 사상의 융합에 있다. 이런 관점은 인터넷 강국 한국이 지식혁명을 선도하지 못하는 이유를 성찰하는 데 도움을 줄 수 있다.

열린 지식 생태계에 대한 비전

흔히 지식혁명을 논할 때 컴퓨터와 인터넷 같은 기술, 도서관과 대학 같은 기관 그리고 지적재산권 같은 제도의 변화를 주된 동력으로 꼽는다. 여기에 더해 지식혁명을 추동하고 뒷받침한 정치적·사회적 사고, 즉 지식의 생산과 유통에 있어서 대중의 참여가 자유롭고 창의적 사회발전에 핵심 역할을 한다는 사고 역시 중요하다. 우리가 정보통신기술을 예찬하기 훨씬 전부터 미국은 지식의 생산과 유통을 전폭적으로 지원해왔다. 이런 정치적·사회적 사고는 지식의 생산과 유통에 관한 기술적 변화를 사회적·정치적·경제적 혁신으로 이끄는 데 중요한 역할을 했다.

미래 지식 창출 패러다임으로의 전환에 관해 많은 실례를 들 수 있지만 우선 빅데이터 전망을 비판적으로 살펴보자. 많은 사람이 빅데이터 시대에 접어들면서 새로운 지식 생산 방식을 목도하고 있다고 주장한다. 다시 말해 정보통신기술의 급격한 발달로 막대한 양의 정보를 수집하고 처리해 사회와 인간 행동에서 새로운 패턴을 발견하고 전혀 예측하지 못했던 새로운 지식을 발견한다는 것이다.

하지만 빅데이터 시대가 오기 전 이미 대중은 19세기 '국가에 관한 학문'이란 통계학을 발전시키며 국가와 사회에 관한 정보 수집을 요구했다. 이렇게 새롭게 열린 지식을 통해 공중보건, 교육, 복지 등 여러 영역에서 국가의 개입과 개혁을 촉구했다. 빅데이터 시대인 오늘날에는 열린 정부를 위한 정보 공개 열망이 공공 데이터베이스를 발전시켰고 위키피디아 같은 대중이 참여하는 열린 지식 생태계를 만들어냈다.

흔히 빅데이터의 폐해로 대중의 소비 형태, 정치 선호, 취미에 관한 정보를 수집해 이를 감시하거나 정치적·상업적으로 이용하려는 정부나 기업의 행태를 지적한다. 하지만 이들조차 '빅' 데이터를 수집하려면 열린 인터넷 생태계에 의존해야 한다. 다시 말해 빅데이터 시대의 역동적 지식 창출에는 다양하고 열린 지식의 생산과 유통에 대한 대중의 요구가 필수적이다. 또한 이들의 요구를 발현시켜줄 투명하고 열린 사회적·정치적·문화적 제도에 대한 지원과 창출이 필요하다.

우리는 한국이 인터넷 강국임을 자랑스럽게 말한다. 정보통신기술과 인프라 면에서 이는 사실이다. 이제 지식혁명으로 도약하기 위해 그 기저에 있는 지식의 생산과 유통에 대한 혁신적 사고의 중요성을 인식해야 한다. 애플의 성공 요인은 훌륭하게 디자인된 하드웨어와 소프트웨어에 있지만 그 기저에는 컴퓨터의 힘을 만인에게 부여할 수 있다는, 창의적 지식 창출과 공유라는 사용자의 열망을 실현시킬 수 있다는, 무엇보다 컴퓨터가 새로운 지식을 생산하고 공유하는 시대를 실현시킬 수 있다는 열린 지식 생태계에 대한 비전이 있었다.

그런 면에서 한국의 닫힌 인터넷 생태계는 단순히 기술적 문제로

| 그림 3 | **피플스컴퓨터컴퍼니**

지식 기계인 컴퓨터의 대중화를 통해 지식 창출과 유통의 힘을 대중에게 부여하자는 움직임이었던 피플스컴퓨터컴퍼니. 스티브 잡스와 스티브 워즈니악은 이 모임을 통해 만나 애플을 창립했다.

는 해결될 수 없다. 인터넷 강국 한국이 지식혁명을 선도하려면 지식의 생산과 유통에 대한 민주적이고 열린 사고, 이를 실제화하기 위한 제도적 장치와 지원이 절실하다. 이를 통해 급변하는 미래 지식 생산의 패러다임 변화에 능동적으로 대응해야 한다.

지식 정보 시대의
한국적 지식

시대나 사회의 특징을 담는 개념은 그 중요성에 비해 의미가 엄밀하지 않은 경우가 많다. 지식사회, 정보 시대, 정보사회 같은 개념 역시 실증적이라기보다 선제적 의제의 성격이 강하다. 이 개념들은 사회적 합의에 도달한 개념이라 보기 어렵지만 굉장한 운동성과 영향력을 가지며 제시된 후 시간이 지나면서 근거가 더 풍부해졌다. 적어도 일시적 유행어가 아니란 점 그리고 사회를 해석해내는 프레임이란 점에서 존재 가치가 있다.

여기서는 지식과 정보를 사회나 시대의 특징을 서술하는 상호보완 개념으로 묶어 제시하고자 한다. 지식과 정보가 현실을 이해함에 있어 서로 다른 측면을 포착하면서도 서로 긴밀하게 얽혀 있기 때문이다. 현재까지 지식사회, 정보 시대, 정보사회에 대한 논의들은 서로 유사함에도 불구하고 차별성과 연계성에 대한 검토 없이 각각 전개되고 있다. 필자는 양자를 동시에 고려해야 함의가 더 풍부해지며 정보 지식 개념의 운동성을 이해할 수 있다고 여긴다.

먼저 정보는 감각적 또는 기술적 함의를 지닌다. 정보에 해당하는 영어 단어인 'Information'의 동사형인 'Inform'은 상대방을 지각하거나 인지하게 한다는 뜻이다. 정보라는 단어는 상대방이 그것을 어떻게 해석하는지에 대해 (심지어는 무시하는 것까지 포함해) 함축하고 있지 않다. 그래서 정보를 전달하는 것은 감각적인 것이며 그 감각을 만들어내는 제반 도구, 즉 구두, 문자, 다양한 신호를 동원하므로 기술적이다. 이런 정보의 기술적 특성은 인류 문명과 궤를 같이하며 발달했다고 해도 과언이 아니다.

표의문자, 표음문자, 기록매체, 금속활자, 전신전화, 라디오, TV에 이어 컴퓨터의 등장에 이르기까지 정보 전달을 위한 기술적 진보는 그 자체로 문명사다. 특히 20세기 중반 이후 컴퓨터의 등장과 대중화 그리고 컴퓨터 간 통신은 산업과 문화를 획기적으로 변모시켜 정보혁명 또는 정보화 기반 혁명Informational Revolution이란 개념을 탄생시켰다. 18세기 후반의 동력기관 기반 산업혁명, 19세기 후반의 과학기술 기반 산업혁명에 이어, 20세기 후반의 정보 기반 산업혁명이란 시대 구분도 생겼다. 이렇게 정보혁명에 기반을 둔 네트워크 사회, 가상사회 같은 보다 큰 사회적 함의를 제시한 논객도 있으며 일정하게 지지를 얻고 있다. 네트워크 사회는 마누엘 카스텔Manuel Castells가 대표적 주창자다.[1]

정보 시대는 지식에 심대한 영향을 미치는 데 먼저 지식을 살펴보자. 지식은 개인, 사회 또는 인류 문명이 축적한 무형재Intangible Asset 그리고 인간의 자연과 사회에 대한 이해 체계며 그에 기반해 의사결정이나 삶의 방향성을 부여하는 무엇이다. 이런 관점에서 지식은 종교적 믿음이나 세계관, 사회 윤리, 지혜, 실용적 기술, 체계화된 과학지식, 과학 기반 기술 지식을 모두 포괄한다. 지식의 개념은 시대변화를 반영해 확장되며 지금도 매 순간 지식의 다른 개념이 제시되고 있다. 지식은 사람마다 관점이 다르지만 대체로 그 유용성이나 제적 가치가 강조된 개념이다. 이런 이유로 지식은 '지식경영'이나 '지식경제'에서처럼 경영이나 경제와 같은 효용 개념들과 잘 연결된다.[2]

필자는 정보를 기술적 기반이며, 지식을 그런 기술적 기반에서 형성하고 체계화되는 행동 양식이나 의사결정의 준거라 본다. 이런 상호보완적 개념화는 정보와 지식의 상호연계성을 이해하는 데 도움이 된다. 금속활자로 책값을 떨어뜨려 일반인도 쉽게 문자 정보에 접근하도록 한 인쇄술 발명이 대표적이다. 루터가 종교개혁을 주장하면서 작성한 팸플릿은 독일어로 쓰였을 뿐 아니라 금속활자로 대량 인쇄돼 배포됐다는 점에서 금속활자가 가져다준 대중 문명의 면모를 잘 보여준다.

정보혁명이 지식에 미치는 운동성에서 먼저 주목할 대목은 지식 단위와 그 귀속권의 해체다. 금속활자의 발명으로 책이 대량 유통되고 일정한 수익이 확보되자 저자는 책에 대한 물질적 권리가 생겼고 저작권, 즉 '지식의 원저자'란 점에서 지식의 개인성이 공고해졌다. 그런데 컴퓨터 네트워크가 방대한 정보와 지식을 연결하고 섞어버리면서 지식의 일정한 단위, 예컨대 책이나 논문 같은 개념과 더불어 그 단위에 대한 저작권도 해체되고 있다. 웹에서 사용되는 하이퍼텍스트에서는 더 이상 지식의 범위 설정도 가능하지 않아 저작권의 원천적 근거가 사라지고 있다. 유럽에서 구글이 검색한 정보에 대해 정보 원천이 있는 인터넷 사이트와 구글 사이에 그 이익을 놓고 다툼이 발생한다는 점이 이 해체를 잘 보여준다. 해체는 부정적인 느낌을 전달하지만, 그런 해체를 능동적으로 활용한 위키피디아의 사례는 '집단지성'이란 새로운 지식 창출 현장을 보여준다.

다음으로 주목할 대목은 지식의 탈문자화 흐름이다. 20세기 중반 이후 라디오와 TV의 보급이 대중에게 미치는 영향에 주목하면서 탈근대주의 사상가인 장 보드리야르와 피에르 부르디외Pierre Bourdieu는 이미지 같은 상징으로 대변되는 문화로 관심사를 넓힌다. 두 사람은 각각 시뮬라크르Simulacre(미디어가 제공하는 가상현실)와 문화자본Culture Capital 개념을 통해 명시적인 문자 외의 제반 상징도 인간과 사회에 미치는 영향력으로 상정한다. 문자 외의 소리와 이미지도 지식으로 확장될 수 있다는 것이다.

컴퓨터 발달을 통해 이미 각종 비문자 정보가 멀티미디어로 유통되고 '콘텐츠'라는 개념으로 생산되고 소비되기에 이른다. 영어의 콘텐츠는 책의 목차를 뜻한다는 점에서 비문자 정보가 정보라는 기술적 차원을 넘어 지식화하고 있음을 시사한다. 비문자 정보에 기반한 콘텐츠는 대단히 감각적이고 오락적이어서 '어렵고 딱딱한' 종래의 지식과는 괴리가 커서 선뜻 지식으로 인정하기 어려운 게 사실이다. 그러나 최근 들어 수학을 컴퓨터 게임 형식으로 전환시키는 등 지식 습득, 심지어 연구도 게임화하는 경향성에 주목할 때 감각적이라고 해서 지식이 아니라고 보기는 어려울 것이다.[3]

반근대성과 변방성

지식 정보 시대가 한국에 부여하는 실천적 함의를 보다 풍성하게 하기 위해 '지식에서 한국의 위치'를 가늠해보고자 한다. 이런 문제의식 자체가 생소하기도 하고 타당하지 않다고 여겨질 수도 있다. 지식이나 지식 탐구에 있어서 자신이 어디쯤 있는지 위치 잡기를 일상적으로 하지는 않았기 때문이다.

지식을 수입하는 데 익숙했던 우리는 새삼 한국 지식의 위치를 가늠해볼 필요가 없었다. 수백 년 동안 국경을 넘는 지식 교류가 있었던 유럽을 비롯한 서구사회에서도 이미 지식이 유럽 차원에서 발전했기 때문에 지식에서 자국의 위치라는 문제가 생소할 수 있다. 이처럼 타당하지 않다고 여겨지는 이유는 뭘까? 위치 잡기에 필요한 전제가 '인류의 지식사'인데, 지식의 집적체를 통칭하고 지식의 변천을 이해하고 가늠하는 게 가능한가란 의문 때문이다.[4] 이 문제는 특히 문화에 대한 서구 중심적 시각 또는 근대를 서양의 관점에서 보는 시각과도 연관돼 있다.

이처럼 지식사에서 한국의 위치는 매우 생소하여 타당성을 검토해야 한다는 고민거리를 갖고 있다. 이는 지식을 생산하는 한국인 입장에서 외면하기 어려운 문제다. 대표적으로 과학사 연구자인 김영식을 들 수 있다.[5] 동양과학사 전공자인 김영식은 한국과학사를 연구하는 제자들이 정작 중국의 과학사에 많은 노력을 들이고 있음을 발견했다. 한국의 전통적인 과학기술 대부분이 중국에서 수입됐기에 그 연원을 추적하려면 결국 중국 과학사 연구에 많은 시간을 투입할 수밖에 없었던 것이다. 사정이 이러한데도 일반적인 한국의 과학사 연구는 한국 과학자를 대상으로 한국어로만 발표되는 고립된 섬과 같다고 그는 지적한다.

또 통상적인 한국 과학사 연구가 한국과 외부를 관련시킬 때 늘 창조성이나 독자성을 부각시키는 경향을 짚는다. 예컨대 한국의 과학사 서사는 금속활자나 측우기 등을 통해 독자적으로 발전했고, 중국 등 외부에서 지식을 수입했다고 해도 이를 창조적으로 발전시켜 독자성을 획득한다는 식이다. 그는 한국 과학사를 중국 과학사의 일부로 봐야 한다, 아니다에 대해 단정하지 않는다. 다만 한국의 과학사를 한국으로만 한정했을 때 이해의 폭이 협소하다는 점을 꼬집는다.

김영식에 있어서 '지식에서 한국의 위치'에 대한 고민이 심각하게

미래는 더 나아질 것인가

느껴진 것은 그가 다루는 지식인 과학기술이 현대에 갖는 독보적 위상 때문일 것이다. 과학기술은 근대를 만든 핵심 지식인데, 압도적 보편성을 가지며 뒤늦게 수용한 한국으로서는 그만큼 강렬하게 열망하는 영역이다.

현실과 열망의 차이는 복합 심리를 야기하게 되는데 필자는 과학기술을 통해 드러나는 한국의 복합 심리를 '반근대성'과 '변방성'으로 꼽고 싶다. 이 두 개념은 이미 '완성돼 쫓아가는 근대'와 '중심과 변방'이란 뜻에서 위계적·서열적이며, 그 자체가 근대의 산물이면서 탈근대가 극복하고자 하는 사유 형식이다. 근대의 물질적 기반이라 할 수 있는 산업혁명이 영국에서 시작되자 인근 유럽 국가가 따라잡고자 집요하게 노력했다는 점을 반추해보자.

'근대'라는 선형적 발전 모델은 엄연히 존재했다는 걸 인정해야 한다. 후발국은 근대의 물질 기반뿐 아니라 그 정신적 가치와 그것의 제반 사회제도도 수입했고 자기 것으로 만드는 데 상당한 시간을 들여야 했다. 예컨대 미국은 유럽의 대학제도(특히 독일의 연구 중심 대학)를 수입했는데 미국 대학이 지식 분야에서 지금의 세계적 대표성을 획득한 건 제2차 세계대전 이후부터였고 그전까지는 미국의 지식인(특히 과학자들)이 유럽에 일정 기간 머물며 연구를 수행하는 걸 당연히 여겼다.[6]

한국처럼 단지 근대화가 늦었을 뿐 아니라 근대화를 주도한 서구 국가들과 문화적 전통 자체가 전혀 다르고 식민주의에 희생됐던 국가들에겐 '변방성'이라는 개념이 더 필요하다. 한국은 비록 유일한 중심지가 아니었을지라도 세계적인 지식 중심지였던 중국과의 인접 이점을 누렸다. 중국에 대해 약소국과 주변이라는 한계를 안고 있었지만 '소중화小中華'라는 자부심도 갖고 있었다. 그런데 중국이 세계의 지식 중심지에서 밀려나며 한국의 변방성은 극대화된다.

한국에 비해 중국 의존도가 낮았던 일본은 보다 능동적으로 서구의 근대성을 받아들이고 결국 서구 제국주의의 일원으로 한국을 식민지화한다. 일본에 대해 문화적 자긍심이 높았던 한국으로서 이는 심대한 충격이었다. 한국은 한편으로는 무기력해 보이는 전통 문화에 대한 부정적 인식과 서구 또는 일본에 대한 강렬한 선망, 다른 한편으로 제국주의 국가에 대한 강한 거부감에 기반해 민족주의란 복합 심리를 갖게 된다. 한국 사회에서 지식인이 되려면 미국을 중심으로 한 선진국 유학이 필수 코스로 간주되는데, 아이러니하게도 이를 선망하는 동시에 거부감 역시 강하게 표출되고 있다.[7]

탈근대는 한국의 지식 정보 전략을 세울 기회

'반근대성'과 '변방성'이란 고민을 안고 있는 한국은 탈근대에 대응해야 한다는 현재의 과제까지 떠맡았다. 과제가 많아지고 어려워졌다고 보는 게 타당할지도 모른다. 왜냐하면 탈근대가 근대에 대한 비판과 반성 또는 근대와는 다른 가치 체계를 지향하기 때문이다.

탈근대는 근대가 보여주는 선형적 발전성과 더불어 서구 중심성에 대한 비판에 기반하고 있어서 '반反근대' 또는 '미未근대'라는 시간 개

미래는 더 나아질 것인가

넘과 변방성이라는 공간 개념을 재인식하도록 한다. 필자는 바로 이 시점, 즉 탈근대는 한국에 있어 기회며 지금이야말로 효과적인 한국의 지식 전략을 짤 수 있다고 생각한다. 그래서 앞서 짚어본 한국이나 한국 지식의 변방성과 반근대성을 탈근대 관점 또는 탈근대 지식의 특징인 지식 정보사회 관점에서 재조명하고자 한다.[8]

먼저 지식 정보 시대가 부여하는 기회라는 관점에서 변방성은 다음과 같이 재해석될 수 있다. 자국 지식의 변방성을 인정하는 건 자국의 민족 문화에 대한 높은 자긍심과 배치되는 듯 보인다. 하지만 변방성을 인정한다는 것 자체는 사실 민족 중심적 사고에서 벗어나 보다 객관적 입장을 갖는다는 점에서 근대정신과 부합한다. 변방성이란 인식이 있을 때 자국의 지식 전략을 보다 객관화해 효과적으로 조망할 수 있다.

한발 더 나아가 중심과 변방에 각각 우월과 열등이라는 수직적 가치를 부여하는 것 자체를 문제 제기하는 게 탈근대 정신이다. 탈근대는 해석과 판단의 차이는 있지만 상당 부분 네트워크화된 사회와 조응한다. 네트워크 사회는 완전히 수평사회는 아니지만 그 내부의 위계적 권력관계가 사전적으로 존재하지는 않는다. 즉 부분이나 변방을 가리지 않고 네트워크 내에서 다양하게 자기조직화하면서 양상이 변모한다.

네트워크 사회는 변방에도 많은 기회를 준다. 가수 싸이는 2012년 〈강남 스타일〉이란 노래를 발표했는데 유튜브에 등록된 뮤직비디오는 전 세계적인 반향을 불러일으켰고 몇 개월 후 세계적인 지명도를 얻었다. 지금도 그 뮤직비디오는 10억 건이 넘어 유튜브 동영상 중 최고 조회수를 기록한다. 이는 네트워크 사회가 변방과 중심에 대한 고정관념을 일거에 무너뜨릴 수 있음을 보여준다.

다음으로 '반근대성'의 기회적 측면을 짚어보자. 탈근대는 근대가 버리고자 했던 과거의 가치를 새롭게 인식한다. 대량생산 제조업으로 소멸될 것 같던 장인노동의 가치가 재인식된다. 고집적·고효율 도시에 가려졌던 전통 도시나 촌락이 안식처로 재조명되며, 도시 내 생태적 농업 활동도 부상하고 있다. 또 과거엔 지식으로 간주되지 못했던 문화 콘텐츠가 당당히 고부가가치를 지니는 등 지식의 판도도 변했다.

한국은 피식민국가에 처한 고통으로 전통 문화와 지식을 일방적으로 부정하거나, 도리어 자부심의 원천으로 확대 해석하는 양단의 오류를 범해왔다. 새로운 문화나 지식이 결코 과거와의 일방적 단절이나 찬양으로 생산되지 않는다는 점에서 이는 바람직하지 못한 태도다. 서양의 지식도 결국 과거 지식에 대한 충분한 이해와 정당한 비판을 통해 갱신되었기 때문이다. 서양의 지식 누적성은 단순히 지식의 축적이 아니라 비판적인 재구성이었다는 점에서 한국도 이제는 반근대성이라는 콤플렉스적 강박에서 벗어나 과거의 재발견을 통해 한국 지식을 쌓아나가야 한다.

탈근대 또는 지식 정보사회의 기회라는 면을 엿보지만 여전히 과거의 과제를 해결하지 못한 데 기인한 과제가 만만치 않다. 지식 정보사회에서는 정보에 대한 접근성이 높기 때문에 정보에 가까운 단편적 지식이나 형식 지식의 가치는 도리어 낮아졌다. 한국은 여전히 서구에서 형식 지식을 수입하는 데 익숙하고 교육에 있어서도 단순 지식의 전수에 많은 비중을 두고 있다. 한국인은 지식으로서 얻은 과학 지식은 많지만 과학 지식의 탐구, 더 나아가 지식 일반을 만들어내는 데 필요한 과학적 사고를 제대로 훈련받지 못하고 있다. 한국은 여전히 근대성이라는 과거의 과제도 해결해야 할 운명을 안고 있는 것이다.

미래 지향적인
지식 생태계 구축

미래는 얼마만큼 열려 있고 또 닫혀 있는가? 이는 미래학자와 관련 정책 전문가뿐 아니라 모든 사람의 화두다. 현재의 요동과 부침이 심하고 미래가 불확실할수록 이 의문은 더 절실하다. 우리도 예외가 아니다. 한국은 후발 추격 단계, 소득 3만 달러 달성의 고지를 넘어 21세기 세계 선도국가, 중심국가로 자리매김하려는 기로에 서 있다. 세계시장의 선도 경쟁 단계에 진입한 만큼 경쟁의 파고가 높고 험하다. G20 국가의 위상에 걸맞은 독자적이고 원숙한 정체성과 소프트 역량이 필요하다.

글로벌 경제의 조정기적 혼돈이 지속되는 가운데 북한의 체제 전환을 둘러싼 긴장이 높아지는 등 대내외 환경은 매우 도전적이다. 우리의 미래 발전 경로와 성과도 그만큼 유동적이다. 국가 차원의 정책적 대응 역량을 한 단계 끌어올릴 필요가 있다.

과거 개발 시대의 한국은 후발주자로서 선발주자들의 제도와 경험, 지식을 여과 없이 수용하며 빠르게 추격했다. 국정의 최우선 과제는 경제성장에 집중됐고 정부출연연구소와 대학은 맞춤형 정책 지식을 공급했다. 정부는 이렇게 공급된 정책 지식을 넘겨받아 정책으로 가공해 강력한 리더십을 기반으로 실행으로 옮겼다. 이 같은 단선적인 정책 지식의 흐름은 신속하고 효과적이어서 쉽게 가시적 성과로 이어졌다.

21세기에 들어서 우리의 정책 환경은 날로 불확실해지고 복잡해지고 있다. 교육, 부동산, 저출산, 복지, 연금 등의 정책 입안과 실행 과정에서 목도하듯이 분야 간 경계를 뛰어넘는 복합적 정책 사안이 증가하고 있으며 각계각층의 이해관계가 상충하면서 많은 혼란과 시행착오를 반복하고 있다.

이 같은 상황을 타개하기 위해서는 유연하면서도 미래 지향적인 정책 지식 시스템, 즉 정책 지식의 생성과 활용에 관한 생태계적 관점에서 시스템 재편과 정비가 요구된다. 불확실하고 복잡한 미래에 대응할 수 있는 개방적이고 융합적이면서 적실성 있는 시스템을 마련해야 한다.

세계화, 외환위기 거치며 복잡다변화

한국 정책 지식의 공급과 수요는 소위 '1987년 체제' 이후 커다란 전환점을 맞는다. 그 이전까지 정책 지식은 정부 수요에 의해 생산되고 공급됐다. 정책 지식은 정부의 필요에 의해 제한적으로 활용됐기에 교류 방식은 수직적이고 연구기관의 자율성 또한 결여될 수밖에 없었다.

그러나 1987년 이후 민주화와 세계화가 진전되면서 정책 지식의 공급과 수요 환경도 급변한다. 먼저 학문적 경계와 분야별 경계를 넘어서는 다층적 사안의 복잡성을 해결할 수 있도록 고도로 전문화된 정책 지식 수요가 증가했다. 민주화로 정책 이해관계자가 다양해지고 조직이 세분화·분권화되면서 정책의 입안, 합의, 조정 과정도 점차 복잡해졌다.

정책 지식 수요가 다원화·복잡화되자 이에 부응하는 새로운 공급 체계가 필요해졌다. 정부출연연구소와 대학 중심으로 짜여 있던 공급망에 양적으로 확대된 민간 부문의 연구기관이 참여하면서 정책 지식의 생산과 공급이 다변화됐다. 전문화된 정책 지식의 수요가 증가하면서 1990년대 초반부터 한국행정연구원(1991), 한국조세연구원(1992) 등 분야별 전문 국책 연구기관이 집중적으로 설립됐다. 민간기업의 부설연구소와 독자적인 전문 컨설팅회사도 등장했으며, 경제정의실천시민연합 등 시민단체가 등장하면서 시민사회의 영향력이 확대됐다.

양적으로 확대된 다양한 연구 집단이 정책 지식의 생산과 공급에 참여할 수 있게 됐지만 생산되는 지식의 양에 비해 질적 수준은 고도

미래는 더 나아질 것인가

화된 정책 지식의 수요를 만족시키지 못했다. 특히 1997년 외환위기는 미래의 불확실성을 인지하고 기존 정책 지식 체계를 근본적으로 바꾸도록 촉구하는 계기가 됐다. 급변하는 환경과 불확실성 증가로 보다 미래 지향적이고 다차원적이며 융합적인 정책 지식의 수요가 발생했다. 그러나 국내 연구기관과 대학이 새 수요를 뒷받침하지 못하면서 경제협력개발기구, 국제통화기금, 세계은행 같은 국제기구들의 '선진 정책 지식' 공급 역할이 부활했다. 맥킨지앤드컴퍼니, 보스턴컨설팅그룹 등 글로벌 컨설팅회사가 국내 정책 지식 시장에 파고들기 시작했다. 그 결과 외부 지식에 대한 의존도는 높아진 반면 내부 상호작용에 의한 새 지식 창출 역량은 저하되고 말았다.

이에 발맞춰 국내 관련 정책 역량, 추진 체계를 정비하고 보강하고자 하는 노력도 꾸준했다. 정부 조직 면에서는 참여정부하에 대통령 산하 '정책기획위원회'와 '국회미래전략특별위원회'가 운영된 바 있다. 이어 MB정부하에서는 대통령 산하 미래기획위원회, 경쟁력강화위원회가 설치됐고, 기획재정부 등 일선 부서에는 미래정책 전담부서 그리고 경제인문사회연구회 내에 미래전략센터가 신설되기도 했다.

현 정부 들어서는 미래전략수석, 미래창조과학부가 생긴 데 이어 사법부, 감사원에도 독자적인 미래 관련 연구기관이 설립되고 국회에 미래전략연구원을 신설하자는 논의도 진행 중이다. 그 연장선상에서 학계, 정책연구계 일선에서는 과학기술 분야 미래 예측은 물론 인문사회 정책 분야 전반에 걸쳐 미래 연구 기능을 강화하려는 노력을 기울이고 있었다. 개별 연구소와 대학 단위의 부분적인 조직 정비도 있었다. 그 결과 미래 연구의 중요성에 대한 사회 전반의 인식이 높아졌고 전문가 저변도 넓어졌다. 일반론을 넘어 한국의 특수성을 감안하는 수준까지 연구 성과도 확대되고 심화됐다. 그러나 성과 면에서 원하고 필요한 수준에 크게 미치지 못하는 등 아직 진행형이며 초기 단계다.

급변하는 대내외 환경과 불확실성 증가는 보다 중장기적이고 미래지향적인 정책 지식의 생산과 공급을 요구하고 있고 시민사회는 정책에 대한 민감성이 증가했다. 그런데 정부는 '5년 대통령 단임제'라는 한계에 젖어 정책 현안의 단기 해결에만 치중하면서 중장기적 사안들은 간과하고 있다. 정부 조직 개편, 출연연구소 개편, 새로운 미래 전략 전문 기관 신설이 계속 논의되고 있지만 그 효과에 대한 설득력 있는 논거도 미흡하다. 무엇보다 새로운 시대 환경, 불확실한 미래에 효과적으로 대응하는 데 필요한 국가의 역량과 에너지가 하나로 결집돼 있지 않다.

미래 세대의 이해관계까지 정책에 포함시켜야

우리보다 앞서 유사한 문제에 직면했던 선진국들은 각각의 정책 환경에 따라 서로 다른 구조의 지식 창출과 정책 과정을 걷고 있다. 역사적으로 민간 중심 사회발전을 추구했고 실용주의 경험을 중시하는 미국은 분권적 정치체제를 기반으로 국제적으로는 글로벌 단일 패권 국가의 위상을 유지하고 있다. 영국은 개인주의를 기반으로 시민 참여 중심의 사회발전과 정치제도적 특징을 지니는 반면, 독일은 조직화된

미래는 더 나아질 것인가

이익집단을 정부가 강력한 역량으로 조정하면서 유럽연합의 리더로 군림하고 있다.

세계 교역의 중심지란 국제 위상을 가진 네덜란드는 공존의 사회 시스템, 즉 협의체에 의한 정책 결정 구조를 갖고 있다. 사회민주주의에 기반한 복지국가를 추구해온 핀란드는 대통령제에 내각제가 가미된 이원집정체제란 통치 구조를 표방한다. 아시아 교역의 중심지인 싱가포르는 경제적으로는 자유주의를 표방하나 정치적으로는 철저한 법치주의에 입각한 강력한 통치 구조를 유지하고 있다.

정책 지식 생산의 유형과 정책 지식의 활용 측면에서 이들 국가의 면면을 살펴보면 다음과 같다. 미국은 충실한 민간 부문 연구에 의존하는 경우가 많고 '열린 회전문' 인사를 통해 공공과 민간 교류가 활발히 이뤄지는 게 특징이다. 이런 환경에서 국가 자원이 배분되며 글로벌 경영 등에 미래 연구가 활용되고 있다. 영국, 일본, 싱가포르는 행정 수반 직속으로 조직화된 단일 기구 또는 협의체를 통해 정책 지식이 생산되며, 여기서 미래 예측과 미래 전략도 수립된다. 단일기구 또는 협의체는 각 부처별 정책 개발에 대한 종합 지원과 조정 활동을 통해 미래 연구 성과와 정책 개발을 연계한다. 또 공공 서비스 개혁과 국가 경제·산업·사회문제 해결을 위한 과학기술정책 연계, 조기경보를 통한 국가안보 역량 제고 등에 미래 연구가 활용되고 있다.

핀란드는 대표 기구인 의회가 정책 지식 생산을 주도하면서 법률 및 예산 심의과정을 통해 국가 정책의 타당성과 성과를 조율한다. 또 국가 미래 전략 수립과 정책 개발 등에 미래 연구를 적극 활용하고 있으며 미래 세대의 선호와 이해관계를 입법 과정에 반영하고 있는 게 특징이다. 독일과 네덜란드는 국가 차원의 장기적 전략을 추진하면서 범국민적 의사를 결집하고 각종 정책 의제에서 국민적 공감대 형성을 전제하는 상향적이고 개방적인 접근 방식을 취하고 있다. 이들 두 국가는 국민의 의견과 요구 파악을 통한 사회 통합, 공공 부문과 공무원 정책 역량 강화 등에 미래 연구를 활용하고 있다.

주요 선진국들의 정책 지식 환경이 우리에게 주는 시사점은 뭘까? 먼저 주목할 것은 민간 부문과 공공 부문의 전문 인력을 적극 활용하고 국내외 정책 연구기관들과의 지속적인 네트워크를 형성하는 개방적이고 신축적인 접근 방식이다. 한국은 공공 부문과 민간 부문의 정책 연구기관들의 유기적인 협력관계, 정부기관 간 공조체계, 각 기관들 사이의 정보 교환과 공유 체계가 매우 취약한 실정이다. 대부분의 연구기관에서 비슷한 연구가 중복적으로 수행되고 관련 정보와 지식이 절대적으로 부족한데 이조차 체계적으로 축적·관리·공유하지 못하고 있다.

둘째, 정책 지식의 생산·유통·소비 과정에서 다양한 이해관계자의 참여와 협업 작업이 이뤄지며, 폭넓은 토론을 통해 주제를 선정하고 대응 방법까지도 논의하고 있다. 특히 정책 사안에 관한 공적 토론의 장을 형성·유지하고 토론 결과를 개별적인 정책 입안에 반영하고 있다. 또 대학, 민간 연구기관, 지방 정부끼리 협업을 통해 마련한 광범위한 이해관계가 정책 지식 생산과 소비에 반영되고 있다.

마지막으로 미래 연구를 정책 지식의 생성 과정에 적극 도입하고

미래는 더 나아질 것인가

| 표 1 | 정책 지식 생산의 유형과 미래 연구의 활용

국가	유형	특징	미래 연구의 활용
미국	민간 우위 균형 발달형	민간 부문이 우세한 가운데 각 부문이 발달 회전문 제도를 통해 공공과 민간 간 교류 활발	국가 자원의 배분, 글 로벌 전망과 경영
영국	공공 – 민간 협력형	정부부처와 시민사회 집단이 참여하는 정책 공 동체	공공 서비스 개혁과 국가 경제·산업
독일	정치 중심형	정치 부문이 정책 지식 생산 주도 정부출연연구소는 정부 재정 의존	국민의 의견과 요구 파악을 통한 사회 통합
일본	공공 – 정치 연계형	연구회–심의회–관료로 연결되는 정책 지식 생 산 구조 시민사회와 민간 부문은 보조적 역할 수행	사회문제 해결을 위한 과학기술정책 연계
네덜란드	공공 – 민간 타협형	공공–민간–시민 부문이 서로 강력한 동류적 연대 협의에 기반한 문제해결과 정책 지식 생산	공공 부문과 공무원 정책 역량 강화
핀란드	의회 – 행정부 협업형	의회와 정부 간의 협업을 통한 정책 지식 생산 의회 산하의 정책 지식 싱크탱크 활성화	국가 미래 비전 및 전략 수립과 정책 개발
싱가포르	범정부 네트워크형	정부부처 간 네트워크 구성과 범부처 협업 체계 행정부–입법부–사법부 간의 긴밀한 연계	조기경보를 통한 국가 안보 역량 제고

자료 : 김선빈 외, 《대한민국 정책지식 생태계》, 삼성경제연구소, 2007.; 서용석, 《싱가포르의 행정과 공공정책》, 신
조사, 2010.; 서용석 외, 《영국의 행정과 공공정책》, 신조사, 2010.

국가 정책과 연계하고 있다. 핀란드는 미래 세대의 이해관계를 입법
과정에 반영하면서 장기적이고 지속가능한 국정 운영을 지향하고 있
다. 그간 한국의 국가 전략과 정책 형성에서 줄곧 지적돼온 현안 위주
의 단기주의 관행과 현세대 중심의 정책 형성으로 미래 세대에게 부
담을 전가하는 세대 간 형평성의 문제를 해소할 수 있는 방안을 여기
서 찾을 수 있다.

실용적이고 통합적인 정책이 답이다

21세기 정책 환경은 매우 가변적이고 불확실하다. 미래 지향적인 정책 지식 생태계의 구축과 활성화가 시급하나 이에 대한 글로벌 모범답안이 없다는 게 문제다. 지난 20년간 핀란드, 스웨덴, 미국, 영국, 호주, 싱가포르 등 선도국 사례를 벤치마킹했으나 우리 실정에 맞는 추진 체계를 발견하고 정착하는 데 이르지 못했다. 미래 지향적인 정책 지식 생태계가 활성화하기 위한 조건과 실천 방안에 대한 구체적 방향이 설정돼야 한다.

먼저 복잡하고 불확실한 환경에서도 필요에 따라 불요불급하게 적용할 수 있는 다양한 지식 기반과 적절한 보상 시스템을 갖춘 지식 순환 체계를 마련해야 한다. 이를 위해서는 정책 지식이 언제든지 현장에 스며들게 하는 세밀한 유통 전략이 강구돼야 한다. 연구와 정책의 연계성을 강화하는 노력뿐 아니라 국가 차원에서 유기적인 공조 체계를 갖추고 국민과의 소통을 강화하는 노력이 공유돼야 한다.

나아가 기존 제도와 기관을 보완하고 상호 연계를 강화하며 필요할 경우 이를 제도화해 지속성을 담보해야 한다. 지식의 배경이 다른 경제·인문·사회 계열과 과학기술 계열의 연구자들이 학제 간 통합 연구를 수행해 다양한 관점에서 사회문제를 분석하고 정책적 대응 방안을 창출하는 것도 기대해볼 수 있다.

한편으로는 입법부 내에 미래 연구기관을 설치해 국민의 의견을 수렴하는 창구를 상상해본다. 이는 행정부와의 발전적인 경쟁에도 기여할 수 있을 것이다. 외부 환경 변화에 대한 신축적이고 유연한 대응력, 위험의 분산 면에서 오히려 바람직할 수 있다. 그런 면에서 정책 지식의 기초 인프라라 할 수 있는 학계의 역할 강화가 중요하다. 학계는 미래 연구 방법론 같은 학술적 연구를 특화해 정부출연 연구기관과 분업 관계를 지속할 수 있으며, 한국과학기술원KAIST의 미래전략대학원이 관련 연구의 허브 기관으로서의 역할을 수행할 수도 있다. 이외에도 해외 연구기관과 제휴해 국내의 미흡한 역량을 보완하고 미래 관련 정책 연구가 해외 시장에 진출할 수 있도록 창구를 마련하는 방안도 고려할 수 있다.

각 분야의 정책 현안이 복잡하게 얽혀 있는 21세기의 엉킨 실타래를 풀려면 미래 지향적이면서도 현실에 기반한 실용적이고 통합적인 정책 지식 시스템이 요구된다. 기존의 단선적이고 단편적인 지식을 넘어 다양한 연구주체들이 각 분야에서 융합하고 분화해 양질의 정책 지식을 생산하고 이를 차곡차곡 쌓아 제때에 공급하는 게 필요하다. 개방적이고 융합적인 정책 지식 생태계를 활성화해 당면한 현안을 해결하고 미래의 도전 과제들에 능동적으로 대응하길 기대해본다.

미래문해력이
필요한 이유

결국 그리스는 국가부도를 맞았다. 현금 인출이 중단되고 임금 지급이 보류되는 걸 보며 1997년 한국이 겪었던 IMF 악몽이 떠오른다. 1990년대 초, '한국이 이렇게 잘나갈 수 있나?' 하며 착각했던 시간은 잠깐이고, 어느 순간 돌이킬 수 없는 상황에 빠졌음을 알게 된 그날을 사람들은 잊지 못한다. 지금 그리스가 그렇다. 안타까운 일이다. 베테랑 배우들이 그리스로 여행을 떠나는 모습을 그린 한 TV 프로그램에서 우리는 그리스의 역사와 전통이 인류 역사와 전통에서 큰 비중을 차지하고 있음을 깨닫기도 했다. 하지만 한국과 달리 그리스는 갑작스레 국가부도를 맞은 게 아니다. 그리스 경제 위기는 최근 수년 동안 수차례 있었고 그때마다 유럽 국가들의 원조로 위기를 넘겨왔다. 그러다 결국 회생하지 못하고 돌이킬 수 없는 상황에 빠진 것이다.

그리스 국가부도와 1997년의 한국

필자가 아는 그리스 학생들은 고국의 상황과 가족의 안부가 걱정돼 눈물까지 흘리고 있다. 도대체 문화와 철학의 발상지이며 낭만과 예술이 가득한 매력적인 나라 그리스가 이런 상황에 처한 이유가 뭘까? 바로 미래의 변화를 읽을 수 있는 능력과 그 변화를 감지하고 대응하는 능력인 미래문해력Foresight Literacy이 부족했기 때문이다.

그리스는 근본적으로 현재의 편안함에 안주하고 미래에 닥쳐올 변화에 대응하지 못했다. 연금정책과 그에 대한 국민의 대응이 대표적이다. 그리스는 경제성과의 17.5퍼센트를 연금에 쏟아 부었다. 유럽 최고의 선진국 프랑스, 오스트리아가 15퍼센트인 것에 비하면 이는 엄청나게 높은 수준이다. 이런 복지정책으로 그리스 국민은 현재 편안한 생활을 누릴 수 있었고, 점차적으로 미래에 대한 걱정을 하지 않게 됐다. 누군가가 나서서 연금정책이 그리스의 미래를 망칠 것이니 바꾸자고 주장하면 국민이 앞장서 반대했다. 현재의 즐겁고 편안한 생활에 해가 되기 때문이다. 복지는 무조건 좋은 것이고 국가 경제는 정부가 어떻게 해서든지 알아서 하면 된다는 안이함에 빠져들었던 것이다.

한편 그리스 지도층은 엄청난 탈세로 부를 축적했다. 자신의 탈세가 국가 미래에 어떤 영향을 미치는지 제대로 몰랐거나 알아도 외면하면서 스스로의 안위만을 생각한 것이다. 지도층과 일반 국민 모두 몇 차례의 경고에도 불구하고 오랜 기간 무르익은 현재의 편안함에 안주하고 미래의 변화에 대응하지 못했다. 미래의 변화를 제대로 읽었다면 그리고 그 변화에 대응할 수 있는 능력을 갖췄다면 그리스의 국가부도 사태는 오지 않았을 것이다. 오히려 문화와 예술 분야의 강점, 기초 학문의 탄탄한 토대, 이미 높은 수준에 이른 국가 브랜드를 활용해 경제를 재도약시키고 있었을 터다. 미래문해력이 한 국가의 미래를 좌우하는 것이다.

미래문해력은 쉽게 말해 '한 국가가 미래에도 잘살기 위해 국민이 미래에는 어떤 변화가 생길 것이며 이를 위해 현재에 어떻게 대응해야 할지를 아는 능력'이다. 예를 들어 미래에 곧 에너지가 고갈될 위기에 처하면 현재의 내가 어떻게 대응해야 후손들이 살아갈 수 있을지를 염두에 두는 국민과 그렇지 않은 국민의 미래는 크게 달라진다.

지금 우리에게 미래문해력이 필요한 이유

창조력을 위한 미래문해력

미래문해력은 무엇보다 한 개인, 조직, 국가의 창조력을 위해 필요하다. 그 많던 일본 전자기업은 모두 어디로 갔을까? 1980~90년대 세계의 전자시장은 일본의 전자기업들로 완전히 장악됐다 해도 과언이 아니었다. 그러나 이제 그 자리를 애플, 구글, 삼성 같은 미국과 한국의 기업이 차지하고 있다. 일본 경제의 근간이던 전자 산업이 휘청하

미래는 더 나아질 것인가

자 일본은 장기 불황에 접어들었고 젊은이들의 미래가 점점 암울해졌다.

이 역시 일본 전자기업의 미래문해력이 부족했기 때문이었다. 현재의 승리에 안주하면서 2000년이 되면 인터넷과 소프트웨어가 중심이 돼 경제를 움직일 것이란 미래 변화를 제대로 읽지 못했기 때문이다. 이 기업들은 미래 변화를 읽지 못했기에 창조적이 될 수 없었다.

사회통합을 위한 미래문해력

미래에도 사회가 지속적으로 발전하기 위해 필요한 요소 중 갈수록 중요해지는 것이 사회 구성원 간에 '싸우지 않고 조화롭게 지내는 것'이다. 세계화의 바람 속에 경쟁이 치열해지면서 사회 구성원들은 서로를 함께 살아가는 대상이 아니라 경쟁하는 대상으로 간주하게 됐다. 그리스는 연금 개혁을 놓고 일반인과 부자 사이의 심한 갈등을 극복하지 못했다. 모두가 남 탓을 하는 통에 갈등은 결국 모두를 최악의 상황으로 몰고 갔다. 자신이 처한 상황이 미래에 어떻게 될 것인지 보다 잘 읽었더라면 협업해 위기를 극복했을 것이다.

환경문제를 둘러싸고 지역 간 갈등이 심한 나라는 결국 그 문제를 극복하지 못한다. 환경문제가 자기 지역만의 문제가 아니라 국가와 인류 모두의 문제며, 이것이 악화될 경우 후손들에게 어떤 피해가 발생할지를 미리 깨닫는 미래문해력을 가지고 있다면 갈등보다 협력과 소통으로 문제를 극복할 것이다. 내가 사는 시간과 지역에 당장 끼칠 불편함과 피해에 사로잡히면 결국 공멸의 위험에 노출될 수밖에 없다.

집단지성 시대를 위한 미래문해력

미래문해력이 앞으로 더 요구되는 건 엘리트 시대에서 일반인 시대로 문명사적 변화가 일어나고 있기 때문이다. 인류는 지난 수천 년간 소수 엘리트들이 결정한 정책과 제도에 따라 변해왔다. 엘리트들이 정보와 지식을 독점할 수 있었기 때문이다.

하지만 정보사회가 급속하게 재편되면서 정보와 지식의 독점이 불가능해졌다. 일반인이 다양한 경로를 통해 정보와 지식에 접근할 수 있게 됐으며, 서로 네트워킹하면서 단편적 정보와 지식을 총체적 정보와 지식으로 만들어냈다. 소위 집단지성의 사회가 된 것이다. 소수 엘리트에게 사회의 방향을 결정하도록 하는 게 오히려 더 위험해지고 비효율적인 일로 인식되고 있다. 그동안 그 엘리트들이 해온 일에 대한 신뢰가 추락하고 있다.

미래문해력은 일반인에게 초점이 맞춰져 있다. 미래의 변화를 읽어야 하는 주체가 일반인인 것이다. 바쁜 일상 속에서 어떻게 미래의 변화까지 생각하느냐며 푸념할 수도 있다. 하지만 미래문해력에서 말하는 미래의 변화 읽기란 일상의 피곤함 속에서도 자신과 사회의 미래를 조금이라도 더 생각하는 것에서 출발한다. 약간의 차이지만 그 차이가 모이면 커다란 변화를 이뤄내기에 이는 중요하다. 한 국가의 미래는 일반 국민이 미래의 변화를 얼마나 잘 읽고 대응하는가에 따라 결정될 것이다. 소수 엘리트들이 나서서 정책을 내놓은들 국민이 미래 변화를 읽고 못한다면 무용지물이다.

미래는 더 나아질 것인가

미래문해력과 한국의 미래

1997년 외환위기를 맞이했을 때 한국의 분위기는 정말 처참했다. 수많은 가장이 실직하고 기업이 연달아 도산했으며, 많은 가족이 고통을 겪었다. 몇 년 후 기적적으로 한국은 이 위기를 넘기고 이젠 그런 일이 다시는 벌어지지 않을 것이라고 생각했다. 하지만 최근 몇 년 새 나타난 여러 징후는 이제부터라도 제대로 대응하지 않으면 불행이 재발할 수 있다고 말한다. 만일 또다시 불행한 사태가 벌어지면 한국은 영영 재기가 불가능할지도 모른다.

한국이 미래에도 생존하고 발전하기 위해 필요한 것은 사회 구성원의 창조력이다. 세계경제는 창조력을 바탕으로 움직이기 때문에 국민의 창조력이 국가 경제의 운명을 좌우한다. 창조력은 그냥 만들어지는 게 아니다. 교과서로 배양될 수 있는 것도 아니다. 창조력은 수많은 경험과 미래에 대한 상상력을 바탕으로 만들어진다. '미래에는 어떻게 될 것이다', '미래에는 이런 것들이 현실화될지 모른다', '미래에는 이런 것들이 실제로 나타났으면 좋겠다' 하는 예측이나 상상, 바람이 바탕이 돼 창조력이 배양된다.

창조력을 배양하기 위해서는 현재 한국의 모든 사람이 보다 많이 예측하고 상상하고, 미래에 무언가를 바라는 기회를 제공해야 한다. 이는 단순히 교육 체제의 변화가 아니라 사회 전체의 사고 전환이 따라야 가능하다. 학교, 직장에서 학생과 조직 구성원에게 이런 기회를 제공해서 미래문해력의 수준을 높이면 개인의 미래는 물론 조직, 사회, 국가의 지속가능성이 높아질 것이다.

또 하나는 한국 사회의 통합을 위해 미래문해력이 반드시 필요하다는 점이다. 특히 한국 사회는 2000년대 들어 경제 상황이 악화되면서 지역 간 갈등, 조직 간 갈등이 심화돼 사회 통합에 커다란 걸림돌이 되고 있다. 문제의 근원은 결국 현재 자신들에게 유리한 것만 찾고자 하는 생각과 행동이다. 환경문제, 지역개발 문제를 두고 지역과 지역 사이에 반목이 생기고, 결국 경제적·사회적으로 큰 손실을 안기면서 모두에게 좋지 않은 상황이 벌어지고 있다.

새 핵폐기장을 어디에 건설할지, 새 국책산업을 어느 지역에서 하는지보다 핵폐기장을 왜 건설해야 하는지, 그 국책 사업을 왜 해야 하는지에 대한 고민을 우선시해야 한다. 그 과정에서 핵폐기물과 환경 변화, 새로운 사업 도입으로 지역 전체의 공존과 발전을 읽을 수 있는 미래문해력이 필요한 것이다. 한국 사회의 큰 문제 중 하나가 바로 정책과 예산을 결정하는 정부 조직 간 갈등이다. 각 조직이 부처 이기주의에 빠져 자신이 속한 조직의 성장만을 고집하면서 여러 정책이 혼선을 겪고 국민 혈세가 낭비되고 있다. 이런 부분을 극복하기 위해서라도 정부 조직 구성원이 전체 공동체와 국가의 변화를 읽고 변화의 공감대를 불러일으키는 미래문해력이 필요하다.

마지막으로 한국은 전 세계 어느 나라와 비교해도 뒤지지 않는 국민의 높은 교육수준을 활용할 필요가 있다. 한국은 세계 최고 수준의 네트워킹 환경을 보유하고 있기도 하다. 집단지성의 가능성이 가장 높은 나라 중 하나가 한국이다. 이는 한국인이 미래문해력을 높일 수 있는 잠재력이 대단히 높다는 걸 의미한다. 이미 정보와 지식에 대한 접근이 쉬워졌고 네트워킹으로 인한 공유가 활발히 이뤄지고 있다. 이를 미래에 대한 정보와 지식의 공유로 확산시키고 구성원 간의 소통으로 이어지게 한다면 한국의 미래문해력 수준은 높아질 것이다. 나아가 국가의 미래 전망도 밝아질 것이다.

미래문해력을 기르려면

미래문해력은 다섯 가지 요소로 구성되어 있다. 첫째는 트렌드 해석 능력Trend Literacy이다. 전 세계에서 현재 어떤 정책들이 제시되고 있는지, 경제변화는 어떤 방향으로 가고 있는지, 어떤 새로운 기술이 나타나고 있는지, 환경문제는 어느 정도 심각한지 등을 해석하는 능력이다.

이 능력을 기르기 위해서는 무엇보다 일반인이 가장 손쉽게 접근할 수 있는 미디어의 콘텐츠 변화가 필요하다. 현재 한국의 미디어는 지나치게 국내 정치 뉴스 중심으로 이뤄져 있다. 이런 정치 뉴스에는 갈등, 자극적 언어와 장면만이 있을 뿐 현재 우리가 살고 있는 세상에 어떤 변화가 일어나고 있는지는 전혀 들어 있지 않으므로 개선이 필요하다. 인터넷 뉴스 역시 마찬가지다.

둘째는 유연한 대응 능력Contingency literacy이다. 이 능력을 기르려면 독서 같은 텍스트 읽기가 필요하다. 북한과 통일을 하면 어떤 미래 효과가 발생할지, 현재 중국이 강세인데 이 흐름이 지속될지, 미래에 인간 복제가 가능해질지, 인구감소가 지속된다면 취업은 오히려 쉬워질지 등 다양한 질문을 던지고 이에 대한 다양한 답을 스스로 찾아보는 능력이 필요하다. 문제는 한국처럼 절대적으로 독서량이 부족한 사회에서 이 능력을 갖추기가 쉽지 않다는 점이다. "읽지 않는 국민에게 미래는 없다"는 아주 간단한 진리를 되새기지 않더라도 미래문해력을 위해 미래 질문에 대한 다양한 답을 찾는 최소한의 텍스트 읽기가 필요하다.

셋째는 계획 수립 능력Planning literacy이다. 이는 미래에 이런 변화들이 생길 것을 대비해 현재부터 계획을 세우는 능력이다. 한 개인의 미래도 종잡을 수 없는데 국가의 미래를 위해 개인이 계획을 세우는 게 가능하냐고 되물을 수 있다. 여기서 말하는 계획 수립 능력은 개개인이 미래의 변화에 공감하면서 일상에서 소소하게 세우는 미래 계획을 말한다. 쓰레기 분리수거, 에너지 지출 등에서 나의 미래와 전체 사회의 미래를 생각하며 세우는 계획들이 모여 한 사회의 미래를 지탱한다.

넷째는 최적화 능력Optimization literacy이다. 여기서는 국민과 정부가 공감한 정책을 최적화된 형태로 구현하는 게 중요하다. 즉 입법기관과 행정기관의 역할이 부각된다. 지금처럼 정당 간 정쟁에서 벗어나지 않고 미래를 위해 반드시 필요한 법과 제도를 시행할 타이밍을 놓친다면 한국의 미래는 어두울 수밖에 없다.

마지막으로 미래 탐색 능력Exploratory literacy이다. 미래에 발현될 수 있는 개인, 조직, 국가의 잠재력을 탐색하는 능력이다. 이 역시 개인, 조직, 국가 모두에게 필요하다. 이 능력을 배양하기 위해 가장 필요한 것은 '자기성찰성'이다. 자기의 현재 모습을 돌아보고, 스스로의 장점과 단점을 추려내며, 미래에 자신의 경쟁력을 위해 계발해야 할 잠재력이 무엇인지를 찾아내는 것이다. 쉽지 않은 일이지만 미래의 지속가능성을 위해 반드시 필요한 일이다.

미래 탐색 능력을 기르려면 개인, 조직, 국가 모두가 치열한 경쟁 속에서도 자신의 본모습을 되돌아보는 '쉼표의 시간'이 필요하다. 다른 사람들이 하는 것만 따라 하는 개인, 조직, 국가의 미래는 밝지 않다. 미래의 사회변화를 인식하고 그 변화 속에서 자신이 강점을 가진 분야를 찾아내야 한다.

최근 몇 년 동안 한국은 너무나도 가슴 아픈 일들을 많이 겪었다. 세월호와 메르스 사태를 통해 한국 사회의 적나라한 현실을 경험했다. 이런 일들이 벌어지게 된 건 결국 이 일들이 발생할 수 있음을 예측하고 대응할 수 있는 능력을 갖추지 못했기 때문이다. 인구감소로 인한 내수문제와 복지문제, 글로벌 시장에서의 경쟁력 약화, 계층과 지역 간 갈등 등 수많은 문제들이 한국이 미래에 '살 만한 국가, 행복한 국가'가 되는 데 위협이 된다. 몇몇 엘리트가 아니라 사회 구성원 모두가 미래문해력 수준을 높여 공존의 미래 한국을 그려야 할 것이다.

질문하는 사회를
위한 노력

"문제를 해결하는 것보다 문제를 구체적으로 표현하는 게 중요한 경우가 훨씬 많다. 사실 해결책은 단순한 수학 능력이나 실험 능력의 문제다. 새로운 질문과 새로운 가능성을 제기하고 오래된 문제를 새로운 시각에서 바라보려면 창의적인 상상력이 필요하며 그 과정에서 과학이 진정으로 발전하게 된다."[9]

무척 상식적인 말이지만 쉬운 일은 아니다. 새로운 지식을 창출하려면 새 질문을 해야 한다. 한국 사회가 선진국 추격을 넘어 다른 국가를 리드하려면 인류가 당면한 문제를 풀어낼 새로운 시각을 제시해야 한다. 이른바 글로벌 의제를 제기하고 국제사회에서 논의와 논쟁의 중심에 있어야 한다. 그러자면 질문을 잘해야 한다. 좋은 질문은 새로운 방향을 제시하며 이전의 사고를 뛰어넘는 통찰이 담고 있기 때문이다.

앞서 인용한 구절은 알베르트 아인슈타인Albert Einstein의 《물리학의 진화The Evolution of Physics》란 책에서 따왔다. 여기서 그는 문제 제기의 중요성을 간결하게 강조하고 있다. 그렇다면 우리 사회는 질문하는 사회인가? 질문이 존중받는 사회인가? 많은 사람이 "아니오"라고 답할 것 같다. 학창 시절을 떠올려보면 질문했다가 선생님께 꾸중을 들었던 기억도 있을 것이고, 부모마저도 아이들의 질문에 성의껏 대답해주는 경우가 많지 않았다.[10]

예전보다 질문을 격려하는 분위기라고 하지만 우리 사회는 여전히 질문보다 해답을 찾는 데 익숙하다. 심지어 질문을 업으로 삼고 있는 기자들도 질문을 하지 않아 국제적으로 망신을 당하기도 했다.[11] 연구 가설을 세우고 이를 증명해 논문을 쓰는 교수라고 질문을 잘 하는가? 혹시 질문을 외국에서 수입하고 있는 것은 아닌지 자문해볼 일이다. 학생들이 질문하지 않는 누구에게 무엇을 배웠겠는가.

미래창조과학부가 후원하고 12명 민간 위원으로 구성된 X프로젝트위원회가 추진하는 X프로젝트는 2015년 6월 10일부터 대중에게 질문을 받아 7월 9일까지 2300여 개의 물음이 제기됐다. 이를 통해 우리 사회 구성원이 어떤 아픔, 고통, 불안, 불편, 불확실을 경험하고 있는지 엿볼 수 있다. 한국 사회의 속살을 본 듯한 느낌도 들고, 앞으로 한국 사회가 헤쳐 나가야 할 숙제를 받은 기분도 든다.

앞으로 X프로젝트가 해야 할 일은 대중에게 받은 질문을 연구 가능한 질문으로 그리고 질문을 연구개발이 가능한 문제로 전환하고 숙성하며 재구성하는 작업이다. 이 작업이 선행되어야 질문을 풀어낼 연구자를 공모할 수 있다. 어쩌면 X프로젝트는 '질문 수준 향상 연구'로 명명해도 될 듯싶다. 어떻게 하면 질문의 수준을 향상시킬 수 있을까? 어떤 조건을 제공해야 할까? 어떻게 하면 다양한 아이디어를 연결해 하나의 근사한 질문을 만들 수 있을까? 질문에 질문을 거듭해 무릎을 치며 "아하!" 할 수 있는 최종 질문을 만들 수 있을까? 이런 문제를 풀기 위해 X프로젝트는 몇 가지 방법을 구상하고 이를 실현하고 있다.

우선 대학생과 대학원생을 상대로 평소 갖고 있던 질문을 연구 질문으로 만드는 프로그램을 진행하기로 했다. KAIST 전효리 교수는 이런 문제의식을 공유하고 KAIST 대학생들을 포함 전국 30여 개 대학생을 대상으로 X문제 도출 워크숍을 열고 있다. 〈그림 4〉는 우리 사회에 필요한 X문제를 제기하고 이를 풀어낼 학생 조직을 만들고, 이들이 좋은 연구 문제를 제기하는 과정이 설명돼 있다. 〈그림 5〉는 새로운 문제를 찾고 정의하는 과정에서 집단지성을 모은다는 걸 보여준다. 문제 발견 단계에서 물, 에너지, 빈곤, 도시화, 인구변화, 기후 등 다양한 사회적 의제를 논의하는 과정이 있는데 이는 〈그림 4〉에서 2차 모임, 즉 사회 공감에 해당된다. 학생들은 이를 바탕으로 무박 2일 합숙하면서 새 문제를 도출한다.

초등학생이라고 우리 사회에 의미 있는 질문을 던지지 못하리란 법은 없다. 아이들의 순진한 질문이 사회발전에 중요한 계기가 되는

미래는 더 나아질 것인가

| 그림 4 | **대학생 X질문 도출 과정**

| 그림 5 | **문제 정의를 위해 집단지성을 모으는 과정**

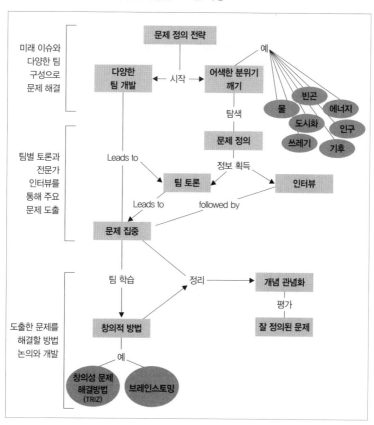

사례는 많다. 아이들의 눈에만 비치는, 어른들은 이해하지 못하는 문제를 제기할 수 있을 것이다. 때문에 초등학생, 중고생에게 X문제를 도출하는 계획도 실행하고 있다. 청소년은 워낙 광범위하기 때문에 우선 발명 영재를 대상으로 문제를 연구과제로 만드는 프로그램을 진행하기로 했다.

한국청소년정책연구원 강경균 박사는 전국 발명 영재 학생들을 대상으로 X질문 도출 활동지를 고안해 진행했다. 강 박사는 청소년들이 생활 속에서 궁금한 점이나 불편했던 것을 묻고 이를 쓰도록 한다. 미래를 위협할 문제나 어른들이 볼 수 없는, 사회에서 불편해 보이는 문제를 찾아내도록 한다. 그런 다음 정보 검색이나 마인드맵을 이용해 앞서 제기한 문제를 확장하도록 격려한다.

예컨대 쓰레기 처리와 미생물 활용을 연결한다든지, 기차와 편리함이란 단어를 연결할 수도 있다. 질문의 주제에 엉뚱한 단어를 붙이는 것이다. 그래서 나온 질문을 다시 써보고, 이 질문이 사회에 절실한 이유까지 기술해본다. 최종 질문의 핵심 단어나 질문이 해결될 때 만들게 될 발명품이 무엇일지도 예상하게 한다. 이 작업까지 끝나면 〈표 2〉에 제시된 자기평가서를 들고 스스로 자신의 질문 활동에 어떤 평가를 줄 수 있는지 생각하게 한다. 만일 총점이 23점 이하라면 청소년들은 앞서 했던 질문 활동을 반복한다. 〈표 2〉에서 제시된 자기평가서는 아이들의 관점에서 좋은 질문의 기준이 된다.

웹사이트(xproject.kr)를 통해 수집된 대중의 질문을 정리해 좋은 질문으로 만드는 작업도 있다. 〈표 2〉에서 제시하듯이 대중이 한자리

| 표 2 | 발명 영재들의 X질문 도출 후 자기평가서

기술혁명	전혀 그렇지 않다	그렇지 않은 편이다	보통	그런 편이다	매우 그렇다
1. 과학기술(정보, 생명, 수송, 제조, 건설 등) 관련 질문인가?	1점	2점	3점	4점	5점
2. 질문을 해결하면 많은 사람에게 도움을 줄 수 있나?	1점	2점	3점	4점	5점
3. 과학기술자가 당황할 정도로 예전에 없던 질문인가?	1점	2점	3점	4점	5점
4. 과학자들이 나의 질문에 관심을 보일 것인가?	1점	2점	3점	4점	5점
5. 과학기술자가 힘을 모으면 해결방법을 찾을 수 있나?	1점	2점	3점	4점	5점

에 모여 토론을 통해 그간 올라온 질문을 재구성한다. 다양한 이해관계자가 참여해 복지 관련 10대 사업을 선정한 '서울시민복지기준 1000인의 원탁회의'를 예로 들 수 있다. 웹사이트에 많은 질문을 올리고 열심히 활동한 시민을 초청해 해당 분야 전문가들과 함께 질문을 융합·수정·발전시키는 활동을 한다.

X프로젝트 추진위원회와 외부 전문가가 함께 모여 질문을 재구성하는 작업도 계획 중이다. 웹사이트에 올라온 질문 중 공익성, 참신성, 연구 가능성 측면에서 국민에게 많은 호응을 얻었던 질문, X프로젝트 추진위원회가 좋은 질문으로 추천한 질문, X활동가가 선정한 좋은 질문, 청소년과 대학생들이 제기한 질문 등을 바탕으로 좋은 질문을 다시 엄선해 최종 연구과제형 질문으로 바꾸는 작업이다.

| 표 3 | **질문을 연구 질문으로 전환하는 작업 과정들**

국민	• 대중이 참여하는 토론회를 통한 질문 재구성
텍스트마이닝	• 국민이 올린 모든 질문을 분석한 다음 질문을 재조합하고 재구성 (텍스트마이닝을 사용한 생물정보학 분야 새로운 가설 생성 방법) A문장 : High Blood viscosity exasperate Raynaud Disease. (높은 혈액점도는 레이노병을 악화시킨다.) B문장 : Fish oil reduces the viscosity of blood. (어유는 혈액점도를 감소시킨다.) ↓ Fish oil may have an effect on the treatment Raynaud Disease. (어유는 레이노병 치료에 영향을 줄 수 있다.)
전문가	• X위원회와 외부 전문가로 구성된 전문가 그룹 구성 (국민이 등록한 질문을 융합하여 구체적인 질문으로 재구성)

이번 X프로젝트에서 기대하는 또 다른 방법은 텍스트마이닝을 통한 질문의 재구성이다. 국민이 올린 모든 질문의 텍스트를 분석해 질문을 재조합하고 재구성한다. 〈표 3〉에 새로운 가설 형성의 사례로 생물정보학Bioinformatics 분야가 언급돼 있다. 높은 혈액점도는 레이노병을 악화시킨다는 문장이다. 또 다른 문장을 보면 어유魚油가 혈액점도를 감소시킨다는 내용이 있다. 이 두 문장은 각기 다른 출처에서 나온 것인데, 두 문장을 합치면 어유는 레이노병 치료에 영향을 줄 수 있다는 가설이 생성된다. 이렇듯 전혀 연결이 되지 않을 것 같은 문장과 문장, 단어와 단어를 연결하면 새로운 질문이 탄생할 수 있다.

정리하자면 X프로젝트는 기존의 연구개발 방법을 대체하려는 프로젝트는 아니다. 단기간 내에 새로운 연구개발 방법을 찾는 것도 불가능하다. 그러나 과거와 달리 대중의 다이내믹한 참여가 사회발전뿐 아니라 과학기술의 발전에 큰 기여를 한다는 흐름을 활용하는 게 필요하다. 해당 분야에서 고도로 훈련된 최고급 전문가 그룹도 놓치거나 간과하는 부분이 있게 마련인데 대중 참여는 이를 보완할 수 있다.

여기서 대중은 일반인뿐 아니라 관련 분야가 아닌 전문가 그룹도 포함한다. 이종 간 융합일 수도 있고 우연을 앞세운 결합일 수도 있다. 중요한 건 새로운 도전과 실험을 멈추지 않는 것이다. 개방형 집단지성의 활용이든 대중 참여적 연구개발이든 기존의 노력에 2퍼센트의 새로운 시도를 끊임없이 보태는 것, 이런 시도를 허용하는 연구 업계와 사회 분위기가 절실히 필요하다.

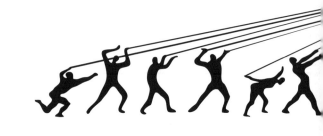

5장

불확실성 시대의
재난 대응

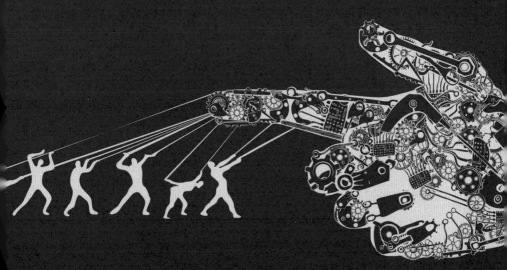

필진 ─────────────

박성원 STEPI 미래연구센터 부연구위원

윤정현 STEPI 미래연구센터 전문연구원

이성호 STEPI 미래연구센터 연구위원

이영희 가톨릭대 사회학 교수

전대욱 한국지방행정연구원 수석연구원

최형섭 서울 과학기술대 기초교육학부 교수

우리가 살면서 만날
모든 재난과 그 대응

평소 아무런 문제없이 치약을 쓰던 50대 A씨는 L사에서 내놓은 치약을 사용한 뒤 심각한 부작용을 경험했다. 입안이 헐고 입술이 부르트며 혀가 타는 듯한 심한 통증을 느꼈다. 처음엔 지난밤 늦게까지 일한 탓이려니 했다. 하지만 그 치약을 계속 사용하는 동안 더 심각해지는 증상을 겪으면서 치약이 문제란 사실을 깨달았다. 주위에 물어보니 자신과 비슷한 부작용을 호소하는 사람이 제법 있었다.

결코 하찮은 치약 하나일 수 없다

확신이 들지 않은 A씨는 몇 가지 추가 조사를 한 후 L사의 상담실에 전화해 문제의 심각성을 알렸다. 그러나 소비자 안전을 위해 신속하게 대처해줄 것이란 기대와 달리 L사는 치약엔 문제가 없으며 A씨가 과민반응을 보이고 있다는 답변만 되풀이했다. 의약품의 경우 부작용이 접수되면 신속히 조사해 해당 제품을 모두 회수해야 하는 것으로 알고 있던 A씨로선 이해할 수 없는 상황이었다. 제2, 제3의 피해자가 생기지 않도록 충분히 대응해야 함에도 불구하고 L사는 자신의 브랜드 이미지와 경제적 손실만을 고려한다는 생각이 들었다. 결국 A씨는 한국소비자원 등에 사건을 알리기로 결심했다.

세월호 참사 이후 한국 사회는 재난과 그 대응에 대한 논의가 뜨겁다. 세월호 참사의 원인에 대해 누구에게 어떤 잘못이 있었는지 단정하긴 어렵다. 그러나 지금까지 밝혀진 것만 따져 봐도 세월호 침몰은 인재人災임에 틀림없다. 이 사건을 두고 국민이 분통을 터뜨리는 이유는 충분히 막을 수 있는 참사였다는 점이다. 여러 가지 경고의 신호가 있었음에도 세월호 경영진은 물론 관계 당국도 이를 무시했다. 국민을 더 불안하게 만드는 것은 이런 참사가 또 일어날 수 있다고 생각한다는 점이다. 우리가 살면서 겪을 수 있는 숱한 재난에 대해 우리 사회가 적절하게 대응하지 못할 것이란 불신이 깊다.

경제성장 논리에 가려진 안전

미국의 한 제조업체 공장에서 일했던 B씨는 미국과 비교할 때 한국의 작업장에만 있는 게 하나 있다고 말한다. 바로 안전불감증이다. 특히 작업자가 아니라 공장주에게 이런 불감증이 있다고 B씨는 강조한다. 미국의 공장에선 작업장마다 안전장치가 줄줄이 달려 있어 경미한 실수에도 모든 기계가 멈춘다. 그러면 작업 책임자가 기계의 이상 여부를 살핀 뒤 다시 작업 시작을 지시한다. 이 때문에 자신과 함께 일했던 미국 노동자들은 자신들이 위험한 일을 하고 있다는 생각하지 않았다고 말한다.

반면에 한국의 작업장에선 노동자를 지켜주는 안전장치는커녕 기계의 오작동이나 실수가 발견돼도 이를 무시하기 일쑤다. 매일 할당된 생산량을 맞추기 위해 기계를 멈출 수 없다는 절박감 때문이다. 이런 이유로 노동자들은 자신들이 많은 위험에 노출돼 있으며 <u>스스로 안전을 지키지 않으면 누구도 지켜주지 않는다</u>고 생각하고 있다. 결국 이런 공장에서 일하는 노동자들은 자신이 매우 위험한 일을, 사회가 외면하는 천한 일을 하고 있다는 자괴감에 빠져든다. 직업의 귀천이 선명하게 느껴지는 순간이다.

재난에서 시민을 보호하는 사회적·조직적 안전장치나 의식, 시스템이 없다면 이는 사회적 불신, 자괴감, 불안감으로 연계되고 부정적인 생각이나 감정으로 확산된다. 세월호 참사 이후 '안전'이라는 화두로 벌이는 모든 논의에는 우리 사회에 전면적인 변화가 필요하다는 인식이 깔려 있다. 그간 경제적 성장에만 집착했으니 이제 또 다른 성장, 다시 말해 정신적 성장이나 문명적 성장, 혹은 성장을 대체하는 다른 가치를 찾으려는 탈성장 등을 모색해야 한다. 이는 경제적 성장이란 유일한 목표 때문에 안전이 무시됐다는 분석에 기인한다. 안전이

| 그림 1 | 우리가 살면서 만날 재난의 종류와 범위 그리고 심각성

재난의 범위 (세로축)

범위 \ 심각성	미미함	견딜 만 함	파괴적임	지옥 같은
우주적				
전세대적	· 피카소 작품 중 한 작품 손실	· 문화유적지 파괴 · 대규모 벌목		실존적 위험
세대간	· 딱정벌레 한 종류 멸종 · 제주 한 올레길 사라짐	· 종교 암흑 시대 · 한반도 남북 갈등	· 고령화　· 원전사고 · 방사능 누출	
세계적	· 0.01℃ 지구 온도 상승 · 해수면 1cm 상승	· 오존층 얇아짐 · 석유 고갈	· 세계 전쟁 · 치명적 바이러스	글로벌 재난
지역·사회	· 차량 접촉 사고 · 폭우에 패인 도로	· 경제 쇠퇴 · 물난리	· 대학살 · 세월호 참사	
개인	· 머리카락 빠짐 · 끓는 물이 넘침	· 차량 도난 · 식중독	· 차 사고 · 건물 화재	

재난의 심각성 (가로축)

자료 : Nick Bostrom, "Existential Risk Prevention as Global Priority," Global Policy Future of Humanity Institute, 4(1): 15-3(2013).

라는 키워드는 시간이 지나면 사라질 유행어가 아니다. 그것은 우리 사회가 지향하는 목표의 변화, 비전의 변화, 그에 따른 행동의 변화를 요구하고 있다.

〈그림 1〉에서 보듯이 머리카락이 빠지는 것이나 차량의 접촉 사고 같은 미미한 재난부터 건물 화재, 경제의 쇠퇴, 기후변화로 인한 지속적인 해수면 상승, 원자력발전소 사고로 인한 방사능 누출, 세계 전쟁까지 우리가 살면서 만날 수 있는 재난은 다양하다. 그림에서는 그 재난의 심각성을 미미하다거나 견딜 만하다거나 혹은 파괴적이어서 견

미래는 더 나아질 것인가

딜 수 없는 수준 등으로 나눴지만, 사실 어느 재난이든 그 대응책이 없다면 사회 구성원이 겪을 좌절감이나 상실감은 상당히 클 수밖에 없다.

재난은 그 위험이 미치는 범위와 영향에 따라 개인, 지역 사회, 세계, 세대간, 전全 세대 그리고 우주로 나눠볼 수 있다. 끓는 물이 넘쳐 가스레인지가 꺼지는 정도의 재난이 개인 수준에서의 피해라면 폭우에 팬 도로는 한 지역이 겪는 피해다. 석유 에너지가 고갈되거나 한반도의 남북 갈등이 고조돼 어떤 치명적 사건을 경험한다면 이는 세계적으로 그리고 전 세대에 영향을 미치는 재난으로 볼 수 있다. 좀 더 극단적인 상상을 해본다면 인류를 포함해 지구상에 모든 지적 동물들의 멸종을 초래하는 실존적 위협Existential Risks을 마주칠 수도 있다.

인류를 멸종시킬 실존적 위험

인류가 경험하지 못한 미증유의 재난이 닥쳐온다면 우리는 어떤 대응을 할 수 있을까? 이 재난이 한 세대에 끝나는 게 아니라 지구상의 모든 지능형 동물의 생존을 위협하는 수준이라면? 이 문제를 앞서 고민하고 있는 대표적 학자는 영국 옥스퍼드대학의 닉 보스트롬이다. 그는 2000년대 초반 미국에서 포스트휴머니즘을 연구했으며, 영국으로 건너간 뒤에는 실존적 위협이란 주제로 연구를 확장하고 있다.

보스트롬이 언급하는 실존적 위협이란 인류의 멸종을 의미한다. 그는 운석의 충돌이나 자연재해보다는 인간의 기술이 낳은 위협 요인에 초점을 맞춘다. 예컨대 합성생물학Synthetic Biology, 나노 무기Nanotechnology Weaponry, 기계초지능Machine Superintelligence 등이 인류의 생존과 미래를 위협한다는 것이다.

합성생물학의 경우 자연 세계에 존재하지 않는 생물 구성 요소와 시스템을 설계한다는 측면에서 인류의 난제, 예컨대 석유 자원 고갈 등을 해결할 수 있는 신학문으로 대접받고 있다. 그러나 생물 안전성(종의 경계를 넘는 유전자 이동)이나 생물 안보(바이오 테러), 생명 윤리 등에서 많은 도전을 받고 있기도 하다.

슈퍼지능을 갖춘 로봇의 등장은 어떤가. 많은 공학자가 인간이 설계한 프로그램 안에서만 움직이는 로봇이 아닌 '깨어 있는' 로봇의 등장에 대해 확신을 갖는다. 영혼이 있는 기계Spiritual Machine가 과연 등장할 수 있을지 논의가 분분한 가운데 컴퓨터공학의 발달 속도를 보면 오히려 이런 기계가 등장하지 않으리라고 예측하는 게 순진해 보인다. 깨어 있는 로봇보다 훨씬 가능성이 크고 이미 많은 진전을 보고 있는 인간과 컴퓨터의 결합IA(Intelligence Amplification),[1] 즉 지능의 확대와 확장은 앞으로 어떤 재난이 가능한지 헤아려보는 데 도움이 된다.

예컨대 IA라는 프레임에서는 과학기술의 변화를 따라 가는가 아닌가에 따라 도태되는 인간과 진화 발전하는 인간이 나뉜다. 연결의 대역폭이 넓은 사회에선 갖가지 실험들이 벌어지고 이를 기반으로 다양한 문명의 진보를 경험할 수 있는 반면, 연결의 대역폭이 낮은 사회에서는 시대에 뒤처지고 변화를 이해하지 못한 채 고립될 수 있다. 인재人災적 재난은 격차가 벌어질 때 발생한다. 누군가는 매번 이익을 보고

미래는 더 나아질 것인가

누군가는 매번 불이익을 당한다고 할 때, 누가 테러리스트가 될지 상상하는 것은 어렵지 않다.

실존적 위협이 될 수 있는 미래에 발생 가능한 사건들은 더 있다. 세계가 핵전쟁을 벌인다면 기나긴 핵겨울을 맞이해 인류는 생존할 수 없다. 고도의 문명과 과학기술을 갖춘 외계 생명체의 지구 정복이나 스페인 독감과 같은 치명적인 바이러스의 창궐을 상상할 수 있다.

보스트롬은 실존적 위협을 인류의 멸망과 단순 등치시키지 않는다. 극단적 사건으로 지구상에 지능을 갖춘 존재들이 사라지는 것뿐 아니라 현재 인류가 활용하는 기술의 맹점을 지적하며 이 상황이 지속될 경우 결국 파국을 맞이할 것이란 주장까지 전개한다. 보스트롬은 반복적 기술의 정체 상태, 미완성의 기술 또는 파괴를 동반한 기술 개발을 언급하면서 이런 상황도 실존적 위협의 전조가 된다고 강조한다.

우리는 과학기술적으로 진보한다고 믿고 있지만 실존적 위협이라는 측면에서 보면 아직 보잘것없는 수준이다. 여전히 우리 과학기술은 결함이 있으며 인류의 생존을 보장하지 못한다는 것이다. 이를 보완하기 위해 보스트롬은 전문가뿐 아니라 대중의 지혜를 모으는 방법을 찾고 주기적으로 기술 예측과 기술 영향 평가를 실시해야 하며, 실존적 위협에 대처하는 세계적 협업의 과정을 만들고 연습해야 한다고 주장한다.

이문재 시인은 〈지금 여기가 맨 앞〉이라는 시에서 "나무는 끝이 시작이다 / 언제나 끝에서 시작한다 / 실뿌리에서 잔가지 우듬지 / 새순에서 꽃 열매에 이르기까지 / 나무는 전부 끝이 시작이다"라며 역사 시대 문명 진화 지구 우주도 그 끝에 서 있고, 그래서 우리는 '맨 앞'에 서 있다고 갈파한다.[2] 끝을 본 사람만이 가장 앞에 서 있다고 주장할 수 있으며, 그 끝에서 새로운 희망이, 가능성이, 대안이 나올 수 있다고 말하는 듯하다. 우리가 살면서 만날 모든 재난과 그 대응은 바로 이 끝을 확인하고, 우리의 과거를 돌아보며, 새로운 대안을 내놓자는 게 목적이다.

만일 원전 사고가
일어난다면?

온 국민을 충격에 빠뜨렸던 세월호 사고 이후로 우리 사회는 간과했던 위험 요소를 다시금 성찰하도록 요구받고 있다. 모든 악조건이 겹치면서 불가능할 것 같던 최악의 참사가 일어났고 막연한 위험이 현실의 재난으로 뒤바뀔 수 있단 가능성을 적나라하게 보여줬기 때문이다. 위험은 사고를 통해 현실화된다.

초기의 위험 연구는 일반적으로 '위험=사고 확률×사고당 손실'이라는 공학적 정의에 바탕을 두고 이뤄졌다. 경제학이나 경영학 역시 비슷한 관점에서 위험을 투자 혹은 투기의 조건으로 보고 확률적으로만 다뤄온 게 사실이다. 그러나 공학적 관점을 암묵적으로 수용했던 주류 학제 간 위험 연구는 곧 한계에 부딪혔다. 이는 위험을 끊임없이 생산하는 현대사회 시스템이 안고 있는 구조적 문제를 상대적으로 소홀히 다뤘기 때문이다. 특히 최근 20~30년간 인류가 경험한 초대형 사고들은 위험 그 자체보다 거시적 관점에서 그 위험을 안고 있는 사회 시스템의 문제에 질문을 던지고 있다.

위험은 곧 통제 불확실성

'위험'은 벼랑 끝에 서 있는 위태로운 사람의 모양새를 의미하는 '위危'와 깎아지른 듯 서 있는 산의 모습을 말하는 '험險'이 결합한 단어다.[3] 중요한 것은 위험이 위태롭고 험난한 '상태' 자체를 의미하기보다 우리가 그런 상태에 빠질 '가능성'을 뜻한다는 데 있다. 마찬가지로 오늘날 사회학에서 사용하는 'Risk' 개념 역시 근대에 대항해 시대의 라틴어 'Risicare'에서 유래됐는데 이는 당시 유럽인에게 미지의 바다로 향한다는 것은 엄청난 불확실성을 감수해야 하는 사실에서 기원했다.

이 때문에 피터 번스타인Peter Bernstein은 위험에 대한 인간의 통제야말로 중세와 근대를 구분 짓는 결정적 차이임을 주장한 바 있다. 즉 인류는 위험에 기도가 아닌 이성과 과학으로 접근하기 시작하면서 불확실성을 획기적으로 줄여나갔으며, 그 결과 자연을 지배하고 더 나아가 신의 영역에 있었던 미래를 건드리는 존재로 거듭날 수 있었다는 것이다.[4]

그러나 역설적으로 현대사회는 과거보다 더 많은 위험이 상존하고 있다. 환경의 불확실성을 극복하려는 인류의 시도들은 사회 시스템의 복잡성을 엄청나게 증가시킨 반면 이를 통제하기 위한 제도와 거버넌스는 그것을 따라가지 못한 결과 '인간이 만든 불확실성'에 노출될 가능성이 더욱 커진 것이다. 찰스 페로Charles Perrow는 저서《무엇이 재앙을 만드는가Normal Accidents》를 통해 이 같은 주장을 뒷받침했다. 과학기술은 그 어느 때보다 고위험사회를 만드는 데 일조했으며, 오늘날 우리가 겪는 사고는 근본적으로 사회 시스템이 내포하는 불확실성에 기인한 것이지만 동시에 지극히 정상적인 현상으로 이해해야 한다는 것이다.[5] 그는 이런 정상 사고에 대처하기 위해서는 우리가 감당할 수 없는 위험한 기술을 무분별하게 확대 재생산하지 않는 방법밖에 없다고 봤다.

한반도는 지진 안전지대?

오늘날 수많은 위험 중 엄청난 시공간적 파급력을 지니고 있음에도 불확실성이 높아 통제가 쉽지 않은 위험은 뭘까? 대표적인 것이 원전 사고다. 원자력발전소는 수백만 개의 부품과 수백 킬로미터에 달하는 전선과 배관, 수만 개의 용접 지점과 밸브 등이 이상 없이 작동해야 하는 고도로 복잡한 시스템이다. 이들 시설과 부품을 언제나 완벽하게 점검하고 교체하여 안전성을 확보한다는 건 사실상 불가능하다. 더욱이 노후화될수록 그 위험은 기하급수적으로 높아진다.

그럼에도 원자력이 전통적인 에너지원을 대체하는 청정 기술이란 찬사를 들으며 21세기에 새로운 르네상스를 향유하는 가장 큰 이유는 전 세계적 에너지 부족 현상 때문이다. 갈수록 심화되는 기후변화 속도를 늦출 수 있는 현실적인 대안이라는 믿음도 한편에 자리하고 있다. 그 결과 이미 전 세계에 435기의 원자력발전소가 가동 중임에도 불구하고 2014년 현재 그에 맞먹는 462기가 신규 건설될 예정인 것으로 나타났다. 이미 매우 높은 원전 밀집도를 보이고 있는 동북아시아 지역, 그중에서도 특히 중국을 중심으로 향후 더 많은 원자력발전소가 건설될 예정이다.[6]

2015년 기준 우리나라는 총 24기의 원자력발전소를 운영 중이다. 발전 설비 용량은 2만 1716메가와트로 국내 총 설비 용량(9만 7646메가와트)의 22.2퍼센트를 점유하고 있다.[7] 제2차 에너지기본계획에 따르면 전기 수요량을 석유로 환산했을 때, 2011년 3910만 톤에서 2035년 7020만 톤으로 증가할 전망이다. 따라서 기존에 계획한 원전을 모두 짓더라도 추가로 필요한 설비 용량이 700만 킬로와트에 달하며, 결국 100만 킬로와트급 원전 7기를 더 지어야 한다는 결론에 이른다.[8] 2007년부터 2011년까지 5년간 전 세계 평균 원전 가동률은 78.7퍼센트인데 비해 우리나라는 91퍼센트에 달했다.[9]

정부가 발표한 제7차 전력수급기본계획(2015~2029년)에 따르면 국제사회의 기후변화 대응 체제인 '포스트 2020'에 맞춰 온실가스 배출 주범인 석탄 비중을 현재 28.2퍼센트에서 2029년 26.8퍼센트로 줄이는 것을 목표로 한다. 이를 달성하려면 전체 전력 공급원 중 원자력이 차지하는 비중은 현재의 22.2퍼센트에서 2029년 23.4퍼센트까지 증가할 수밖에 없다.

최근 발생한 경주 지역의 지진은 이 같은 원자력 에너지 진흥정책의 위험성을 경고하고 있다. 2014년 발표된 제2차 전력수급기본계획은 후쿠시마 원전 사고 이후 원전에 대해 안전 점검만을 강조했을 뿐 원전 부지의 지진 위험성에 대해서는 간과한 바 있다. 지금껏 정부와 한국수력원자력은 '한반도는 지진 안전지대'라는 통념에 갇혀 이런 경고를 외면해왔다고 볼 수 있다. 최근 원전과 가까운 경주에서 규모 5.8 지진이 현실화한 만큼 위험요인에 대해 철저한 대비가 필요하다.

원전 사고를 촉박하는 동인들

원전 사고는 어떤 이유로 발생할까?

첫째, 원전 시설 노후화와 부실관리로 인한 사고를 예상해볼 수 있다. 본래 고리 원전 1호기와 월성 원전 1호기는 각각 2007년과 2012년에 30년 가동 수명이 만료되는 노후 원전이었다. 그러나 고리 원전 1호기는 2008년 증기 발생기를 교체한 뒤 원자력안전위원회에 10년 수명 연장을 신청해 승인받아 재가동 중이다. 월성 원전 1호기 역시 2009년 핵연료가 들어 있는 압력관을 교체하고 10년 수명 연장을 원자력안전위원회에 신청했다.

하지만 고리 원전 1호기는 안전 점검이 끝난 지 50일 만에 고장 사고를 일으켰고, 월성 원전 1호기는 다른 원전보다 5배에 달하는 사용후 핵연료와 30배 이상의 방사성 삼중수소를 배출하는 등 심각한 문제점을 노출한 바 있다.[10] 더욱이 고리 원전 1호기, 월성 원전 1호기 모두 국내 고장 사고로는 최고 등급인 2등급 사고, 즉 원전 관련 종사자들이 법정 한도 내에서 피폭되거나, 한계치 내 방사선에 노출되고 시설물에 방사능 오염이 나타나는 수준의 사고를 겪었다.

고리 원전 1호기의 원자로 상태를 확인하기 위한 종합적인 감리는 1999년에 실시한 것이 마지막이며, 주요 기기인 증기 발생기도 지난 1998년에 교체됐다. 월성 1호기는 심사가 종료되고 2016년 7월 연장 승인됐다. 고리 1호기는 2007년 수명을 다해 가동이 중단됐으나 2008년 국제원자력기구IAEA의 검증과 협의를 거쳐 10년 연장됐다. 이런 시설의 노후화와 관리 소홀은 국내 원전 사고를 유발하는 핵심 동인이다.[11]

둘째, 자연재해 역시 치명적인 원전 사고를 유발할 수 있다. 한반도에서도 전례 없는 대규모 지진이 일어났고 지구온난화의 영향으로 초대형 태풍이 발생하는 등 이상 현상이 지속되고 있다. 현재 마련된 자연재해 대비책은 지금까지 관찰된 지진과 해일에 대비해 마련된 것으로 상당히 온건한 상황을 가정한다. 일본 후쿠시마의 방벽이 그때까지 발생했던 가장 큰 규모의 지진해일을 상정해 설계됐지만 그 한계를 뛰어넘는 쓰나미에 속수무책이었던 점을 고려할 때 한국의 원전 역시 안전을 장담할 수 없다.

특히 월성 1호기는 최근 지진으로 특별재난지역으로 선포된 경주에 위치해 있음에도 내진 설계는 상당히 취약하다. 최대지반가속도를 추정한 지진위험지도 분석 결과 원전이 위치한 곳은 0.4지(지진 규모 7.18)로 평가됐지만, 월성 원전 1호기의 내진설계 기준은 0.2g(g는 중력가속도)에 불과하기 때문이다.[12] 만일 지진의 충격으로 원전 운용에 이상이 발생한 상황에서 적절한 관리 조치가 이뤄지지 않으면 자연재해와 인적 사고가 결합한 초대형 복합 재난이 일어날 수 있다.

셋째, 북한 등 테러 집단의 공격으로 원전이나 인근에 대형 사고가 발생하고 이를 수습하지 못할 경우 심각한 결과로 이어질 수 있다. 원자력발전소는 항공기 충돌에 대한 시뮬레이션을 실시하는 등 대비책을 마련하고 있지만, 사고를 완전히 예방할 수 있다고 장담하기는 힘들다. 테러 공격은 외부의 물리적 공격으로 이뤄질 수도 있지만 내부 인력의 매수 혹은 외부에 있는 적의 원자력발전소 내부 침투를 통해서도 가능하다. 최근 다양한 계측 제어 장비들이 디지털화되면서 사이버 테러로 인한 사고의 발생 가능성도 무시하기 어려운 상황이다.

마지막으로 국내 원전을 잘 관리한다고 해서 불확실성이 모두 제거되는 건 아니다. 지리적 위치상 중국에서 원전 사고가 발생한다면 우리는 치명적 피해를 입게 된다. 방사성 물질이 누출되면 편서풍을 타고 그대로 우리나라에 도달할 수 있기 때문이다. 최근 중국이 지진 가능성이 있는 지역에 잇따라 원전 건설 계획을 발표하면서 이런 우려가 현실화될 가능성을 배제할 수 없게 됐다.

특히 중국 정부는 원전 추가 건설 가능성을 타진하려 140곳에 대해 타당성 검토를 하고 있다. 이 중 2008년 대지진이 일어났던 쓰촨성 지역도 3기 이상의 원전 후보지로 검토 중이다. 또 가까운 미래에 화산 폭발 가능성이 제기되는 백두산에서 불과 100킬로미터 떨어진 지린성 남쪽에도 원자로 4기로 구성된 징위 원전을 건설한단 계획을

| 그림 2 | 중국의 원자력발전소 건설 계획

자료 : 한국수력원자력(2012).

발표했다. 징위 원전 건설 계획은 후쿠시마 원전 사고가 발생하면서 잠정 보류됐다가 에너지 부족으로 슬그머니 추진되는 상황이다.

　문제는 중국의 원전 관리도 우려할 만한 상태란 점이다. 현재 중국은 2세대 원자로 설비의 일부 생산이 가능하지만 4세대 국제 수준에는 뒤처진다. 게다가 프랑스, 일본, 캐나다, 러시아 등 다양한 국가에서 원전을 수입하고 있어 안정적인 원전 운영을 위한 표준화를 확보하지 못했다. 또 원전 시공과 운영 기술의 국산화는 상당 수준 달성했지만 원전 설계와 제조 기술에선 선진국과 격차가 크다. 원전 건설 과정이나 원전 사고 은폐 과정에서 드러난 고질적인 부정부패 역시 중국발 원전 사고 위험성을 한층 심각하게 만들고 있다.[13]

예상되는 원전 사고 시나리오와 파급효과

해외와 달리 국내에서 원전 사고 발생이 더욱 심각하게 여겨지는 이유는 노후한 위험 원전들이 인구 밀집 지역에 분포돼 있다는 점 때문이다. 고리 원전만 해도 원전 반경 30킬로미터 이내에 울산과 부산이 포함되는 등 322만 명이 직접적인 영향권에 놓여 있다. 이에 따라 환경운동연합에서는 고리 원전에서 방사능이 누출되는 사고가 발생할 경우, 최대 72만 명의 사망자와 최대 1019조 원의 경제적 피해가 발생한다는 모의실험 결과를 발표하기도 했다.[14]

이에 대해 한국수력원자력은 원전 압력관을 비롯한 주요 부품 9000여 건의 설비 개선과 교체 작업이 끝났기 때문에 30년이 지났어도 새 원전이나 다름없으며 노후화로 인한 중대한 기술적 사고는 일어날 수 없다고 반박했다.[15] 또 해일로부터 원전을 보호하기 위해 해안 방벽과 대형 차수문遮水門을 설치했기 때문에 후쿠시마처럼 바닷물에 침수되는 사태도 막을 수 있다고 주장했다.

하지만 수백만 개에 이르는 부품 안전성을 100퍼센트 검증한다는 건 현실적으로 매우 어려운 일이다. 또 안전성 검사는 통제된 상황 아래 다른 조건들이 정상이라는 전제에서 이뤄지기 때문에 통제가 안되는 일들이 동시에 일어나는 극단적 시나리오에서는 그 결과를 알수 없다.

필자는 국내 원전 사고를 가정해 주요 정부기관, 출연연구소, 대학, 환경단체의 전문가들과 심층 인터뷰와 워크숍을 진행했다. 그 결과 국내에서 원전 사고가 발생할 경우, 거의 모든 산업이 큰 피해를 입고

원전 사고 예상 시나리오

부산 기장군 고리 원전에서 기술적 결함으로 인한 원전 중단이 발생한다. 노후한 원전이었고 최근 빈번하게 발생했던 작동 중지라 관계부처 공무원과 원전 인근 주민들은 크게 동요하지 않는다. 원전 중단 2시간 뒤 정부는 원자로에 소량의 방사능이 누출됐지만 우려할 만한 수준은 아니라고 발표한다. 그날 밤 정부는 고리 원자로의 균열이 심각한 수준이며 대피가 필요하다는 속보를 낸다.

평소 정부는 원전 사고가 발생하기 힘들다는 입장이었고 따라서 원전 사고 발생시 구체적 대응책이 부재한 상황이다. 매뉴얼이 없기에 소개 지역과 소개 방법, 구호물자 조달에 심각한 차질이 생긴다. 원전 사고에 대한 대비 훈련과 대응 수칙에 대해 전혀 교육받지 못했던 주민들은 큰 혼란에 빠지고 인근 지역으로 통하는 교통은 순식간에 마비되지만 이를 통제하는 인력은 없다. 방사능의 빠른 확산은 이미 주변 30킬로미터 내에 거주하는 322만 명을 도망칠 수도, 구조할 수도 없게 만들었다. 원전 사고 가능성을 부정하는 정부의 입장을 신뢰하던 대다수 국민들은 불안감에 휩싸이고 사회적 소요 사태가 일어난다.

일정 기간 사회 기능이 정상화되기 어렵다는 결론에 도달했다. 워크숍에서 논의된 원전 사고의 파급효과를 산업별로 정리하면 다음과 같다.

- **교통·물류** : 재난 지역으로의 출입 통제는 교통 시스템의 마비나 혼란을 유발하고 운송·물류 산업에 심각한 타격을 줄 것이다. 운송 시간과 비용의 증가는 제품 가격을 상승시키며 택배 등의 물류 산업과 기차·고속버스 등의 운송 산업에도 피해를 줄 것이다.
- **관광** : 원전 사고 발생은 국내 유동 인구는 물론 한국을 찾는 외국인 여행객 수를 급감시킬 것이다. 여행사를 비롯해 레저 업체 등은 도산할 수 있다. 여행 부문의 무역수지 적자가 심화돼 문화·관광 산업

의 심각한 위축을 초래할 것이다.

- **식품** : 원전 사고로 지하수·토양·해양·대기 등의 환경오염이 심각해질 것이며 식수와 농수산물에 대한 불안감이 증폭돼 관련 소비가 위축될 것이다. 국내 먹거리 생산량이 급감하며 반대급부로 해외에서 식품 수입이 급증함에 따라 단기적으로 식품 산업이 붕괴된다.

- **의료·방재** : 수많은 방사능 피폭자가 발생해 치료를 위해 필요한 요오드 등 의약품이 부족해질 것이다. 광범위하고 다면적인 환경오염은 사람과 동물의 면역 체계를 약화시켜 갑상선 이상, 암 등의 질병 발생률이 높아질 것이다. 반면 방사능 계측기, 피복 등 안전장비에 대한 수요가 증가하면서 방재 산업은 호황을 누릴 것이다.

- **금융** : 외국인 투자가 급감하고 해외 기업의 국내 지사가 철수할 것이다. 한반도 전체가 방사능 위험에 노출되면서 주가가 폭락할 수 있다. 투자가 위축되고 외환이 유출되면서 국가 신용등급은 하락하고 환율이 급등한다. 결국 금융 전반에 위기가 도래할 것이다.

- **에너지** : 사고 발생 지역뿐 아니라 전국적으로 원자력발전소 가동이 전면 중단될 것이다. 국내 에너지원의 30퍼센트 이상을 담당해왔던 원자력 부문의 가동이 중단되면서 심각한 에너지 부족 현상이 일어난다. 그 결과 새로운 대체연료나 수입원으로 보충되기 전까지 전기세가 폭등할 것이다.

- **제조업** : 피해 지역 내 산업 시설 가동이 중단되면서 물자 부족 현상이 심각해지고 수입품이 급증할 것이다. 에너지 부족으로 공장 가동에 장애가 발생하면서 국가 주요 제조업 기반이 총체적 위기에 놓일

것이다. 반면 에너지 저소비 제품이나 쿨비즈 산업은 새로운 기회를 맞을 수 있다.

- **행정·인프라** : 원전 사고로 피해를 입은 지역의 공공 서비스가 마비돼 행정 처리가 중단되고 교육 시설은 폐쇄돼 불편해질 것이다. 이 과정에서 각종 피해 소송이 증가하며 사회적 갈등 해결을 위한 새로운 제도 도입으로 인해 사회적 비용이 상승할 것이다.

- **사회 갈등** : 새로운 계층 간 갈등, 즉 피폭 난민 대 일반인 사이의 사회 갈등을 야기할 것이다. 대규모 난민 발생은 다른 지역으로의 이주로 이어지고, 이주 지역 내 일자리 수용 시설·주택 부족 등 사회 문제를 초래할 것이다. 결국 원주민과 원전 난민 사이의 갈등이 심화될 것이다. 동시에 피해 지역의 공동화 문제, 이에 따른 집단 이주 문제가 공론화되면서 정부와 시민 간 갈등도 고조될 수 있다.

지금, 무엇을 시작해야 하는가

이처럼 국내에서 원전 사고가 발생한다면 엄청난 인명 피해와 사회적·경제적 혼란이 예상된다. 하지만 사후 대책은 미비한 상태다. 충분한 대피소나 방역 물자를 갖추지 못한 정부 입장에선 우선적으로 치안과 안정에 초점을 맞출 수밖에 없다.

그렇다고 당장 원전 폐쇄 결정을 내릴 수 있을까? 현재의 전력 공급 시스템을 고려한다면 이는 현실성이 낮은 대안이다. 새로운 에너지원을 통해 완전히 대체하려면 최소 15~20년 이상이 필요하다. 당

미래는 더 나아질 것인가

장 탈핵을 결정하더라도 지금으로서는 원자력발전을 통한 에너지 수급을 단숨에 멈출 수 없다. 따라서 예상치 못한 원전 사고에 대해 좀 더 현실적인 방재 대책과 개선안을 고민해야 한다.

연구개발 측면에서 현재의 원자력정책은 원전 시장 확대를 염두에 둔 신형 원자로 개발보다 방재와 사용 후 핵연료 처리의 안전성을 담보할 수 있는 기술 개발로 투자를 전환할 필요가 있다.[16] 또 수명 한계에 달한 원자력 시설을 정밀하게 해체하는 기술과 해체 후 최종 폐기물을 어떻게 안전하게 처분할지에 대한 연구도 필요하다.

원자력발전은 낯설고 두려운 위험 요인으로 대중 민감도가 높고 정치적 이슈로 발전할 가능성이 매우 크다. 따라서 가장 필요한 일은 원자력발전의 불확실성을 염두에 두고 사회 구성원과 투명하게 정보

| 표 1 | **원전 사고에 대한 정책적 대응 방안**

구분	정책적 대응 방안
예방적 차원	노후 원전에 대한 예방적 폐로 기술 확보
	사고 확률을 획기적으로 낮출 수 있는 안전형 원자로 개발
	고준위 핵폐기물 처리 기술 개발
완화적 차원	사고시 원전 현장 접근과 사고 대응을 위한 로봇 기술 개발
	방수·방재 자가 발전 시스템 개발
	방사능 오염 처리 기술과 의학 기술 개발
회복적 차원	방사성 물질에 오염된 물질에 대한 제염 기술 개발
	원자로 폐로와 안전 해체 기술 확보

를 공유하는 것이다. 우리나라 원전정책은 규제·안전정책이 적극적인 육성정책에 밀리는가 하면 소수만이 정보를 독점하는 폐쇄적 구조에 머물러 있다.

원전 사고의 파급력을 고려할 때, 원자력발전의 안전문제는 원자력 분야만의 독점 대상이 아닌 국가와 사회 차원의 위험관리 대상이 돼야 한다.[17] 즉 우리가 안고 있는 위험 요소가 무엇이고, 현재 견딜 만한 것인지, 더 나아가 어떻게 한계점을 극복할 것인지를 공동체와 상세히 공유하는 위험 소통 과정이 절실하다.[18] 이 과정을 간과할 때 나타나는 극심한 부작용을 우리는 이미 광우병 사태 때 경험하지 않았는가. 사회의 복잡성과 불확실성이 커질수록 우리는 더 자주 위험에 대해 소통해야 한다. 이런 소통 노력이야말로 원전처럼 불확실한 위험 요소를 사회적 신뢰로 이끌고 바람직한 변화를 유도하는 출발점일 것이다.

미래는 더 나아질 것인가

인간의 창의성과
지능형 시스템이 만났을 때

최근 잇따른 대형 재난 사고를 겪으며 많은 과학기술 전문가들이 빅데이터, 사물인터넷, 센서 네트워크, 재난 구조 로봇 등 첨단 인텔리전트 기술을 재난의 예방과 사후 대응에 적극 활용해야 한다고 목소리를 높이고 있다. 일부는 경제성 평가 때문에 필요한 투자가 제때 이뤄지지 못했다고 개탄하며 재난 대응과 관련된 기술 투자는 경제성 여부와 관련 없이 확대해야 한다고 주장한다.

이 같은 주장에 대해 논하기에 앞서 경제성 평가에 대한 오해부터 바로잡을 필요가 있다. 주어진 자원을 효율적으로 활용해 사회적 효용을 극대화하는 대안을 찾는 경제성 평가는 GDP, 이윤 등 경제적 이익만을 절대 가치로 추종하는 경제 지상주의와는 전혀 다른 개념이다. 경제성 평가를 누락시키면 공공 안전을 개선하기보다는 공공 안전부처의 이해에 부합하는 프로그램 위주로 예산 낭비가 이루어지는 것을 눈감아주는 결과만을 낳을 뿐이다.

꼭 최첨단일 필요는 없다

사실 첨단 기술이란 거창한 이름으로 거액의 투자를 동반하지 않고도 적은 비용으로 재난 대응을 강화할 수 있는 방안은 많다. 최근 주목받고 있는 통합재난대응무선지휘망 사례를 살펴보자. 적은 비용으로 민간이 구축한 통신망을 이용할 수 있는데도 해당 부처가 군이 수천억 원의 혈세를 투입해 새로운 전용 재난 통신망 구축을 고집한 결과 10여 년간 아무런 진전이 없었다.

세월호 침몰시 최초로 신고를 접수한 수단은 아이러니하게도 전용 재난 통신망이 아닌 일반 휴대전화였다. 전용 통신 설비와 정보 시스템을 갖춘 선원과 관계 당국은 이해관계 문제로 초동 대응 시간만 낭비했다. 정부는 세월호 참사 후에야 미래창조과학부 주도로 부처 간 재난 대응 통신에 민간의 광대역 통신망을 활용하는 방안을 추진하기로 했다.

재난 대응에 인텔리전트 기술을 도입하는 문제 역시 높아진 국가적 경각심을 이용해 시장을 창출하려는 공급자의 이해에 휘둘리지 않도록 해야 한다. 투입 대비 효과가 있는지를 면밀하고 냉철하게 고민해봐야 할 것이다. 무엇보다 재난 대응 인텔리전트 기술의 기초 인프라가 되는 센서 네트워크를 새로 구축하는 것은 물론 유지보수에도 엄청난 비용이 든다. 최근 발생한 지하철이나 기차 사고들은 이미 구축된 신호기가 제대로 작동하지 않은 것이 원인이었다. 지능형 시스템을 구축해도 유지보수 예산이 지속적으로 뒷받침되지 않으면 오히려 더 큰 사고를 야기할 수도 있음을 알 수 있다.

물론 인텔리전트 기술 도입으로 재난 발생을 사전에 정확히 예측하고 예방할 수 있다면 큰 비용이 들더라도 그로 인한 편익이 비용을 상회할 것이다. 그런데 대규모 재난 사고는 발생 확률이 매우 낮은 사건으로서 데이터가 많지 않아 통계적으로 정확히 예측하기 어렵다. 최고의 슈퍼컴퓨터와 분석 소프트웨어를 동원한 기상청의 자연재해 예보가 종종 오류를 내듯이 빅데이터 옹호자들의 장밋빛 전망과 달리 단기간에 재난 예측을 획기적으로 개선하기는 쉽지 않다.

정확도가 낮은 예측 시스템이 오보를 남발하게 되면 양치기 소년의 우화에서 보듯이 예보에 대한 신뢰가 급격히 하락해 실제 재난 재해가 발생했을 때 예보의 영향력이 떨어질 수밖에 없다. 통계학에서 '1종·2종 오류'라고 부르는 이 딜레마는 예측의 정확성이 획기적으로 개선되지 않는 한 피하기 어렵다.

과학기술 전문가는 재난 대응 기술의 비용은 과소평가하고 편익을 과대평가하는 환상에 빠지기 쉽다. 세월호 침몰, 금융사 개인정보 유출 등 2014년 온 국민을 경악하게 했던 사고들은 모두 인간이 안전 규정만 제대로 준수했다면 충분히 예방하거나 대응 가능했던 사고들이다. 첨단 기술의 부재가 아니라 운영하는 사람의 안전 불감증이 사고의 주된 이유였다. 과학기술로 안전문제를 일거에 해결할 수 있다는 기술 지상주의적 발상은 순진한 생각일 수 있다.

당분간 지능형 시스템은 인간과 공존해야

많은 사고가 고의든 실수든 인간 요인으로 발생하므로 자동화 기술은 인재를 대폭 감소시킬 것이란 견해가 있다. 영화 〈로보캅〉을 보면 매수·청탁에 취약한 인간 경찰과 달리 로보캅은 사리사욕의 유혹에 넘어가지 않았다. 세월호 침몰은 이익에 눈먼 기업의 무리한 화물 과적이 주원인이었다. 센서 네트워크를 설치하고 기준 미달시에는 어떤 타협도 없이 운행이 자동 금지되는 시스템을 구축한다면 같은 사고가 재발되는 일을 피할 수 있다.

이처럼 명확한 규칙이 예외 없이 준수돼야 하는 경우엔 자동화가 효과적일 수 있다. 그러나 실제 시스템 운영에서 부딪히는 문제는 훨씬 복잡한 경우가 많다. 인간의 판단을 배재한 채 사전에 정해진 규칙만으로 운영하는 일은 분명 한계가 있으므로 당분간 지능형 시스템은 인간과 공존해야 할 것이다. 일상생활에서 가장 널리 이용되는 기계 시스템인 자동차를 보면 에어백, 특수 브레이크ABS, 후방 카메라 등은 기본이고 적응형 순항제어장치Adaptive Cruise Control, 차선 유지 지원 시스템, 보행자 충돌 방지 시스템 등 진보된 차량 안전 기술들이 인간의 운전을 보완하며 사고 발생률 감소에 기여하고 있다.

글로벌 IT기업들이 무인 자동차를 개발하고 있는데, 미국에서는 자

미래는 더 나아질 것인가

동차가 없으면 이동이 어려운 중소 도시와 농촌 지역에서 노인, 장애인 등을 상대로 2020년 이전에 상용화될 가능성이 크다. 복잡한 대도시까지 보급되는 데는 시간이 걸릴 것이며 모든 운전자가 항상 자율 운전 기능을 선호하지도 않을 것이다. 따라서 앞으로도 상당 기간 많은 시스템은 인간에 의해 운전되고 지능 시스템은 보조적 역할에 머무를 것이다.

인간이 개발한 현재의 기계와 시스템은 수동 조작의 세계에서 멀리 떨어져 있고, SF영화처럼 완벽히 작동하는 세계까지는 아직 먼 어중간한 상황에 처해 있다.[19] 세계적인 인지과학자 도널드 노먼Donald Norman은 이런 상황에서 인텔리전트 기술의 도입이 시스템의 불안정성을 높이는 다양한 이유와 사례를 제시한다.[20]

첫째, 스마트하다거나 인텔리전트하다는 시스템은 사용자가 겪을 수많은 문제를 설계자가 미리 예상하고 해결책까지 내놓은 것이다. 하지만 어설픈 지능형 시스템은 설계자가 예상치 못한 문제가 발생할 경우 사용자를 좌절시키거나 이용을 방해하고 심지어 위험을 증가시킬 수 있다.

둘째, 인간은 어떤 활동이 더 안전해졌다고 느끼면 위험에 대한 경각심이 둔해지고, 심지어 더 위험한 행동을 과감히 취하게 돼 결과적으로 사고율이 일정하게 유지되는 경향이 있다. 이런 현상을 '위험 항상성Risk Homeostasis'이라 부른다. 설계자는 운영자가 자동화 시스템을 감시하다가 문제가 생기면 바로 개입할 준비가 돼 있다고 가정하지만 자동화가 잘 작동할수록 안전에 대한 주의를 유지하기 힘들어 문제

발생시 대형 사고로 발전하기 쉽다. 단순히 시스템 운영자의 도덕적 해이를 탓해 해결될 문제가 아닌 것이다.

셋째, 인간 사이의 상호작용은 "A : 알아? B : 응"과 같이 공유된 이해 기반을 토대로 발생한다. 이때 사람과 기계 사이의 공통 기반이 결핍된 상태에서 지능형 기계가 인간 행동을 예측하려 들면 틀릴 가능성이 높을 뿐 아니라 이 때문에 오히려 인간이 기계의 행동을 예측하기 힘들어져 상호 오류가 발생한다. 지능형 시스템이 사용자와 적절히 반응하려면 행동 배후의 맥락과 의도를 추측할 수 있는 경지에 도달해야 하며 그전까지는 상호작용의 오류가 발생할 위험이 상존한다.

자연스러우면서도 풍부한 신호

현재 인텔리전트 기술의 한계를 냉철히 이해한다면 인간의 능동적인 역할에 보다 더 주목할 필요가 있으며 재난 대응에 정보 시스템을 활용하는 것도 인간의 자발적 참여를 강화하는 방향으로 추진돼야 한다. 이미 일반인들은 공공 안전에 위험이 될 만한 요소들을 SNS를 통해 공공기관과 지역사회에 전파하는 활동을 활발히 전개하고 있다. 미국, 유럽 등 선진국 정부가 추진한 열린 정부와 공공 모바일 앱 사례 중에는 안전 분야의 활용이 많다. 이들 대부분은 신규 시스템을 구축하기보다 일반인들이 스마트폰 앱을 통해 기존 정보 시스템이 수집한 데이터에 접속해 공공 안전 개선 활동에 참여하도록 유도한다.

구글 등은 인간의 운전을 대체하는 자율 주행을 선보이는 한편 인간이 안전하게 운전하도록 장려하는 시도도 확산하고 있다. 미국의 대표적 보험사 프로그레시브 인슈어런스가 개발한 '스냅숏Snapshot' 상품은 모바일 센서가 운전 행태를 모니터링하고 이를 분석해 각 개별 운전자의 사고발생 확률을 예측한 뒤 차별적인 보험료를 부과한다. 정보 비대칭성 때문에 발생하는 기존 보험의 고질적 문제인 운전자의 도덕적 해이를 극복하게 된 것이다. 국내에서도 삼성화재가 스마트폰에 설치해 자신의 운전 행태를 자가진단할 수 있는 '마이 세이프 드라이빙My Safe Driving' 모바일 앱을 보급하고 있다.

또 노먼은 인간과 지능형 시스템 사이의 상호작용은 성가시거나 초조하지 않은 상태에서 자연스러운 신호를 통해 지속적으로 상황에 대한 주의가 유지돼야 한다고 제안한다. 삑삑거리는 기계의 단순한 경고음은 귀찮으면서 정보 가치는 낮은 반면, 물이 끓으면서 증기의 힘으로 점점 강한 휘파람 소리를 내는 주전자는 자연스럽고 풍부한 신호를 제공한다. 디지털 시대의 기계도 이를 사용하는 인간과 상호작용할 때 아날로그적 감성을 활용할 필요가 있다는 것이다.

더 나아가 노먼은 지능형 자동차는 말과 기수가 서로 자연스럽게 상호작용하는 방식을 받아들일 필요가 있다고 제안한다. 기수가 말의 활기참이나 불안감을 느끼며 상호작용하듯이 자동차의 핸들이 적절한 운전에는 부드럽게 반응하고 부적절한 운전에는 저항하듯이 반응하는 방식의 상호작용이 도입되면 바람직할 것이다.

인지 컴퓨팅 기술과 인간 창의성의 분업

컴퓨팅 패러다임은 1945년 수학자 존 폰 노이만John von Neumann이 제안한 결정론적 방식이 수십 년간 지배해왔다. 기존 프로그래밍은 개발자가 사전에 모든 발생 가능한 미래를 예측하고 각각의 상황에 대한 대응 방식을 미리 상세히 결정해놓아야 했다. 그런데 최근 미리 주어진 프로그램 없이도 인간 두뇌처럼 경험으로부터 패턴을 스스로 학습하며 확률적으로 추론하는 새로운 컴퓨팅 패러다임이 부상하고 있다.

이세돌을 이긴 구글 알파고가 대표적이다. 이른바 기계학습과 인지 컴퓨팅 기술인데 추구하고자 하는 목표 함수만 설정해주면 컴퓨터가 다양한 상황 변수들과 목표 함수 사이의 연관성을 추정해 확률적으로 최선의 대안을 모색하는 것이다. 미국과 유럽연합은 인간 두뇌를 모방한 인지 컴퓨팅 기술 연구에 대규모 투자를 진행하고 있고 구글, IBM, 애플, 아마존, 휼렛패커드 등 글로벌 기업 역시 이를 활용한 차세대 인지 컴퓨팅 상용화에 매진하고 있다.

반면에 우리나라는 IT 산업의 높은 비중에도 불구하고 인지 컴퓨팅 기술에서는 선진국에 한참 뒤처져 있어 중장기적 계획을 수립하고 본격적으로 관련 연구를 수행할 필요가 있다. 인지 컴퓨팅 기술에 대한 이해가 부족한 상태에서 당장 조급하게 센서, 서버, 네트워크, 데이터베이스 등 기존 정보화 기술에 기반한 재난 대응 지능형 시스템 구축에 예산을 소모해서는 안 된다. 그보다 더 늦기 전에 차세대 인지 컴퓨팅 기술에 대한 중장기적 연구개발 활동에 투자할 필요가 있다.

차세대 인지 컴퓨팅 기술은 단순히 인간의 판단을 대체하는 수준을 넘어서므로 인간의 창의성과 지능형 시스템의 분석 능력 사이의 새로운 분업 관계를 모색하는 게 중요하다. 그런 의미에서 인지과학과 디지털 인문학의 중요성이 커지고 있으며 이에 대한 연구와 투자 확대도 중시되고 있다.

사회적 대응력을 향상하는
재난 시티즌십

현대사회에서 일어나는 대부분의 재난 사고와 마찬가지로 세월호 사고도 인적·사회적 차원과 기술적 차원이 복합적으로 작용한 사회적·기술적 재난 사고다. 이 참혹한 재난 사고 이후 많은 사람이 그 원인과 대응 방안에 대해 다양한 의견을 제시하고 있다.

통상 재난을 예방하고 대비하며 대응하기 위해 정부가 주도하는 재난 대처 방식을 '재난 관리'라 한다. 정부의 관리 모형이 재난 대처 과정에서 가장 중시하는 것은 최선 과학 지식을 활용할 수 있는 잘 훈련받은 전문가를 찾아 적소에 배치하는 것이다. 이들만이 전문 지식을 바탕으로 재난 위험을 과학적으로 예측하고 계산하고 관리하는 유일한 집단이기 때문이다.

미래는 더 나아질 것인가

그런데 이런 사고방식 아래서는 전문가와 일반인 사이의 지식 권력의 분할과 비대칭성이 더 커질 수밖에 없다. 그 결과 대중의 합리적 의사결정 능력과 지적 능력은 존중받지 못하게 되고 단지 필요에 따라 전문가에 의해 교육·계몽되거나 동원돼야 할 대상 정도로 취급된다. 이런 사고방식이 공적 제도로 굳어진 게 바로 기술관료주의Technocracy다. 기술관료주의적 사고방식은 정부 차원에서 운영하는 재난 관리 시스템 설계에서 실제로 구현된 적은 없지만 원칙적이고 바람직한 방향으로 제시되고 있다.

세월호 사고를 겪으며 우리나라에도 이런 기술관료주의적 전문가 담론이 득세하는 듯하다. 제대로 된 전문가가 없어 세월호 참사 같은 어처구니없는 재난이 발생했으므로 향후 구축될 재난 관리 시스템에선 비전문적인 정치가나 관료가 아니라 전문가가 보다 적극적인 역할을 해야 한다는 이야기가 들려온다. 재난 관리에 있어 잘 훈련받은 전문가에게 힘을 실어주자는 이야기에 거부감을 느낄 사람은 없을 것이다. 그러나 제대로 된 전문가를 찾아 그들에게 맡기면 문제가 모두 해결되는 건 아니다.

소수 전문가만 재난 예방과 대응 관련 의사결정 과정에 참여할 자격이 있는가? 전문가가 추구하는 과학적 합리성은 재난 예방과 대응에 있어 정말 충분히 합리적인가? 이런 문제의식에 입각해 전통적인 '재난 관리' 패러다임이 아니라 '재난 거버넌스Disaster Governance' 패러다임에 더욱 관심을 기울여야 한다. 재난 거버넌스는 재난에 대한 대처 방안을 소수 전문가들이 기술적 차원에서 모색하는 협소한 재난 관리

와 다르다. 이는 전문가와 사회 구성원, 그들의 대의자가 폭넓은 참여
(이들의 경험 세계에서 나오는 합리적 질문들, 의심들, 공포, 선호 등에 대한
존중)에 기반한 집단적 지혜를 모아 의제를 설정하고, 그에 대한 해결
책을 모색해나가는 것을 지향한다.

오만이 아닌 겸허의 기술에 기반

재난 거버넌스 패러다임은 재난 예방과 대응 체계 구축에 공인된 전
문가 이외에 다양한 가치와 관점, 지식과 경험이 관여될 필요가 있음
을 강조한다는 점에서 '성찰적 거버넌스Reflexive Governance'라고도 부를 수
있다. 혹은 하버드대학 과학기술학 연구자인 실라 재서너프Sheila Jasanoff
의 분류를 차용할 수도 있다. 재서너프의 분류에 따르면 전통적 재난
관리 패러다임이 전문가의 과학적 합리성으로 문제를 해결할 수 있다
는 '오만의 기술Technologies of Hubris'에 근거해 있다면, 새로운 재난 거버
넌스 패러다임은 전문가 지식의 한계와 다양한 시민 지식의 유용성을
인식하는 '겸허의 기술'에 기반한다.

여기서 말하는 재난 거버넌스는 정부 주도의 재난 대응과 복구 과
정에서 필요에 따라 자원봉사단체를 동원하는 단순한 방식으로 일반
인의 협력을 구하는 기술관료주의적 시민 참여론을 뛰어넘는다. 오히
려 재난 예방과 대응에 대한 기존의 전문가주의적 관점을 근본적으로
변화시켜야 한다고 주장한다.

재난 거버넌스 패러다임은 위로부터 설계되고 실행되는 재난 관리

미래는 더 나아질 것인가

패러다임과 달리 아래로부터 대중의 경험과 국부적 지식, 지혜, 선호와 관심사 등이 집적되는 것을 중시한다. 이는 무엇이 문제인가처럼 재난을 보는 틀짓기Framing, 누가 재난에 취약하고 재난이 사회적으로 어떻게 배분되는가 하는 영향 평가, 재난의 피해에 대한 대책 마련 그리고 재난 경험에 대한 집합적 학습을 통한 장기적 차원에서의 사회적 복원력에 관심을 둔다.

그런데 과연 일반인은 재난 예방과 대응 같은 기술적 전문성이 요구되는 사안에 참여할 능력을 갖고 있는가? 이 질문은 일견 타당한 것처럼 보인다. 통상 과학기술과 관련된 사항은 그 분야에서 전문적인 교육과 훈련을 받은 전문가만이 다룰 수 있는 것으로 인식되고 있어 일반인이 과학기술과 관련된 영역에 대한 의사결정에 참여하는 건 바람직하지도 가능하지도 않은 것으로 여겨져 왔기 때문이다.

문제가 되고 있는 과학기술, 특히 재난 관련 이슈에 대한 해결책을 모색하는 데 있어 때로는 전문가조차 의견이 일치하지 않는다. 재난 관련 과학기술적 이슈에는 인식론적 불확실성에 내재된 경우가 많기 때문이다. 인식론적 불확실성은 인식의 차이가 유발하는 지식의 불확정성과 인간 인식의 한계, 즉 무지에서 발생한다. 사실 과학기술에 대한 신비화 과정을 통해 널리 퍼져 있는 통념, 즉 과학기술 지식은 언제나 확실하고 믿을 수 있다는 일반적 인식은 그릇된 것이다.

실제로 일반인의 지식이 경우에 따라서는 문제해결에 더 효과적일 수 있다. 일반인도 스스로 인식하든 인식하지 못하든 자신의 삶에서 경험과 통찰을 통해 끊임없이 학습하며 그 결과 사물에 대한 나름의 안목과 지식을 축적하기 때문이다. 이런 '보통 사람'의 안목과 지식은 전문가의 그것과 달리 체계적으로 정리되거나 쉽게 코드화되기 어렵고 암묵적 지식의 형태로 축적되는 특성이 있다. 과학기술에 대한 전문가의 지식은 주로 교과서나 통제된 실험실의 탐구 활동 결과로 발생하는 데 반해, 일반인의 지식은 주로 삶의 현장에서 경험을 통해 발생한다는 차이가 있다.

평범한 시민의 경험이 재난 대응에 기여

따라서 특정 과학기술 문제에 대해서는 과학기술 환경에서 오랫동안 살아온 일반인이 오히려 문제해결에 기여하는 생생한 지식을 더 많이 가질 수 있다. 이것이 바로 '시민과학Citizen Science'이다. 시민과학이 과학적 문제 풀이 혹은 지식 생산 과정에서 중요한 기여를 한 사례는 많다. 따라서 과학기술과 관련된 의사결정에서는 전문가의 교과서적 지식뿐 아니라 일반인의 삶의 경험에서 우러나온 시민적 지식도 그 중요성이 인정돼야 한다.

2008년에 필자가 수행한 시민배심원회의도 좋은 예다. 한국과학기술기획평가원KISTEP이 기술 영향 평가 사업의 일환으로 필자에게 의뢰해 실시했던 시민배심원회의는 시민 참여를 통한 재난 거버넌스의 가능성을 잘 드러냈다. 전문 여론조사기관에 의해 인구 통계적 구성비를 반영해 무작위로 선발된 14명의 시민 배심원들은 4일간의 회의에서 국가 재난·질환 대응 체계에 대해 다양한 전문가의 발표를 듣고

질의응답한 후 자체적으로 숙의해 최종적인 평가 의견과 정책 권고안을 만들어냈다.

당시 시민 배심원들에게 주어진 질문은 세 가지였다. 첫째, 우리나라에서 조류 인플루엔자로 국가 재난형 대규모 전염 질환이 발생할 가능성은 어느 정도인가? 둘째, 국가 재난형 대규모 전염 질환의 발생에 대비한 우리나라의 대응 체계는 어떻게 평가될 수 있는가? 셋째, 국가 재난형 대규모 전염 질환의 발생에 대비하고 효과적으로 대응하려면 개선해야 할 점은 무엇인가? 당시 시민배심원회의에서 강의를 맡았던 전문가들은 시민 배심원들의 질문이 매우 전문적이고 날카로워 놀랐다고 한다. 일반인들의 열의와 관심, 경험에 기반한 지식과 지혜의 수준이 그 정도로 높았던 것이다.

물론 일반인이 특정 주제에 대해 전문가에 버금가는 기술적 전문성을 단시일 내에 쌓을 수는 없다. 그러나 참가자들의 흥미를 유발할 수 있도록 회의 과정이 잘 조직된다면 기술적으로 매우 복잡한 주제라 하더라도 그에 대한 학습과 토론 과정에 일반인들도 충분히 참여할 수 있을 것이다. 2008년 시민배심원회의는 다소 복잡한 기술적 사안에 전문적 지식이 없는 일반인일지라도 체계적인 숙의 과정을 통한다면 적절한 시민적 판단을 행할 능력이 있다는 걸 보여줬다.

민주적 결손을 보완하는 시민적 지식

전통적인 재난 관리 패러다임이 전문가 중심의 협소한 기술적 접근법이라면, 재난 거버넌스 패러다임은 사회 구성원의 다양한 경험과 지식을 존중하는 인지적 정의를 추구한다는 점에서 보다 사회적·기술적 성격을 지닌다. 바로 이 지점에서 재난 시티즌십Disaster Citizenship이라는 용어가 의미를 갖는다.

통상 시티즌십이란 한 사회에서 시민의 지위와 실천에 관련된 일련의 가치 규범을 표상하는 개념이다. 그 연장선에서 시민이 재난 문제에 일상적으로 관심을 기울이고 재난 관련 공적 의사결정에 적극적으로 참여할 권리를 주장하며 재난으로 인한 공동체 파괴에 대해 연민과 연대감을 갖고 복구 과정에 정신적·육체적 또는 다른 어떤 방식으로라도 힘을 보태려는 것, 그것이 바로 재난 시티즌십이다. 재난 거버넌스는 이런 재난 시티즌십이 한껏 꽃필 수 있도록 틀을 짜려는 제도화된 노력이다.

이제까지 살펴본 재난 거버넌스 패러다임은 기본적으로 민주적 결손Democratic Deficit을 초래할 수밖에 없는 전문가주의와 엘리트주의에 기반한 전통적인 재난 관리 패러다임에 비해 재난 예방과 대응에 있어 민주적 가치를 높일 수 있다. 또 여기저기 흩어져 있는 사회 구성원의 시민지식과 경험을 소중한 사회적 자산으로 존중하고 활용함으로써 재난에 대한 사회적 대응력과 복원력 향상에도 이바지할 수 있다.

미래는 더 나아질 것인가

재난 안전에 대한
한국 사회의 취약성 진단

회복력은 어떤 시스템에 있어서 외부 충격에 대한 내부적 원상 복구 능력을 의미한다. 많은 학자들은 회복력을 한 시스템이 갖는 속성으로 이해하는데, 이는 비교적 안정적 상태를 유지하던 시스템에서 외부 교란 등의 충격으로 야기된 시스템 내의 불안정한 상태를 스스로 회복할 수 있는 역량이다.

회복력은 생태응용수학Biomathematics 등 제한된 학문 영역에서 활용되다 2000년대 이후 일련의 대형 재난과 기후변화, 경제 위기 등을 겪으면서 이론적인 논의를 벗어나 정책적으로 주목받기 시작했다. 특히 2005년 태풍 카트리나와 2011년 동일본 대지진을 겪으면서 재난 안전이나 미증유의 지구적 위험에 대한 생존력, 이후의 불확실한 상황에 대한 적응력이 21세기형 지속가능성 전략에서 중요한 의미를 지니게 됐다.

미증유의 지구적 위험

최근 몇 년간 대형 재난이나 경제 위기를 겪은 후 정책적·실제적으로 활용하기 위해 회복력에 대한 개념적 연구가 시도됐다. 특히 적응적 복잡계 이론을 기초로 회복력에 대한 다양한 연구가 이뤄졌다. 이는 우리 사회 전체를 하나의 시스템으로 보는 관점, 즉 경제·사회·환경 등 사회의 지속가능성을 결정하는 하위 시스템들로 구성된 사회 생태계에서의 회복력을 논하는 관점이다. 이런 학술적 논의들은 어느새 사회 생태계의 어떤 특성 요인들이 회복력을 결정하는지에 대한 연구로까지 발전했다.

재난 안전 분야에서는 이런 특성 요인을 네 가지R^4로 제시하는데 각각의 개념과 이에 기반해 진단된 한국 사회의 취약성을 간략하게 살펴보자. 첫 번째 요인은 내구성이다. 시스템이 외부 충격을 얼마나 잘 견뎌낼 수 있는지에 관한 시스템 속성이다. 일반적으로 위험에 대한 경보장치나 방어막, 시스템 내에 이상이 발생하는 경우의 안전장치, 시스템을 구성하는 하위 시스템에 이상이 발생했을 때 이를 신속하게 교체할 수 있는 모듈화Modularity 등이 시스템의 내구성을 결정한다.

시스템이 충격을 얼마나 잘 흡수하고 완충시키는지를 보는 유연성이나 완충장치 등도 시스템 내구성 범주에서 이해할 수 있다. 내구성은 사회 생태계와 같은 복잡계뿐 아니라 이보다 단순한 물리적·공학적 시스템에서도 전반적으로 적용되는 개념이다. 전통적으로는 재난 안전 등을 예방하기 위한 사회의 물리적 인프라 투자 등이 내구성을 높인다고 볼 수 있다.

시스템 내의 기능적 관점에서 보면 내구성은 단순히 충격 발생시 시스템 정체성을 유지시키는 것으로 볼 수 있다. 하지만 다양한 개별 에이전트들이 중첩되거나 네트워킹으로 구성된 시스템과 같은 조직적 관점에서 보면 과연 어떤 조직 구성 형태가 더 회복력이 있는지 따져봐야 한다. 중앙집권적 하향식 시스템Push Systems보다 분권적인 상향식 시스템Pulling Systems이, 직렬 시스템보다 병렬 시스템이 파워 면에서는 떨어지지만 외부 충격에 대한 회복력이 더 크다고 볼 수 있다. 예컨대 동일본 대지진 당시 분산형 네트워킹 물류 체계에 기반했던 편의점 업체 로손은 대지진의 충격에도 물류 기능을 상실하지 않고 유지할 수 있었다.

이쯤에서 우리 사회는 어느 정도의 회복력을 갖고 있는지 생각해보자. 한국은 조직 내 지휘 통제의 효율성과 권위를 추구하면서 다분히 중앙집권적이며 하향적인 시스템을 고집해왔다. 아울러 이런 시스템이 효율적이라고 자부하면서 추진력을 운운하며 조직 내 다양한 의견을 무시하고 소통을 거부해왔다. 그러나 이런 효율성은 평상시를 전제한 효율성일 뿐이다. 그 효율성에서 얻은 이익이 유사시에는 시스템 외부의 사소한 위험을 증폭시켜 우리에게 엄청난 비용을 지불하게 할 수 있다. 우리 사회의 의사결정, 특히 과학적 분석에 기반한 결정은 대부분 평상시를 전제하므로 유사시 발생할 수 있는 이 엄청난 비용에 대해서 고려하거나 분석하지 않는 경향이 있다.

그러나 불확실성이 전례 없이 증가하는 이 복잡계의 세상에서 정상 상태로 볼 수 있는 상황이 과연 얼마나 될까를 생각한다면 우리의 과학적 논리 체계에 대한 큰 수정은 불가피해 보인다. 불확실성은 고도로 세계화된 공급망과 초연결사회 등 세계화 추세와도 무관하지 않다. 과거와 달리 멀리 떨어진 나라에서 발생하는 일련의 사태가 국내 경제나 주식시장에 더 빨리 더 많은 영향을 미친다. 고도로 발달된 통신망은 소위 오류의 확산으로부터 걷잡을 수 없는 사태가 발생하는 '디지털 산불Digital Wildfire'이란 신조어를 창출했다. 그런 의미에서 최근의 재난은 자연 재난과 사회적 재난을 구별하기 어려운 복합 재난이다.

구제역은 수입된 사료를 운반하는 소수의 트럭이 움직이는 도로망을 타고 확산됐다는 점에서 시사하는 바는 크다. 산업화되고 대규모화된 축산은 동일한 사료를 먹는 동일한 소들을 찍어내는 공장과 같았고, 이 공급망과 생산 시스템의 획일성은 특정 병원체를 급속히 확산시켰다. 일본도 후쿠시마 원전 사태를 계기로 중앙집권적 에너지 공급 시스템을 포기하고 분산형 재생에너지 시스템으로 전환했다.

복잡계 환경 아래에서 획일적이며 하향식인 시스템은 각 에이전트나 활동 주체들이 독립적으로 의사결정을 하는 분권적 시스템에 비해 크게 취약하다. 로컬 에너지나 로컬 푸드, 나아가 재지역화Relocalization의 중요성은 테일러리즘Taylorism에 의해 분업화되고 파편된 현대사회의 활동 주체들에게 "전역적으로 생각하고 지역적으로 행동하라Think globally, Act locally"는 원칙을 보다 쉽게 설명하고 있다.

두 번째 요인은 가외성Redundancy이다. 잉여 혹은 여력이라는 의미의 이 개념은 시스템이 외부 충격으로 핵심 기능을 상실했을 때 그 기능을 대체할 수 있는 여력이나 백업 시스템 구비 여부를 의미한다. 전통적인 재난 안전은 유사시를 대비해 여유 자원을 비축하는 것이다. 그런데 가외성에는 이런 양적 여력 외에 특정 기능을 수행하는 다양한 채널의 확보 같은 질적 여력도 포함된다. 요컨대 가외성의 핵심은 자

| 그림 3 | **회복력의 네 가지 특성 요인**

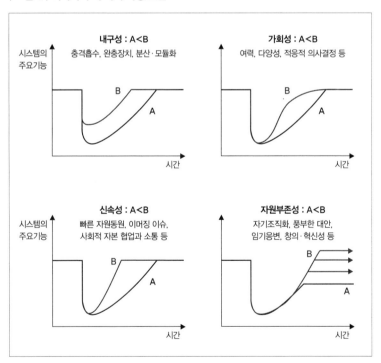

원의 여력뿐 아니라 특정 기능을 대체해 수행할 수 있는 사회적 풍부함이다.

필자는 가외성이야말로 '최적화'라는 수학적·경제학적 합리성 혹은 자유주의 시장경제 논리를 우선시하는 우리 사회의 가장 취약한 부분이라 본다. 현재 우리 사회는 긴박한 의사결정을 할 때 가외성의 핵심인 잉여나 여력을 효율성이라는 덕목에 위배되는 마치 비도덕적인 것인 양 취급하곤 한다. 특정 조직 내에서는 유휴 인력이나 잉여자원을 쓸데없이 지출하는 비용으로 여겨 구조조정 대상으로 인식한다. 그러나 이것들은 유사시 문제를 해결할 수 있는 큰 힘이 될 수 있으므로 보다 신중해질 필요가 있다.

세 번째 요인은 신속성Rapidity이다. 신속성은 유사시 최악의 시스템 붕괴를 막기 위해 최단 시간 안에 기능 손실을 최소화하면서 대응하는 역량을 의미한다. 즉 충격으로 인한 기능 저하에서부터 원상 복구하는 순간까지 특정 시점에 발현되는 속성이다. 신속성은 충격 시점과 무관하게 평상시에 구축된 시스템 역량에서 나온다. 예컨대 재난 상황에서 신속한 복구를 위해 자원 동원을 하려면 예방 단계에서 충분한 계획을 세우고 유사시를 대비해 훈련해야 한다. 더불어 다양한 사회 구성원 사이에서 보유 자원을 파악하고 협력하는 체제가 평소 구축돼야 한다.

결국 복잡계로 지칭되는 현대사회에서는 다양한 행위 주체 간의 적절한 관계망 구축, 신뢰와 규범의 형성 같은 사회적 자본 축적이 신속성을 보장하는 핵심 요인이다. 경제·사회·문화 등 다양한 분야에서 복잡한 이해당사자 간의 유기적 관계망을 고려한다면, 관련 법 같은 제도적인 측면을 준비하는 것은 물론 최소한의 소통과 약한 연대를 이뤄내야만 자원 동원이 가능하다. 약한 연대는 유사시 더 강한 연대로 전환될 수 있다. 또한 다음에 설명할 네 번째 회복력 특성 요인인 자원역량을 통해 위기 대응에 창조력을 발휘한다.

네 번째 요인은 자원역량Resourcefulness 혹은 자원부존성이다. 자원역량은 위기나 충격의 현상과 원인을 정확히 파악하고 자원과 정보의 원활한 흐름, 네트워킹을 기반으로 한 대응 역량의 조직화, 새로운 대안에 대한 창조력, 시스템 상태 변화에 대한 적응력 등을 의미한다. 자원역량은 유사시 전례가 없던 창발적 현상에 대한 주의 깊은 인지 능력을 의미하며, 미증유의 사태로 대응 자원이 없거나 부족한 경우 창조적으로 대응할 수 있는 대안을 풍부하게 만드는 역량을 의미한다. 자원역량이 있는 시스템은 임기응변이나 창의성, 각종 자원들을 연계하고 융합할 수 있는 자기조직화 역량을 갖춘 시스템이다.

늘 효율성에 희생되는 다양성

무엇보다 자원역량은 적응적 복잡계에서 시스템 외부의 충격으로 기존의 균형레짐Equilibrium Regime(시스템의 평상시 균형 상태)이 변한 후 원상 복구하지 못하는 경우와 밀접한 관련이 있다. 이때 원래의 균형까지 회복하지는 못할지라도 새로운 수단을 써서 시스템의 핵심 기능을 대체하거나, 시스템의 정체성을 상실하지 않도록 하는 기능적 대안이 필요하다.

정상 상태로의 회복력을 보이는 항상성Homeostasis을 지닌 시스템에서는 이렇게 충격에서 야기되는 정상 상태의 변이를 고려할 필요가 없다. 하지만 정상 상태의 다중성Multi-Stability을 지닌 시스템에서는 새로운 균형레짐에서 시스템의 정체성을 유지할 수 있는가가 회복 가능성 여부에 중요한 영향을 끼친다. 이 경우 회복력은 새로운 정상 상태에 대한 적응력과 창발되는 새로운 균형점으로 시스템을 전환시키는 능력이다. 요컨대 자원역량은 외부 충격에 의해 시스템 내부의 정상 상태를 결정짓는 조건들에 변화가 생기고 전과 다른 양상이 전개됐을 때, 이 상황에 대응하기 위한 시스템적 전환과 적응력이란 의미를 내포하고 있는 것이다.

자원역량과 관련해 우리는 정책적으로 다양한 활동 주체가 중첩되고 네트워킹되며 서로 융합해 창조적 생태계를 구성하고자 노력하는 모습을 생각해볼 수 있다. 그러나 실제로는 사회 생태계에서 가장 중요한 종의 다양성을 확보하려는 노력을 못 하고 있다는 것은 아쉬운 점이다. 현재 우리의 사회 생태계에서 생물종의 다양성과 문화적 다양성의 중요성은 늘 효율성이라는 덕목에 우선순위를 내주고 있다. 그러나 회복력 이론은 다양성이 왜 중요한지를 알려준다.

다양성이 존재하는 생태계는 위기가 닥쳐올 경우 새로운 유전적 조합에 의해 종을 창출하거나 자기조직화를 통한 협력을 기반으로 생물들을 멸종에서 구하고 환경변화에 적응하도록 돕는다. 물론 생태계에도 경쟁을 통한 효율성이 존재한다. 하지만 유사시 협력이나 새로운 융합 노력은 매우 중요하다. 평상시 효율성 논리에 의해 다양성이 확보되지 못한다면 유사시 생존력이나 적응력은 발휘되지 못한다. 마찬가지로 문화적 다양성 역시 문화적 융합을 통해 새로운 지식과 가치를 높이지 않으면 사회적 지속가능성은 공염불에 불과하다.

고도의 성장기R-phase를 거쳐 성숙한 경제발전의 시대K-phase를 지속하기 위해 복잡계는 새로운 성장 동력으로서 창조력을 극대화하려고 시도한다. 하지만 성장기에서 체계의 구조화가 진행되어 성숙기로 접어들면 점차 다양성이나 가외성을 희생하게 된다. 이렇게 되면 복잡계는 적응력이 떨어지고 외부의 충격에 취약해져 회복력을 상실한다. 결국 해체기Omega-phase로 접어든다. 해체기에 접어들면 조직기Alpha-phase로 도약하지 못한다는 '적응적 재생 주기'의 교훈을 잊지 말아야 한다.

생태적 질서는 그 내부에서 스마트하고 독립적인 활동 주체들이 분산적으로 의사결정을 하는 다양성이 핵심이다. 민주적 의사소통이 이뤄지는 평등한 관계 속에서 유기적 협력 관계망을 통해 자기 조직화할 때 창조력이 발휘된다.

마치 유목민이 지평선에 이는 작은 먼지에 신경을 집중하듯이 과거의 경험이나 영광을 고집하기보다 새롭게 제기되는 소수 의견을 존중해 미증유의 창발적 현상을 인지하고 대응하는 것이 바람직하다. 평상시를 전제로 하여 전지전능한 입장에서 만들어진 하향식 계획을 무리하게 추진하는 것보다 상향식의 적응적 관리를 지향하는 유연한 행태를 꿈꾼다. 결국 회복력의 특성 요인에 대한 논의는 우리 사회의 취약성을 어떻게 개선해야 하는지에 대한 방향성을 제시해준다.

재난의 기록,
재난 보고서

모든 재난은 보다 나은 사회 구조를 설계하기 위한 계기다. 재난 발생은 그 자체로 현 사회 체계의 문제점을 극명하기 드러내기 때문이다. 재난을 예방할 방도는 없었는가? 앞으로 유사한 사건의 발생을 방지하기 위해서는 어떤 조치를 취해야 하는가? 재난 발생 이후 사회가 앞으로 나아가기 위해 반드시 답변하고 넘어가야 할 질문들이다. 재난의 근본 원인이 적대적인 개인 혹은 집단이든, 예기치 않은 자연 현상이든, 안전관리 제도의 실패든 모두 마찬가지다. 재난 경험을 통해 알게 된 개인적·조직적·제도적 차원의 실패를 확인하고 스스로 재조직할 수 있는 능력이 없는 사회라면 같은 실패를 반복할 수밖에 없다.

재난 보고서는 이 질문에 대한 답변을 구하는 게 목적이다. 그동안

미래는 더 나아질 것인가

한국을 비롯한 세계 여러 나라에서는 재난 발생 이후 다양한 층위에서 조사위원회를 구성해 재난 보고서 또는 재난 백서를 작성해왔다. 이 보고서들은 재난의 성격과 사회적·역사적 맥락에 따라 내용, 형식, 문체 등에서 서로 다른 모습을 보인다.

하지만 보고서 작성 이후 제도 개선 과정에서 핵심 역할을 담당할 뿐 아니라 첨예한 논쟁과 갈등의 한가운데에 놓인다는 점은 공통적이다. 재난이라는 복잡다단한 현상을 이해할 수 있는 형태로 정리해 현 사회 체계의 문제점을 밝히고 새로운 정책 방향을 제시한다는 재난 보고서의 목적을 상기한다면 당연한 일이다.

미국의 9·11 테러 사건과 일본의 3·11 후쿠시마 원자력발전소 사고 이후 작성된 보고서를 중심으로 재난 보고서 내용과 이를 둘러싼 논란을 간략하게 살펴보자. 이를 통해 한국의 재난 사후 처리 과정을 위해 필요한 시사점을 도출해보려 한다.

스토리텔링 기법을 활용한 9·11 위원회 보고서

2001년 9월 11일 이른 아침 미국은 대혼란에 빠졌다. 알카에다 소속의 테러리스트 19명이 보스턴 로건 국제공항, 워싱턴 덜레스 국제공항, 뉴저지 뉴어크 국제공항에서 이륙한 4대의 비행기를 탈취해 미국의 상징적 건물에 대한 공격을 감행한 것이다. 이 중 2대는 뉴욕 맨해튼의 세계무역센터 쌍둥이 건물에, 다른 1대는 미 국방부 건물인 펜타곤에 충돌했다. 나머지 2대는 승객들의 격렬한 저항 끝에 펜실베이니아 평야 지대에 추락하고 말았다. 이 사건으로 3000명 가까운 희생자와 6000명 이상의 부상자가 발생했다.

9·11 테러는 미국 사회에 큰 충격을 안겨주었다. 일부 평론가들은 냉전 체제에서 설계된 미국의 안보 체계가 탈냉전 시기에 더 이상 그 기능을 할 수 없음을 보여주는 사례라고 목소리를 높였다. 다른 사람들은 미국연방항공청Federal Aviation Administration이 테러 집단의 공격에 대응할 시스템을 전혀 갖추지 못하고 있었음을 지적했다. 이슬람교도들의 반미주의를 자극하는 미국의 외교정책에 대한 비판 역시 빠지지 않았다. 거대한 재난은 미국 사회의 여러 층위의 문제점을 노출시키는 계기가 됐다.

미국 정부와 의회는 이런 문제점들을 다각적으로 분석하고 정책 권고사항을 제시하기 위해 '대對 미국 테러리스트 공격에 관한 국가 위원회National Commission on Terrorist Attacks Upon the United States'(이하 '9·11 위원회')를 구성했다. 9·11 위원회는 의회 양당에서 추천받은 각 5인, 총 10인으로 구성돼 2002년 11월부터 본격적인 활동에 돌입했다. 9·11 위원회의 임무는 2001년 9월 11일의 테러리스트 공격과 관련된 사실과 정황을 조사하는 것이었다. 위원들은 20개월의 활동 기간 동안 250만 쪽의 문서를 내고, 10개국 1200명과 면담하며, 160명의 증인이 출석한 19일에 걸친 공개 청문회를 개최했다. 이렇게 수집된 사실과 의견은 500쪽이 넘는 보고서로 정리돼 나왔다.

이 방대한 조사 활동의 결과로 완성된 최종 보고서는 정부 보고서로서는 독특한 형식을 띠고 있다. 단적으로 보고서 본문의 첫 부분을

미래는 더 나아질 것인가

보자. "2001년 9월 11일 화요일, 미국 동부의 아침은 온화하고 구름도 거의 없는 날씨였다. 수백만 명의 사람들이 일터로 나갈 준비를 하고 있었다. 일부는 뉴욕의 세계무역센터 단지의 대표적인 건물인 쌍둥이 빌딩으로 향했다. 다른 사람들은 버지니아 주 알링턴의 펜타곤으로 갔다. 포토맥 강 건너편에서 미 의회는 개회 중이었다. 펜실베이니아 애비뉴 반대편에서 사람들은 백악관 관광을 하기 위해 줄을 서기 시작했다. 플로리다 주 새러소타에서 조지 W. 부시 대통령은 새벽 조깅을 하러 나섰다. 공항으로 향하는 사람들로서는 안전하고 편안한 여행을 즐기기에 이보다 날씨가 좋을 수는 없었다. 메인 주 포틀랜드 공항에 도착한 여행객들 중에는 모하메드 아타Mohamed Atta와 압둘 아지즈 알 오마리Abdul Aziz al Omari도 포함돼 있었다."

마치 장편소설의 도입부처럼 읽히는 9·11 위원회의 보고서는 오사마 빈 라덴Osama Bin Laden을 포함한 테러리스트들의 배경과 행적, 알카에다의 등장과 성장 배경, 미국 항공 보안 체계의 문제점, 미국 안보 태세의 대응 방식, 사건 당일과 이후 미국 정부의 대응 등을 서사 형식으로 설명했다. 보고서의 마지막 장에는 '정부를 조직하는 새로운 방식'이라는 제목하에 수십 개의 권고 사항을 담았다. 기존 정부 보고서의 건조하고 정치精緻한 문체와는 크게 차이가 난다.

위원장을 맡았던 전 뉴저지 주지사 토머스 킨Thomas Kean이 서문에서 밝혔듯이 9·11 위원회 보고서의 목표는 '특정 개인에게 책임을 돌리는 것'이 아니라 '9·11을 둘러싼 사건들의 전말을 밝히고 얻은 교훈을 가려내는 것'이었다.

9·11 위원회 보고서는 미국의 일반 독자들 사이에서 큰 반향을 불러일으켰다. 대형 출판사인 노튼에서 판매를 맡은 이 보고서는 2004년 7월 출간 후 며칠 지나지 않아 인터넷서점 아마존의 베스트셀러 1위에 올랐고, 11월 중순까지 120만 부 이상 팔리는 기염을 토했다. 관련 학회에서는 보고서에 대해 서평을 쓰고 심포지엄을 열기도 했다.

일부 전문가들은 9·11 위원회 보고서가 정부의 책임을 제대로 다루지 않았다며 비판적인 목소리를 내기도 했지만, 적어도 대중의 관심을 불러일으키고 새로운 사회 구조를 설계하기 위한 민주적 토의의 장을 열었다는 측면에서는 성공적이라 평가할 수 있다.

미래를 논하는 계기 마련한 후쿠시마 원전 사고 보고서

2011년 3월 11일 오후 2시 46분, 일본 동해안 오시카 반도 70킬로미터 지점에서 진도 9.0의 강진이 발생했다. 해저에서 발생한 지진으로 최고 40미터가 넘는 거대한 규모의 쓰나미가 일었고 파도는 센다이 지역의 내륙 10킬로미터까지 덮쳐 주민들 삶의 터전을 송두리째 앗아갔다. 2014년 2월 현재 1만 5887명의 사망자, 6150명의 부상자 그리고 2612명의 실종자가 발생한 엄청난 자연재해였다.

유례없는 규모의 사상자도 문제였지만 인근 후쿠시마에 위치한 원자력발전소에서 발생한 사고 역시 중장기적인 문제를 야기할 터였다. 14미터 높이의 파도는 10미터로 설계된 원전의 방파제를 넘어 밀려

미래는 더 나아질 것인가

들어 비상 발전기를 무력화시켰다. 전력 공급이 중단되자 당연히 각종 제어 설비들도 제 기능을 못했다. 이후 며칠간 수차례의 폭발이 발생했고 방사능 물질이 대기와 바다로 유출됐다. 이 방사능 물질 유출에 대해서는 아직도 전 세계인들이 관심과 의혹을 쏟아내고 있다.

후쿠시마 원전 사고 이후 일본 사회는 여러 편의 보고서를 출간했다. 사고가 일어나고 불과 몇 개월 후인 2011년 6월, 일본 정부의 원자력 재해 대책 본부에서는 IAEA의 '원자력 안전에 관한 각료 회의'에 제출하기 위한 보고서를 발표했다. 이 보고서의 서문에도 나와 있듯이 당시까지 알려진 단편적인 정보를 바탕으로 한 잠정적인 보고서일 수밖에 없었다.

이듬해인 2012년 6월 20일, 후쿠시마 원전 관리 기관인 도쿄전력에서 최종 보고서를 발표했다. 하지만 도쿄전력의 보고서는 예측 범위를 넘어선 큰 규모의 지진과 쓰나미가 사고의 근본적인 원인이라고 지적하며 책임을 자연과 정부에게 떠넘기는 모습을 보여 많은 비판을 받았다. 가장 공신력 있는 보고서는 일본 국회가 구성한 '도쿄전력 후쿠시마 원자력발전소 사고조사위원회'(이하 '국회조사위원회')에서 작성한 것으로, 2012년 7월 5일에 최종 보고서를 제출했다.

국회조사위원회가 작성한 보고서는 원전 운영·관리 주체인 도쿄전력과 사고 대응 주체인 일본 정부의 보고서는 근본적인 한계를 지닐 수밖에 없다는 생각에서 비롯됐다. 2011년 12월 8일에 발족한 위원회는 도쿄대학 명예교수이자 의학자인 구로카와 기요시黑川淸를 위원장으로 선임하고, 1167회의 인터뷰, 5주에 걸친 900시간의 청문회 그리고 2000건 이상의 자료를 도쿄전력과 정부기관에 요청하는 등 활발한 활동을 벌였다.

국회조사위원회는 후쿠시마 원전 사고는 자연재해가 아닌 인재임을 명확히 밝혔다. 도쿄전력은 원전에 대한 유지보수에 소홀했으며 사고 발생시 대책과 주민의 안전 확보에 대한 대비가 전혀 없었다. 정부의 초기 대응 역시 체계적이지 못해 중요한 시간을 낭비했다. 무엇보다 원전 규제에 의한 감시 기능이 제대로 작동하지 못한 게 문제점으로 드러났다. 국회조사위원회는 조사 결과를 바탕으로 원자력 규제 조직을 감시할 수 있는 국회 상설 위원회 설치 등 다양한 권고 사항을 내놓았다.

9·11 사태 이후 미국에서와 같이 후쿠시마 원전 사고에 대한 국회조사위원회의 보고서는 일본 사회가 당연하다고 생각했던 가정들에 의문을 제기하는 계기가 됐다. 비록 국회조사위원회 보고서는 '원전의 진흥 또는 철폐를 포함한 일본의 미래 에너지 정책'에 대해 논의하지 않겠다고 선을 그었지만 시민사회에서 목소리가 높아지는 건 어쩔 수 없는 노릇이었다.

또 국회조사위원회는 600쪽에 달하는 방대한 조사 보고서를 일반인들이 보다 쉽게 이해할 수 있도록 노력을 기울였다. '알기 쉬운 국회조사보고서'라는 웹사이트(naiic.net)를 통해 보고서에 대한 해설서와 해설 동영상을 제공하는 한편, 일반인들이 참여할 수 있는 윤독회輪讀會를 정기적으로 개최하는 활동을 벌인 것이다. 비록 현재의 아베 신조 정부는 원전을 재가동하는 쪽으로 움직이고 있지만 재난 보고서를 중심으로 일본 사회의 미래를 논의할 수 있는 장이 마련된 점은 긍정적이다.

세월이 흘러도 달라지지 않는 한국의 재난 보고서

2014년 4월 16일 인천에서 제주로 향하던 세월호가 침몰하는 참사가 발생한 이래 한국 사회의 안전 시스템을 재검토해야 한다는 목소리가 어느 때보다 높다. 국회에서는 '세월호국정조사특별위원회'(이하 '세월호 국조특위')를 구성해 본격적인 활동에 돌입했다.

그런데 아직 몇몇 언론 보도를 제외하고는 일반인이 세월호 국조특위 활동의 전반적인 사항을 확인하기가 턱없이 어려운 게 현실이다. 특위의 목적, 권한, 일정, 최종 결과물을 손쉽게 파악할 수 있는 공간을 만드는 게 급선무로 보인다. 특위 활동의 결과 조사 보고서를 작성한다면 앞서 살펴본 미국과 일본 등의 사례를 참조해 새로운 사회 구조를 설계하는 과정에서 일반인들이 적극적으로 참여할 수 있도록 하는 것 역시 중요할 터다.

당연한 얘기지만 한국에서 '재난'이라고 이름 붙일 법한 사건이 발생한 게 처음은 아니다. 1994년 10월 21일에 발생한 성수대교 붕괴 사고 역시 한국 사회의 구조적 문제점을 짚어보는 계기가 됐다. 성수대교 사고 이후 나온 가장 종합적인 보고서는 수사기관인 서울지방검찰청에서 내놓은 〈성수대교 붕괴사건 원인규명 감정단 활동백서〉였다. 하지만 1995년 6월에 발간된 이 보고서는 새로운 사회 구조를 설계한다는 측면에서는 턱없이 부족했다.

보고서 발간사에서 최영광 검사장은 "성수대교 관계자들에 대한 형사 책임을 물을 뿐 아니라 향후 이 같은 사고 발생을 근원적으로 차단하기 위해 사고의 원인을 과학적으로 밝힐 사계의 전문가 7인으로 구성된 성수대교 붕괴사건 원인규명 감정단을 꾸렸다"라고 밝혔다. 기술적 원인을 규명함으로써 책임 소재를 분명히 하려는 것은 보고서 발간 주체가 수사기관이라는 점에서 보면 당연한 일이기도 하다.

우리 사회에 보고서, 백서 등 관련 자료들을 정리·보관하는 체계가 없는 건 큰 문제다. 재난 보고서는 앞으로 닥쳐올 재난 상황에서 대응 요령을 정비하기 위한 것만이 아니다. 앞서 살펴봤듯이 재난 보고서는 새로운 사회 구조를 설계하는 민주주의적 의사결정 과정에서 매우 중요한 역할을 수행하기 때문에 그 중요성이 크다. 그런 의미에서 미국과 일본의 사례는 한국의 재난 사후 처리 과정에 중요한 시사점을 던져준다.

미국의 9·11 위원회 보고서는 기존의 정부 보고서와는 달리 스토리텔링 기법을 이용해 일반인의 선풍적인 관심을 불러일으켰다. 일본의 국회조사위원회는 보고서 발간 이후 일반인의 이해를 돕기 위해 다양한 방식으로 노력했다. 두 보고서 모두 찬사만 받은 것은 아니지만, 적어도 시민사회에서 논의를 촉발시킬 계기를 만들었다는 측면에서는 긍정적으로 평가할 수 있을 것이다.

이보다 더 중요한 것은 재난의 희생자와 유가족 그리고 정신적 트라우마를 겪었을 국민의 상처를 치유하려는 노력이다. 이를 위해서는

미래는 더 나아질 것인가

진실을 밝히되 책임을 떠넘기지 않고 책임 소재를 분명히 하되, 그것을 새로운 안전 시스템 구축 기반으로 삼는 집단적 성찰이 필요하다. 제대로 된 재난 보고서는 이런 기능을 수행할 수 있어야 한다.

6장

기술혁신이 주도하는
미래 사회

필진 ───────────────

박병원 STEPI 미래연구센터장

정지훈 경희사이버대 미디어커뮤니케이션학과 교수

강건욱 서울대병원 핵의학과 교수

윤성이 경희대 정치외교학과 교수

정장훈 STEPI 기술규제연구센터 부연구위원

권철홍 한국에너지기술연구원 책임연구원

기술적 돌파가
왜 필요한가

군이 조지프 슘페터Joseph Schumpeter의 이론을 들지 않더라도 기술 변화가 생산성을 향상시키고 경제성장의 엔진이 된다는 점에는 모두가 동의할 것이다. 일반적 경험과 역사적 증거에 따르면 인류에게 경제적·물질적·사회적으로 큰 변화가 일어날 때 기술혁신은 빠지지 않는 상수로 존재해왔다.

2013년 12월 미국 애틀랜틱카운슬Atlantic Council은 오바마 정부 2기 출범에 맞춰 〈2030년 전망 : 기술혁명에 대응하는 미국의 전략Atlantic Council, Envisioning 2030: US Strategy for the Coming Technology Revolution〉 보고서를 발간했다. 세계는 새로운 종류의 기술혁명에 직면해 있으며, 2030년에도 미국이 현재의 위상을 유지하려면 기술적 우위를 확보·유지하는 게 관건이라는 내용이다.

구체적으로는 합성생물학, 3D·4D 프린팅, 지능형 로봇, 셰일가스 개발 및 관련 환경 기술, 스마트 도시 기술 등이 미국의 미래 경쟁력에 핵심적으로 기여할 것으로 전망하고 있다. 또 중국이 연구개발 투자를 늘리고 있는 점을 잠재 위협으로 꼽으면서 정부 차원의 중장기 전략 수립을 주문하고 있다. 오바마 2기 정부의 출범과 함께 '2030' 시리즈로 발간되는 정부 및 싱크탱크의 미래 전략 보고서[1]는 미국 특유의 '기술낙관론'에 근거하고 있지만, 미래 경쟁력을 유지하려면 기술이 핵심 요소임을 간과하지 않는다.

기술혁신은 우연적으로 진화한다

새 정부가 출범한 지 3년이 지난 지금도 창조 경제의 정의와 범위에 대해 의견이 분분하다. 공식적으로 창조 경제란 상상력과 창의성을 바탕으로 기술혁신을 통해 산업과 경제를 활성화시키고 좋은 일자리를 만드는 것이다. 하지만 필자가 생각하기에 창조 경제란 어떤 유망 산업 분야를 가리키는 무엇What에 대한 것이라기보다는 일하는 방식How에 대한 근본적인 문제 제기여야 한다.

당연히 어려운 문제다. 지금까지 잘 작동되어온 한국형 성장 모델이 그 효용을 다해가는 이 시점에 우리나라가 저성장 및 양극화의 늪에 빠질 것인지 새로운 도약을 이룰지를 결정하는 데 중요한 요소이기 때문이다. 그 열쇠는 새롭게 일하는 방식에 있을 것이고 그 핵심에 기술혁신이 있다. 단순히 연구개발 투자를 양적으로 확대하는 게 돌파구가 될 수는 없다. 기술은 사회 구조에서 단순하고 독립적인 외부 요인이 아니라 그 기술이 활용되는 구조 속에서 발현되는 내적 요인이기 때문이다.

그렇다면 기술 변화는 구체적으로 어떻게 일어나는 것일까? 지금껏 어떤 이론도 특정한 한 기술이 새로운 가치를 창출하는 혁신에 이르게 하는지를 예측하거나 증명할 수 없었다. 하지만 기존 연구 결과에서 크게 세 가지의 힌트를 얻을 수 있다.

미국의 미래학자 존 스마트John Smart는 자연과 사회의 시스템을 관찰한 결과 근본적 차이를 보이는 두 가지 발전 모델이 있다고 주장했다.[2] 먼저 우연에 기반한 '진화 모델'이다. 이는 예측이나 최적화가 불가능한 상향적 프로세스로 발전하며, 다양성과 국지성을 특징으로 한다. 다른 하나는 사회적 수요를 해결하기 위해 하향식이면서 계획적으로 진행되는 '개발 모델'이다. 이 모델은 일관성과 일반성을 특징으로 하며 예측과 최적화가 가능하다.

그렇다면 실제 사회 시스템에서 두 가지 모델은 어떤 비율로 작동할까? 인간의 인지 활동은 무의식적 인지와 의식적 인지가 약 95대 5의 비율로 나뉜다고 한다. 환경에 대한 우리의 행동도 무작위 반응이 95퍼센트, 계획적 반응이 5퍼센트 정도 되며, 의사결정도 즉자적 결정이 95퍼센트, 사전 계획에 따라 결정하는 비율이 5퍼센트라고 한다. 이를 기술 변화의 원리로 확장하면 진화적 관점에서 우연에 의한 발전이 95퍼센트, 계획에 의한 발전이 5퍼센트라는 추측이 가능하다.

창의성을 통한 기술적 돌파는 계획으로는 거의 불가능한 셈이다.

한편 미국의 복잡계 전문가 브라이언 아서 W. Brian Arthur 는 진화에 의한 발전이 다윈의 법칙보다는 조합적 진화 Combinational Evolution 를 따른다고 주장한다.[3] 즉 한 기술 시스템을 구성하는 세부 요소 기술들이 점진적으로 진화한다기보다는 하위 시스템이 통째로 다른 것으로 치환되는 형식으로 발전한다는 것이다. 개별 기술의 개발로는 기술적 돌파가 어렵고 기술 영역 전체가 진화한다는 관점이 필요하단 뜻이다.

마지막으로 콘드라티예프 파동 이론이 있다. 슘페터는 자본주의 경제발전에서 보이는 50~60년 주기의 파동이 기술혁신 패러다임과 밀접한 관계가 있다고 역설했다. 기술발전은 기본적으로 불확실성과 다양성을 특징으로 하고 사회 구성원의 학습을 필요로 하지만, 이 불확실성과 다양성이 바로 장기 패턴을 보인다는 것이다. 각 기술 패러다임에 맞는 환경 조성이 선행돼야 기술적 돌파가 용이하다는 점을 주장한 것이다.

우리 사회가 당면한 여러 문제점이 단순한 기술 변화로만 해결되지는 않을 것이다. 반대로 사회 구조의 근본적인 변화가 생기지 않으면 기술혁신은 불가능할 것이다. 기술혁신이 사회발전의 핵심 동인이라는 데는 모두가 동의하지만, 어떻게 기술적 돌파를 이룰 수 있을까에 대한 합의는 상대적으로 부족해 보인다. 아직까지는 어떤 기술이 혁신적인 성과를 창출할 수 있을지를 예측할 수 있는 명쾌한 모델이나 이론은 없다. 그럼에도 위에서 살펴본 세 가지 이론을 통해 기술적 돌파에 대한 논의들이 보다 활발해졌으면 한다.

미래는 더 나아질 것인가

포스트휴머니즘
시대가 왔다

IBM이 최근 미래 대비 전략으로 '인지 컴퓨팅'을 소개했다. 일단 가시적으로 보이는 건 미국 최고 퀴즈쇼 〈제퍼디〉를 통해 화려하게 등장한 '왓슨'이다. 전통적 인공지능 연구의 산물인 왓슨은 제퍼디의 성공을 발판 삼아 미국 유수의 암센터에서 암을 진단하고 치료하는 조언자로 트레이닝됐다. 능력을 인정받은 왓슨은 정식으로 서비스를 개시하기까지 했다. 해당 병원은 왓슨의 조력을 받는다고 광고까지 하고 있다. 성공에 고무된 IBM은 왓슨을 클라우드 기반의 인지 컴퓨팅 생태계를 대표하는 기술로 선전하고 프로그래머를 위한 운영체제API와 소프트웨어 개발 키트를 공개할 예정이라고 발표했다.

그러나 왓슨에게는 치명적 단점이 있다. 퀴즈쇼에서 한 사람과 퀴즈 대결을 벌이기 위해서는 암센터에서 환자를 진료하는 4000명의 인간이 동시에 머리를 쓰는 것과 비슷한 수준의 컴퓨팅 파워와 에너지 소모가 필요하다. 이런 조건이라면 인간보다 앞서는 게 당연한 것 아닐까? 실제 인지 컴퓨팅이 우리 일상에 자리 잡으려면 기존 컴퓨터와는 다른 인간의 뇌를 닮은 새로운 인지 컴퓨터 기술이 뒷받침돼야 할 것이다.

IT 기술의 미래와 포스트휴머니즘 시대를 거론할 때 더 이상 컴퓨터나 스마트폰에 이용되는 IT 기술과 인간의 인지 기능 연구, 즉 네트워크 기술과 재료 기술을 따로 언급할 수 없다. 컴퓨터를 인지 시스템으로 본다면 프로그래밍된 대로 일을 수행하는 데 그쳐서는 안 된다. '무슨 일이 진행되고 있는지를 인지하고 판단하며 외부와 소통하고 경험을 통해 배우는' 것이 가능해야 한다. 이런 목표를 성취하려고 그동안 컴퓨터과학 분야에서 무던히도 열심히 연구했던 분야가 바로 '인공지능'이다. 전통적인 소프트웨어에 도전했던 인공지능의 목표가 이제는 컴퓨터과학을 공부하는 사람도 인간의 뇌를 공부하고 이에 접목하는 방향으로 진행되고 있다.

뇌는 수조 개의 시냅스와 수십억 개의 신경세포 그리고 수백만 종류의 단백질과 수천 종류의 유전자로 구성돼 있다. 실제로 컴퓨터를 이용해서 뇌를 흉내 내는 가장 원시적인 방법은 수많은 컴퓨터 보드를 병렬로 계속 연결하는 것이다. 이렇게 컴퓨터 보드를 계속 연결하는 방법을 바로 로잔에 위치한 스위스연방기술연구소가 주도해 2002년에 설립한 브레인 마인드 인스티튜트BMI(Brain Mind Institute)가 진행하고 있다.

BMI에서는 지난 수십 년간 슈퍼컴퓨터가 인간 뇌의 동작 방식에 관한 정보 조각을 수집해 모델로 정립했다. 또 연구자들이 뇌의 전기-자기-화학적 패턴을 파악하여 뇌의 인지 능력 변화를 이해하는 작업을 진행 중이다. BMI은 2005년부터 IBM 슈퍼컴퓨터의 도움을 받아 뇌의 분자·세포 수준의 동작 방식을 이해하고 이를 그대로 복제하는 '역공학' 기법을 이용해 컴퓨터에 뇌의 작용을 담아내려는 시도를 하고 있다. 이것이 바로 '블루 브레인 프로젝트Blue Brain Project'인데, 이 프로젝트의 궁극적인 목표는 우리 뇌의 모든 부분을 슈퍼컴퓨터 내에 모델링하는 것이다.

현재까지 구축된 슈퍼컴퓨터에 들어간 마이크로칩의 수는 2000개가 넘고, 이들이 수행하는 연산량은 초당 약 22.8조 개다. 2009년에 개최된 테드 글로벌 미팅에서 이 프로젝트를 이끌고 있는 헨리 마크램Henry Markram은 인간 뇌의 신피질 칼럼Neocortical Column 일부를 시뮬레이션하는 수준의 성과를 얻었다고 발표했다. 약 1만 개의 신경세포와 3000만 개의 시냅스를 구축한 것인데, 이를 활용하면 다양한 연산 수행이 가능하다. 나아가 BMI는 조만간 쥐의 뇌 전체를 시뮬레이션할 수 있을 정도로 이 기술을 발전시키고, 2030년에는 인간과 유사한 수준의 시뮬레이션이 가능할 것으로 보고 있다.

블루 브레인 프로젝트는 현재의 컴퓨터 구조를 이용해 뇌를 흉내 내는 것이다. 그런데 이보다 더 근본적인 문제에 도전하는 프로젝트도 있다. 미국 국방부의 가장 중요한 연구기관이자 인터넷을 탄생시킨 미국방위고등연구계획국DARPA의 지원 아래, 세계 최고의 4개 대학과 IBM이 진행하고 있는 '시냅스SyNAPSE'가 바로 그것이다.

이 프로젝트에서는 컴퓨터 칩을 인간의 뇌가 정보를 처리하는 방식으로 만들고 있다. 이렇게 개발된 칩은 인간의 뇌가 수행하는 감각과 인지, 상호작용을 모두 해낼 것으로 기대를 모으고 있다. 이 프로젝트의 연구 책임자인 다멘드라 모드하Dharmendra Modha 박사는 이런 인지 컴퓨팅이 새로운 세대의 컴퓨터에서 가장 중요한 기반 기술이 될 거라고 말한다. 실제 이 연구가 성공적으로 수행되려면 슈퍼컴퓨팅, 신경 과학, 나노 기술과 같은 최고의 첨단 기술이 최신 연구 결과를 공유하고 융합해야 한다.

컴퓨터 칩 기술과 인간 뇌 과학의 접점

현재의 컴퓨터는 집적도가 올라가면서 용량이 커지고 속도도 빨라졌다. 하지만 기본적으로 계산기에서 출발했기 때문에 우리의 뇌와 동작하는 방식은 완전히 다르다. 현재 컴퓨터의 원형이라 할 수 있는 폰노이만 방식의 컴퓨터는 작업을 굉장히 빠르고 효율적으로 해내는 데는 탁월하나 유연성이나 적응력, 진화와 학습 등에서는 많은 문제를 안고 있다.

시냅스 프로젝트가 결실을 맺어 상업적으로 이용 가능한 뇌와 유사한 칩을 만들어낸다면 정보를 중심으로 하는 기존의 컴퓨팅 환경이 아닌 인공지능으로 생각하는 컴퓨팅의 시대를 열 수 있을 것이다. 이

미래는 더 나아질 것인가

런 컴퓨터가 등장한다면 지식 산업의 많은 부분에 커다란 반향을 일으킬 게 분명하다. 시냅스 프로젝트는 2008년 11월에 시작돼 1단계 연구를 마친 상태인데 현재 수준에서도 전통적인 비디오 게임인 아타리의 퐁Pong 게임을 잘 수행하고 있다. 이 밖에도 내비게이션, 영상 및 패턴 인식, 연관 기억 및 분류 같은 전통 인공지능 문제를 풀어내는 테스트를 통과했다. 2030년 즈음에는 100억 개의 신경세포와 100조 개의 시냅스를 가진 컴퓨터를 만들어낼 계획인데, 이는 인간의 뇌 수준을 뛰어넘는 수치다.

이처럼 인지 컴퓨팅과 웨어러블 컴퓨팅 기술이 발전하고 더 나아가 기계와 인간을 연결시키는 다양한 기술이 발전한다면 가까운 미래에는 거의 모든 인간을 사이보그라 불러도 무방할 것이다. 사이보그는 사이버네틱스Cybernetics와 생물Organism의 합성어로 1960년 맨프레드 클라인즈Manfred Clynes와 나단 클라인Nathan Kline이 〈사이보그와 우주Cyborgs and Space〉라는 논문에서 첫선을 보인 말이다. 사이보그가 로봇과 다른 점은 뭘까. 로봇이 기계가 인간에게 근접한 방향으로 진화하지만 어디까지나 인간 밖에 존재하는 데 비해 사이보그는 인간과 기계가 일체화돼 인공적 진화를 이룩한다.

사이보그의 시대가 된다면 사회적, 경제적, 산업적 임팩트가 매우 클 것이다. 과거의 기술들이 주로 장애에 대처하고 약간의 편리함을 추구했다면, 사이보그와 관련한 기술의 상당수는 슈퍼휴먼을 만들 것이기 때문이다. 윤리적 측면에서도 사회적 합의를 요구하며 예기치 못한 양극화를 가져올 가능성도 크다.

인지과학자인 이정모 성균관대학 명예교수가 분석한 시대의 변화에 주목해보자. 17세기와 18세기의 계몽주의가 신 중심에서 인간 중심으로 관점을 전환할 것을 주장했고, 19세기와 20세기의 휴머니즘은 인류 문화가 기계와 테크놀로지의 폐해를 넘어 인간 중심으로 가야 함을 주장했다. 그리고 21세기는 과거에 의인화했던 신의 개념을 넘어간다. 인지과학 기술을 포함해 펼쳐질 미래 융합 과학기술이 인간의 삶을 향상시켜 결국 기계와의 경계가 무너진 존재로 인간을 재개념화하게 되는 제2의 계몽 시대, 뉴휴머니즘 시대에 진입한다는 뜻이다. 새롭게 등장하는 인지 컴퓨팅과 포스트휴머니즘 IT 기술의 발전은 과거 어느 때보다 커다란 사회경제적 변화를 몰고 올 것이다.

인간의 뇌와 컴퓨터는 닮은 듯하면서도 무척이나 다르다. 지금도 컴퓨터에 인공지능 프로그래밍을 삽입해 인간을 흉내 내보겠단 시도가 진행 중이나, 조금 다른 형태의 연구도 속속 나타나고 있다. 예를 들어 인간 뇌의 연결성을 완전히 흉내 낸 슈퍼컴퓨터 프로젝트, 이를 고도로 집적해서 뇌의 구조와 유사한 브레인 컴퓨터 칩을 만드는 연구, 심지어 뇌와 실리콘 칩의 직접 연결을 통해 한계점을 극복하려는 연구까지 나왔다. 컴퓨터 칩 기술과 인간 뇌 과학의 접점은 근본적인 수준에서 높아지고 있다.

미래 IT 기술에서 가장 중요한 기술은 단연 인지 컴퓨팅과 웨어러블 컴퓨팅이다. 이렇게 포스트휴머니즘 시대에 맞는 기술을 개발하려면 한국이 전통적으로 강했던 IT 하드웨어 제조나 통신 및 네트워크 기술을 전문적으로 파는 것만으론 부족하다. IT 기술과 뇌 과학, 생명과학과 재료과학, 나노 기술, 심리학과 인지과학처럼 서로 완전히 다르게 느껴지는 학문들의 융합 연구가 절실하다. 우리 사회가 이런 미래 변화에 적응하기 위해서는 여기에 사회학과 법학, 경제학까지 접합시키는 발상의 전환을 이뤄야 할 때다.

젊은 노인이
활보하는 세상

바야흐로 헬스케어 3.0 시대다. 기대 수명은 80세를 훌쩍 넘었으나 건강 수명은 이를 따라가지 못하는 형국이다. 노령화가 진행돼 노인 인구가 증가하는 오늘날 건강하지 못한 몸으로 여생으로 보내야 하는 노인들의 신체적, 경제적, 사회적 문제가 심각하다.

무병장수는 모두의 꿈이다. 과연 2030년에는 어떤 건강 문제가 기다리고 있을까? 그 무렵에는 무병장수를 넘어 불로장생이 새로운 이슈로 떠오를 전망이다. 즉 늙지 않고 오래 사는 것이다. 의료 시장은 이미 병에 걸려 찾아오는 환자의 치료를 넘어 조기 검진과 예방이 그 중심이 되어가는 시점에 있다. 2030년에는 한발 더 나아가 유전자 정보를 이용해 평생 걸리게 될 질병을 미리 예측함으로써 조기 검진을 통한 약물 예방, 더 나아가 족집게 유전자 치료도 가능해질 것이다. 또 세포 수준의 항노화 치료로 신체 노화가 지연될 것이다.

요즈음 의료의 트렌드는 3P이다. 이는 예측Predictive, 예방Preventive, 개인 맞춤형Personalized 의료를 뜻한다. 최근엔 의료 소비자의 참여Participatory 를 추가하기도 하는데, 필자는 2030년 즈음 기능 향상Promotion이 더 추가될 것으로 예측한다.

필자는 보건복지부에서 진행하는 미래 의료 원정대 프로젝트에 참여한 적이 있다. 이 프로젝트는 2030년 미래 의료의 수요와 기술을 전망해 시나리오를 작성하는 것이다. 로봇, 신약, 나노, 줄기세포, 유전체, 의료 정보, 인공 감각, 기획 전문가 등 다양한 분야의 전문가들과 아이디어를 내놓고 자유 토론할 기회가 있는데, 이를 통해 새로운 시각을 얻을 수 있다. 건강뿐 아니라 즐거움과 편리함까지 추구하는 융합 의료 기술로 인해 인간은 휴먼 3.0[4] 시대로 접어들게 된다.

이제부터 이런 요소 기술들이 발전하고 상호 융합돼 어떤 새로운 의료 기술로 탄생할 것인지, 이 기술이 사회에 어떤 영향을 끼칠지 풀어볼까 한다. 참고로 이 글의 내용은 미래 의료 원정대가 아닌 필자 개인의 의견임을 밝힌다.

입체 프린트 장기 달고, 수륙양용 인간 탄생

유전체 분석 기술은 이미 실현됐다. 2030년이면 검사 가격이 매우 저렴해져 누구나 자기 유전체 정보를 가질 수 있게 된다. 자신이 미래에 걸릴 수 있는 질병에 대한 예측이 가능해져서 맞춤 예방이 일상화될 것이다. 개인에게 최적화된 맞춤 항노화 화장품, 맞춤 음식, 맞춤 예방약 등이 나온다. 평생 건강관리 프로그램으로 개인 건강 정보를 분석하고, 개인 맞춤 예방 진단이 가능한 헬스 아바타와 연계해 나이에 따라 생길 수 있는 질환을 예측한다. 또 치매에 대한 예방 백신이 출현해 고위험군을 대상으로 예비 치료를 할 것이다. 유전체 정보는 매우 민감한 개인 정보임에도 불구하고 보험 가입, 회사 입사 등에 활용될 전망이다. 예를 들면 성격을 예측해 팀워크를 구성하는 데 쓰일 수 있다.

유전체 기능을 알게 됨과 동시에 특정 유전자를 제거하거나 집어넣는 기술이 개발돼 유전자 질환의 산전 예방, 태내 치료 등이 가능해진다. 나노 약물 전달 기술, 특정 장기에서 선택적으로 유전자를 발현시키는 기술 등이 개발돼 성인들에게서 발생하는 일부 유전자 관련 질환을 족집게처럼 치료해낼 수 있다. 노화를 억제하는 유전자의 전달과 세포 재생 기술로 항노화 산업이 발달한다. 또 암, 치매, 당뇨 등 난치성 만성질병이 없어지고 신체와 지능이 우수한 맞춤 아기의 등장이 사회적 이슈를 만들 것이다.

언제 어디서나 신체 상황을 모니터링하는 유헬스U-health가 일반화된다. 컴퓨터는 몸에 착용하는 웨어러블 형에서 신체에 내장되는 임플란트 형이 되어 채혈 없이 우리 몸의 생체정보를 실시간으로 알 수 있다. 나노 바이오센서 기술의 발달로 심전도, 혈당뿐 아니라 치매 유발 인자, 암세포 등을 감시하고 바이러스, 유해 물질이 체내에 침입하는지를 점검한다. 또 초음파 영상 장치는 가정 상비품이 될 것이다. 기술적으로는 CT, MRI, 양전자단층촬영PET, 병리조직 등 의료 영상은 지금도 원격 판독이 가능하다.

현재 의사는 문진, 시진, 촉진과 각종 검사 결과로 진단과 처방을 한다. 그러나 미래에는 유전체 정보, 수만 개의 단백체, 대사체 정보를 분석해야 하므로 의사 혼자 정확한 진단을 내리는 게 불가능하다. 따라서 컴퓨터 분석의 도움을 받아 진단하게 되고Computer Aid Diagnosis, 빅데이터 분석 서버는 실시간으로 전 세계의 의료정보를 피드백 받아 업데이트할 것이다. 결국 환자와 직접 대면해야 하는 촉진의 필요성이 줄어들어 내과 진료는 원격 의료가 일반화되리라 본다.

외과 질환마저 원격 로봇 수술이 일반화되면 외과의사의 상당수가 재택근무를 하게 된다. 현재 시장을 독점하고 있는 다빈치 수술 로봇은 콘트롤러로 조정하게 돼 있다. 향후 유명한 외과의사는 집에서 수술 로봇 콘트롤러를 두고 여러 병원과 계약해 매 시간 다른 병원에 접속해 수술할 것이다. 그렇다 해도 마취의사, 간호사, 응급시 개복 수술로 변환을 대비하는 당직 외과의는 병원 현장에 있어야 한다.

대형 병원엔 수술과 시술을 하는 시설과 입원실 등 핵심 시설만 남게 되고 대부분의 의사는 프리랜서로 일하게 된다. 검사 시설은 아웃소싱되어 의료 영상 촬영이나 채혈 시설은 사람들이 쉽게 접근할 수 있는 대형마트 등 상업 지구에 자리 잡는다. 원격 처방한 치료제 및 예방약은 드론[5]에 의해 환자 또는 일반인이 있는 장소로 30분 이내 배달되고 원격 복약 지도를 받게 된다. 주사제도 통증 없는 패치 형태의 마이크로니들Microniddle을 사용해 병원에 갈 필요 없이 개인이 사용할 수 있다.

병원과 의원의 개념이 모호해지고, 결국 병원은 여러 의사와 검사 시설, 병동 시설 등과 시간당 또는 건당 계약을 맺어 운영하는 클라우드 병원 형태가 될 것이다. 또 예방 치료, 항노화 치료의 발달로 건강 관리 서비스업을 병원이 담당하게 될 것이다.

한편 오바마 정부가 주도하는 '뇌기능지도Obama Brain Initiative'가 완성됨에 따라 뇌 기능에 대한 이해도 증진될 것이다. 이에 따라 정신과 질환에서 사용되는 약물이 개선되고 일반인들은 뇌 기능 향상 약물을 비타민처럼 이용하게 된다. 현재에도 항우울제 등 뇌에 세로토닌을 증가시키는 약물은 기분을 좋게 만들며 삶과 일의 의욕을 증가시킨다. 장기간 침상에 누워 있는 환자를 위해 근육을 유지시키는 약물Myostatin Inhibitor 을 개발 중이다. 나아가 지방을 분해하고 근육을 성장시키는 약물도 출현할 것이고, 부작용 없이 머리가 좋아지는 약과 가벼운 운동으로 근육을 강화시키는 약이 많은 사람들에게 활용될 것이다.

머지않아 정상인이 장애인을 부러워하는 시대가 온다. 로봇 및 인공 감각기 기술의 발달로 신체의 장애는 쉽게 극복할 수 있다. 탄소 섬유의 가격 하락과 리튬이온 전지보다 1000배 더 오래가는 리튬에어 전지의 개발로 하반신을 사용하지 못하는 장애인은 전동 휠체어를 타고 다니는 게 아니라 스스로 균형을 잡고 달리고 점프하는 외골격 로봇을 착용할 것이다. 그리고 정상인보다 더 빨리, 더 오래 숨차지 않고 뛸 수 있게 된다. 시각, 청각 장애를 극복하기 위한 인공 감각기는 뇌에 이식돼 정상인보다 더 정밀하게 보고 들을 수 있으며 필요에 따라 적외선, 자외선, 초음파까지 인지한다.

새로운 지역 응급 체계가 구축돼 응급 상황이나 사고 현장에 드론형 헬리콥터 응급실이 출동한다. 피해자는 원격 수술 장비를 갖춘 날아가는 응급실에서 사고 현장에 있는 응급 구호사와 원격에서 조종하는 외과의사의 협업으로 응급 처치 및 수술을 받는다.

3D 프린팅 기술의 발달로 신체 장기를 프린팅하게 된다. 우선 비교적 단순한 조직구조인 뼈, 관절, 치아, 혈관, 피부 등이 가장 먼저 상용화될 것이다. 근육, 간, 신장 등 복잡한 기관도 줄기세포에서 분화한 세포를 활용해 만들 수 있기 때문에 자신의 세포로 만들어진 장기이식이 가능해진다.

치아의 경우 나노 기술의 발달로 나노 불소코팅 치약 덕분에 치아 우식증이 감소된다. 궁극적으로는 유전자 전달 기능을 이용할 텐데, 그렇게 되면 상어처럼 영구치 재생 능력이 생겨 손상된 치아를 발치하면 다시 이가 자라게 될 것이다.

지구온난화 등 기후변화에 대한 인체 대응이 필요하다. 현재 과불화탄소Perfluorocarbon로 구성된 인공 혈액이 임상 시험 중이다. 이것은 산소 전달 능력을 향상시켜 뇌경색이나 심근경색시 조직이 손상되는 걸 방지하는 데 사용된다. 나노 캐리어를 이용한 산소 전달체를 개발하면 노인들도 숨차지 않고 계단을 쉽게 오르고 정상인도 누구나 마라톤을 완주할 수 있다. 산소 전달 능력이 아니라 산소 함유 능력을 증가시키면, 고래처럼 한 번 숨 쉬고 물속에서 수십 분을 활동할 수 있는 고래 인간이 될 수도 있다. 이는 인간을 수륙양용으로 변환시켜 해양 산업의 발전을 이뤄낼 것이다.

또한 만성병의 원인인 황색 지방을 줄이고 필요에 따라 열에너지를 발생시키는 갈색 지방을 증가시켜 기후변화에 대비하게 된다. 즉 덥거나 추운 날씨에 쉽게 적응하는 인간이 되는 것이다.

사회적 · 경제적 · 산업적으론 어떤 변화가 올까

소비자주의 확산

모두가 자신에 대한 건강 정보를 충분히 소유하게 되고 이를 분석해 건강 지침을 알려주는 건강관리 서비스가 일반화된다. 치료 성공률, 부작용 발생률 등 의사 및 병원에 대한 정보가 공개돼 상호 비교가 쉬워지고 자신의 빅데이터 건강 정보를 여러 앱을 통해 분석할 수 있어 의료 소비자의 선택권이 강화될 것이다.

의료 양극화 심화

인지적 · 신체적 능력이 뛰어난 슈퍼휴먼이 탄생한다. 취직하려면 선천적 잠재력뿐 아니라 후천적으로 공부한 것이 중요하듯 인지 능력과 신체 능력도 강화할 필요가 있다. 의욕이 생겨 쉽게 노력할 수 있는 약과 항고혈압제, 콜레스테롤 강하제 등 정신적 · 신체적 노화를 지연시키는 항노화 치료가 가장 큰 시장을 형성할 것이다. 이에 따라 돈 있으면 젊은 노인, 돈 없으면 늙은 노인이 되는 유전무노有錢無老, 무전유노無錢有老가 사회적 문제로 불거질 것이다. 현재 피부과, 성형외과에서는 항노화 치료에 대해 의료 급여를 하지 않고 있다. 하지만 2030년엔 노화의 사회적 책임이 대두되면서 효과가 검증된 맞춤 예방, 항노화 기술에 대해선 의료 급여를 시행해야 한다는 논란이 거세질 것이다.

신인류와 신종 범죄의 탄생

인류는 지금껏 자연에 적응하면서 자연 진화 및 선택적 결혼을 통한 사회적 진화를 해왔다. 앞으로는 스스로의 유전자를 바꾸는 인위적 진화를 하게 된다. 이에 대한 법적 규제에 대해 찬반양론이 뜨거울 것이며, 이를 이용하기 위해 해외 원정 임신 및 출산이 나타날 것이다. 정상인보다 뛰어난 신체적·감각적 능력은 새로운 범죄에 악용될 수 있다. 그러나 장애인을 부러워하는 정상인들도 이런 기술을 착용하면 범죄는 제어할 수 있을 것이다.

글로벌화

IT 산업 발달로 의료 시장에서도 지리적 국경이 모호해질 것이다. 한번은 친척이 미국 덴버에서 수술을 받았는데 퇴원 후 맥박이 빨라져 필자에게 전화로 문의한 적이 있었다. 그때 환자의 접속 권한을 통해 의무기록을 원격으로 열람한 후 빈혈이 원인이라고 컨설팅해줄 수 있었다.

국내 환자가 외국에 직접 나가지 않고 건강관리 서비스와 진료 서비스를 받는 것, 이와 반대로 외국 환자가 국내에 내방하지 않고 이러한 서비스를 받는 게 가능해진 것이다. 이렇게 되면 국내법상 규제를 피해가는 방법이 다양해져 관련 법규, 규정을 글로벌 수준으로 정비하지 않으면 국내법을 따라야 하는 병의원과 의료 산업만 피해볼 가능성이 크다.

수출형 신의료 산업으로 도약

IT 산업 시장 내의 치열한 경쟁과 중국의 추격으로 우리나라에 새로운 차세대 성장 동력이 필요한 시점이다. 우리나라를 비롯해 전 세계 인구가 고령화되면서 의료 수요가 폭발적으로 증가하고 있다. 복지비용이 증가하는 것은 위기지만 의료 산업 수출 측면에서는 절호의 기회다.

일반적인 근거 기반 치료에서 개인 맞춤형 치료로, 환자 중심 치료에서 건강인 중심 항노화, 예방 기능 향상으로 의료의 패러다임이 변하고 있다. 또 인공 장기, 수술 로봇, 재활 로봇, 나노 로봇, 바이오 신약, 개인 유전체 분석, 줄기세포 치료, 스마트 의료 등 첨단 신기술을 활용해 분자 의학, 재생 의학, 나노 의학, 시스템 의학, 원격 의료 등 신의료 기술이 등장하고 있다.

우리나라는 의생명 분야, 화학 및 나노 바이오 기술 분야, IT 연구 인력과 의료 인력이 우수하고 투자 여력이 있는 기업이 많아 기술·자본 집약적인 첨단 의료 산업 분야의 잠재력이 크다. 그에 비해 의료 산업 정책은 선진국에 비해 규제가 많고 미래창조과학부, 보건복지부, 산업통상자원부 등 지원 부처가 산재해 있어 정책적 일관성이 떨어지며, 부처 간 갈등이 많아 장기 투자 전략을 세우기가 쉽지 않다.

항노화 등 신규 거대 의료 시장을 목표로 기술 간 융합, 기술과 비즈니스를 융합하는 교육, 연구, 산업화, 제도 개선 정책을 펼쳐야 한다. 정부의 체계적이고 집중적인 제도적·재정적 IT 사업 지원이 반도체 신화를 이룩했듯 의료 산업에도 정책적 지원이 절실하다. 그래서 범 부처와 산학연, 병원이 공동으로 노력해 수입에 의존하던 의료 산업(의약, 의료 기기 등)을 신의료 기기, 의료 기술, 건강관리 및 의료 서비스에서의 수출 효자 품목으로 전환해내야 할 때다.

SNS가 바꾸는
정치혁명

한국뿐 아니라 서구 선진국들이 공통적으로 겪는 최신 정치 문제는 무엇일까? 아마 제도 정치를 불신하는 것과 길거리 시위가 늘어나는 현상일 것이다.

정부뿐 아니라 국회와 정당 같은 정치제도에 대한 불신이 갈수록 높아지는 현상에 대해서는 두 가지 해석이 가능하다. 첫째, 정치제도가 국민의 요구를 제대로 충족시키지 못하기 때문이다. 대의제도가 본래의 취지와 달리 국민 여론에 따라 작동하지 않고 정치 엘리트의 욕구를 충족시키기 급급한 것이다. 이 경우 정치 개혁은 대의제도 본래의 기능을 회복하는 데 초점을 둬야 한다.

둘째, 인터넷 기술발달에 따른 정치 환경의 변화다. 인터넷 기술을

미래는 더 나아질 것인가

기반으로 하는 디지털 네트워크가 확산되면서 엘리트 독점의 산업사회 권력 구조는 커다란 도전에 직면했다. 정보와 네트워크의 독점력은 급격히 약화됐다. 우선 디지털 정보가 쉴 새 없이 쏟아져 나오고 있다. 과거에는 대중들이 정보 부족의 곤란을 겪었다면 이제는 거꾸로 정보 과잉에 처하게 된 셈이다.

정보 생산자도 정부나 엘리트 집단이 아니라 모든 개인으로 넓혀졌다. 대중이 정보의 소비자이자 생산자가 된 것이다. 개인이 인터넷이나 SNS에 올린 정보는 TV나 신문보다 훨씬 빠르고 넓게 퍼진다. 인터넷 공간의 개인은 더 이상 고립되지 않는다. SNS를 통해 촘촘히 폭넓게 연결돼 있다.

지난 한국 대선에서도 모든 후보가 선거운동에 SNS를 활용했다. 트위터 팔로워 숫자는 박근혜 후보가 28만 6000명, 문재인 후보는 이보다 많은 33만 7000명이었다. 한편 소설가 이외수의 팔로워는 약 160만 명이고 방송인 김제동의 팔로워는 100만 명에 이른다. 이들은 대선 후보보다 더 강력한 정보전달 네트워크를 보유한 셈이다. 사정이 이러하니 산업사회와 함께 출현한 대의 민주주의 제도는 정보사회의 도래와 함께 그 유용성이 소멸되고 있다고 봐도 과언이 아니다. 2030년엔 더 이상 국회나 정당 같은 대의제도가 아니라 디지털 네트워크에 기반을 두는 정치제도가 정치의 중심으로 급부상할 것이다.

SNS 네트워크를 통해 강해지는 집단지성의 힘

2013년 현재 우리나라 국민의 인터넷 이용률은 82.1퍼센트이며, 이 중 55.1퍼센트가 SNS를 이용하고 있다. 연령대가 낮을수록 SNS 이용률이 높은데 20대는 87.5퍼센트, 30대는 74퍼센트가 접속 중이다. 물론 2030년이 되면 거의 모든 국민이 SNS를 이용할 것이다.

SNS에 내재된 개방, 참여, 공유의 특성으로 인해 네트워크 정치는 정치 과정 전반을 지배할 가능성이 크다. SNS 매개 정치의 특성으로는 매시업Mashup과 연동된 속보성을 들 수 있다. 개인의 SNS 계정에서 생산된 정보가 소셜 네트워크, 융합적 네트워크 그리고 집합적 여론 형성 네트워크의 과정을 거치면서 다양한 콘텐츠가 된다. 여러 사람들의 의견이 덧붙여지면서 집단지성이 발휘되며 하나의 여론으로 작용하는 것이다.

SNS 매개 정치에서는 정치 엘리트 중심의 수직적 대의제도와 달리 다양한 개인들이 수평적 관점에서 융합적 사고와 협력을 통해 창의적 여론을 만든다. 자연히 일반인들이 기존의 권력과 권위를 거부하는 현상이 발생하게 된다. SNS 매개 정치에서는 일반인들의 정보 습득 능력이 향상되면서 스스로 판단하는 인지적인 능력이 특출해진다. 즉 정치 참여에 대해 수동적이고 반응적인 대중에서 능동적이고 성찰적인 수행자로 역할을 바꾼다.

SNS 매개 정치에서는 대중 참여 방식이 제도적 참여에서 디지털 네트워크를 근간으로 하는 비제도적 참여로 전환되며, 참여 행태도 거대 담론 중심의 동원적 참여에서 생활 이슈 중심의 자발적 참여로

| 그림 1 | SNS 매개 정치와 민주주의 모델의 변화

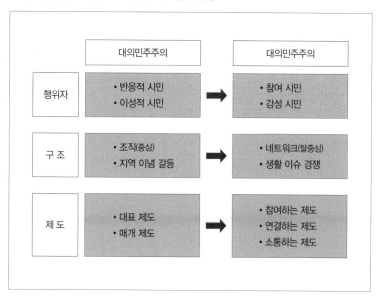

변할 것이다. SNS 매개 정치가 갖는 개방과 공유 그리고 참여의 특성으로 보다 다양한 이슈들이 정치 과정에 등장하고 자발적 참여 시민들이 집단 지성을 통해 사회적 합의를 만들어갈 것이다.

SNS로 인해 정치의 롱테일 현상 생겨나

디지털 시대가 만들어낸 네트워크 환경으로 부문 간 경계가 약화되면서 이질적 요소들이 모이고, 섞이고, 바뀌고, 나뉘고, 거듭나면서 새로운 것으로 변하고 있다. 이런 재구성이 모두 SNS 네트워크를 통해 이뤄진다. 그 결과 정치 과정에 있어 중심과 주변의 구분이 더욱 모호해질 것이다. 정부, 국회, 정당, 주요 이익집단, 거대 시민단체와 같은 과거의 정치제도가 정치 과정을 일방적으로 주도하는 것은 더 이상 불가능하다. 정치의 롱테일 현상이 나타나 과거의 주변 세력들, 즉 개인, 소외집단, 비참여 세력들은 더 이상 정치에 아무런 영향을 줄 수 없는 주변 집단이 아니라 SNS 네트워크를 통해 모이고, 섞이면서 새로운 정치 세력으로 거듭날 것이다.

SNS 매개 정치 환경에서는 대의제도를 대체할 수 있는 집단들이 보다 쉽게 조직화될 수 있다. 때문에 정당과 같은 대의제도의 독점적 지위는 보장되기 어렵다. SNS의 속성이 개방적이고 분산적이기 때문이다. 정당 같은 매개 집단은 그 기능을 점차 상실할 것이고, SNS 매개 정치가 그 자리를 대신한다. 대의 민주주의의 근간이라 할 수 있는 정당의 기능이 약화된다면 새로운 민주주의 모델을 고민해야 한다.

네트워크 민주주의 행위자는 더 이상 수동적이고 반응적인 시민이 아니라 능동적이고 성찰적인 참여하는 시민이다. 정당이나 국회 같은 수직적 대의제도에 의존하지 않고, SNS로 연결된 개인들이 수평적이고 탈 중심적인 네트워크를 만들어 생활 이슈를 토의하는 집단지성을 발휘할 것이다.

미래는 더 나아질 것인가

IT 기술을 통한
권력의 집중과 분산

시민의 정치 참여가 현저하게 줄어든다는 우려가 계속해서 제기되고 있다. 로버트 달Robert Dahl은 정책 결정 과정에 있어 충분한 정보가 시민 개개인에게 제공되지 않는다는 점과 시민들의 정치 참여가 지속적으로 감소한다는 점을 민주주의의 가장 큰 난제로 지적한다. 대다수 민주국가에서 투표율이 낮아진다는 사실이 현재 대의 민주주의의 심각한 위기를 반증한다.

정보통신기술의 발전을 근간으로 나타난 이른바 전자 민주주의가 정치 참여의 감소로 위기를 맞은 대의 민주주의에 새로운 활로를 제공할 수 있을 것이란 전망이 쏟아지고 있다. 2002년 대선 당시 노사모와 시민단체의 인터넷 낙선 운동, 2008년 광우병 촛불 집회 등 일련의 사건에서 보듯 정보통신기술의 발달은 시민사회를 급격히 변화시키고 있다.

미래학자 앨빈 토플러Alvin Toffler는 정보사회의 정치 형태는 참여 민주주의Participatory Democracy가 될 것이라고 예측했다. 정보사회는 권력의 중심을 군사와 경제에서 정보와 지식으로 이동시키며, 시민들의 정치 참여를 확대하고 참여 민주주의를 실현하도록 발판을 마련하기 때문이다. 주지할 것은 토플러의 견해는 기술의 발달이 민주주의 발전을 견인할 수 있다는 일종의 기술결정론적 시각이란 점이다.

이에 대해서는 면밀한 검토가 필요하다. 정보통신기술혁명을 통해 정치적 의견이 쉽게 교환되고 시민들의 정치 참여가 높아지면 새로운 형태의 민주주의가 탄생하는 게 당연하다. 그러나 정보통신기술의 발달과 함께 정보 격차가 심화되면 이는 권력의 집중을 낳는다. 따라서 사회적 불평등을 더욱 심화시킬 가능성 역시 상존한다.

낙관적 시각은 정보통신기술을 통해 시민 간 연계가 강화돼 직접적인 참여와 양질의 토론이 보장되며 민주주의의 질이 향상될 수 있다고 믿는다. 그러나 정보통신기술을 통해 다양한 정보가 제공되고 시민 참여가 증가된다고 해서 대의 민주주의가 안고 있는 문제를 근본적으로 해결할 순 없다. 그러므로 디지털 시대의 정치 과정과 권력 작동 방식에 대한 순기능과 역기능을 이해하는 게 우리 사회의 중요한 과제다.

미래는 더 나아질 것인가

국가권력보다 더 강해지는 온라인 커뮤니티

정보통신기술발달은 전자 정부, 인터넷 선거 운동, SNS 매개 정치, 사이버 공동체, 전자 투표 등 새로운 정치 과정을 등장시켰다. 특히 인터넷의 등장과 소셜미디어의 확산은 정부·의회·정당·선거·시민이 참여하는 정치 과정에 새로운 행태를 생성하고 있다.

인터넷은 국가와 시민사회의 새로운 접점이 됐다. 그 결과 공공 서비스의 많은 부분이 온라인으로 제공되고 있으며 전자 정부 서비스를 통해 정책 관련 정보를 접하는 비중이 확대됐다. 따라서 미래에는 완벽한 형태의 개방형 정부로 정책 패러다임이 급변할 것으로 전망된다.

| 그림 2 | **2030년 권력 변화**

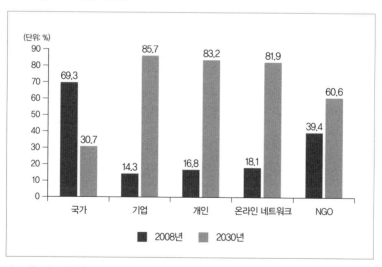

자료 : 한국정보화진흥원, "정보통신기술가 변화시키는 트렌드, 정보통신기술을 발전시킬 트렌드," *IT & Future Strategy* 제6호, 2010, p.20.

2008년 다보스포럼에서 발표된 미래 보고서 〈퓨처 매핑2030 Future Mapping 2030〉은 2030년 국가 권력은 급격히 감소하는 반면 기업과 개별 시민, 온라인 커뮤니티의 영향력은 급격히 높아질 것으로 예상했다.

특히 막대한 정보 속에서 개인에게 최적화된 정보를 제공해주는 웹 3.0 시대가 도래하고, 소셜미디어가 사회적 자원으로 자리매김하면서 시민들의 집단지성이 정보 생산의 주체로 부상하게 될 것이다. 미래에는 개인과 정보와 맥락 사이의 데이터를 결합하고, 여기에 사회적 차원의 정보를 추가하면서 가까운 미래를 예측하는 분석 기술이 진화할 것이다. 지적 능력이 확대되면 능동적으로 정책에 참여하는 시민의 역할이 커질 수밖에 없다. 소셜미디어 기반의 자기 조직화와 집단지성을 근간으로 한 역능적인 Empowered 시민의 탄생은 권력의 작동 방식을 새롭게 자리매김할 것이다.

여기서 간과하지 말아야 할 점은 정보통신기술발전이 가져올 정보의 집중 현상이다. 유무선 네트워크가 발달하고 지식이 권력화하면서 온라인 미디어의 영향력이 급증해 새로운 권력으로 부상했던 점은 주지의 사실이다. 미국 국가정보위원회는 〈글로벌 트렌드 2025 Global Trends 2025〉를 통해 권위 및 권력의 분산 현상이 가속화되는 것은 사실이나, 기업·종교단체, 심지어 범죄 네트워크 등 비국가 세력의 권력은 오히려 상대적으로 커질 것이라고 예측했다.

또한 다양한 정보의 생성이 오히려 기존 권력의 강화와 권한 남용을 초래할 수 있다는 가능성도 조심스럽게 제기되고 있다. 뿐만 아니라 미래에는 정보 활용 능력이 경쟁력의 결정 요소로 부상해 정보화 격차가 소득 및 사회적 지위의 격차를 증폭시키는 악순환의 고리로 작용할 수 있다. 그 결과 기술발전 속도가 빨라지면서 고령층, 저소득층, 농어촌 등 정보화 소외 계층의 격차가 확대되며 그 대책이 정부 정책에서 중요한 변수로 자리 잡게 될 것이다.

특정 기업의 정보독점 심화될 수도

정보통신기술의 발달은 쌍방향 미디어, 네트워크 고도화 등을 통해 사회 전반에 걸친 변화를 견인한다. 가장 큰 변화는 개방적 시스템의 확산을 통한 개개인의 정책 참여 가능성이 현저히 높아졌단 점이다. 그러나 단순한 참여 증가가 다른 문제점을 가져올 수 있다는 점 역시 간과할 수 없다. 시민 참여는 항상 좋은 결과를 가져오는가?

미국 텍사스대학 로런스 린 주니어Laurence Lynn JR. 교수는 단순한 접근을 통한 시민 참여가 가져올 부작용에 대해 지적한 바 있다. 시민이 주도적으로 의사결정 과정에 참여하면 할수록 서로 상충된 이익이 경쟁할 기회 역시 증가하게 됨에 따라 갈등 가능성이 증가한다. 도시 디자인 이론가인 호스트 리텔Horst Rittel과 멜빈 웨버Melvin Webber도 네트워크 참여의 급속한 증가는 여러 행위자들의 갈등을 심화시키는 역기능을 불러일으킬 수 있다는 '사악한 문제Wicked Problem'의 발생 가능성을 강조한 바 있다. 또한 거대 기업, 특정 온라인 커뮤니티에 의해 온라인 정보 및 기술이 독점되면 민주주의가 강조하는 정보의 다양성 자체를 파괴시킬 수 있다.

정보통신기술혁명이 시민의 자발적인 정치 참여를 유도함으로써 새로운 정치질서가 가능할 수 있다는 낙관적 견해와 달리 정보통신기술의 발달이 정보의 과부하를 낳고 이로 인한 정치적 무관심을 조장하며 정보 독점으로 인해 또 다른 사회문제로 전락할 가능성을 우려하는 목소리 역시 존재한다. 정보통신기술의 발전과 그에 따른 효과는 별개의 문제다. 새로운 정보통신기술의 출현이 참된 민주주의를 가능하게 할지는 여전히 가설에 불과하다.

미래는 더 나아질 것인가

세계 에너지 질서의
변화와 충격

에너지 환경은 지구온난화로 표현되는 기후변화, 후쿠시마 원자력 사고, 생물 다양성과 사막화를 비롯한 생태계 교란 등이 상호작용하며 복합화되고 있다. 이 중 에너지 분야는 에너지 삼중고Energy Trilemma, 즉 환경 지속성, 에너지 안보, 에너지 형평 문제를 모두 해결해내야 하는 과제에 봉착해 있다.

2013년 말 국제에너지기구는 〈세계 에너지 전망 2013World Energy Outlook 2013〉을 통해 주요 에너지 수입국이 에너지 수출국으로 변모하고 있다고 지적했다. 에너지 수출국은 세계 에너지 수요를 큰 폭으로 증가시키고 그 결과 오랜 기간 굳건했던 에너지 시장의 중심지가 격변하고 있다는 것이다. 에너지 삼중고에 맞서 보다 균형 있고 능동적으로 대응하려면 우리는 무엇을 어떻게 해야 할까?

세계 에너지 수요는 2035년까지, 2011년 대비 33퍼센트 증가할 전망이다. 석탄과 석유(각각 17퍼센트, 13퍼센트 증가)보다는 천연가스(48퍼센트)가 더 많이 증가하고, 특히 신재생에너지(77퍼센트)와 원자력(66퍼센트)이 가장 높은 성장세를 보일 것이다. 이에 따라 에너지믹스에서 화석 연료의 비중은 2011년의 82퍼센트에서 2035년 76퍼센트로 감소한다. 석유는 에너지 수요 1위 자리를 계속 유지하겠고, 온실가스 배출 주범의 하나로 지목돼온 석탄 역시 주요 에너지원의 위상을 지킬 것이다. 전력 및 열 생산과 수송 연료 부문의 수요가 급격히 증가함에 따라 일차 에너지에서 신재생에너지가 차지하는 점유율은 2011년 13퍼센트에서 2035년 18퍼센트까지 늘어날 것이다.

신흥경제국 중 특히 중국과 인도가 에너지 수요 증가를 이끌 것이다. 세계 2위 에너지 소비국인 미국의 수요는 2020년까지 증가하다가 2035년까지 완만하게 감소할 것이다. 미국은 셰일가스 및 타이트오일의 활발한 개발로 그간 석탄에 한정됐던 에너지 수출을 2011년부터 경유 등 석유 제품으로 확대하며 에너지 수출국으로 변모했다. 또 천연가스 수출을 계속 승인하며 원유 수출 재개도 검토하고 있다. 2015년에 세계 최대 천연가스 생산국이 된 이후, 2020년엔 세계 최대 석유 생산국이 되며 2030년 드디어 원유를 순수출하는 에너지 자립국으로 부상할 것이다. 한편 중동은 2020년엔 세계 2위의 가스 소비 지역으로, 2030년이 되면 세계 3위의 에너지 소비 지역이 될 전망이다.

미래는 더 나아질 것인가

전력 수요는 2011년부터 2035년까지 연평균 2.2퍼센트씩 증가할 것이다. 석탄 발전 비중은 41퍼센트에서 33퍼센트로 줄어들겠지만 여전히 가장 중요한 발전원으로 남을 것이다. 전력 생산의 순 증가분 중 절반가량은 신재생에너지가 담당하게 된다. 이에 따라 신재생에너지의 발전 비중은 2011년 20퍼센트에서 2035년 31퍼센트로 급증해 두 번째 주요 발전원으로 발돋움할 것이다. 발전량 규모로 볼 때 가장 큰 수력(5827테라와트시)은 2011년에 비해 증가세가 주춤하다. 반면 풍력(2774테라와트시), 태양광(951테라와트시), 바이오(1477테라와트시)의 발전량은 같은 기간 각각 640퍼센트, 350퍼센트, 1560퍼센트씩 증가할 것이다.

비전통 에너지는 최근 생산량이 큰 폭으로 증가했다. 오일 샌드, 셰일오일 등의 비전통유는 2012년 500만b/d로 전체 석유 공급의 5.5퍼센트를 점유하고 있지만 2035년에는 1500만b/d(14퍼센트)로 3배나 증가할 것이다. 미국 에너지정보청은 같은 기간 석유 공급 증가분의 42퍼센트를 비전통 유가 담당할 것으로 보고 있다. 셰일가스, 석탄층 메탄가스, 타이트가스 등의 비전통 가스의 점유율은 2011년 560BCM으로 가스 총생산량의 17퍼센트를 차지했는데, 2035년에는 1330BCM으로 27퍼센트까지 확대되면서 천연가스 공급 증가분의 40퍼센트 이상을 차지할 전망이다.

| 표 1 | 세계 일차 에너지 수요 전망 (단위: Mtoe)

구분		2011년	신정책 시나리오	
			2020년	2035년
화석 연료	석탄	3,773	4,202	4,428
	석유	4,108	4,470	4,661
	천연가스	2,787	3,273	4,119
	소계 (퍼센트)	10,668(82)	11,945(80)	13,208(76)
원자력(퍼센트)		674(5)	886(5)	1,119(6)
신재생 에너지	수력	300	392	501
	바이오	1,300	1,493	1,847
	기타	127	309	711
	소계(퍼센트)	1,727(13)	2,194(15)	3,059(18)
합계(퍼센트)		13,070(100)	15,025(100)	17,387(100)

자료 : 〈세계 에너지 전망 2013〉(IEA).

화석연료 - 천연가스 - 신재생에너지 흐름으로

전 세계가 기후변화에 대응하기 위해 온실가스의 주범인 이산화탄소를 적게 배출하는 연료(천연가스와 신재생에너지) 사용을 늘려가는 추세다. 점차 늘어나는 에너지 수요를 충당하고 에너지 공급의 안정성을 확보하기 위해서는 비전통 에너지를 개발해 보급하고, 신재생에너지 기술을 확대 적용해야 하기 때문이다.

신재생에너지 수요 증가의 대부분을 차지하는 발전 부문에는

2013년부터 2035년 사이에 총 6조 2000억 달러가 투자될 예정인데, 이 중 82퍼센트 이상이 풍력, 수력 및 태양광에 집중된다. 국내 신재생에너지 산업이 세계로 진출해 신성장 동력을 이뤄내기 위해서는 간과할 수 없는 시장 규모인 것이다. 여기에는 신재생에너지 원천 기술 개발, 신재생에너지 기술과 정보통신기술의 융합, 고효율 첨단 소재 부품 사용 등의 분야가 포함된다. 향후 현재 선진국 대비 80~85퍼센트 정도인 기술 수준을 선진국 수준으로 높여야 한다. 또 국내 시장에서의 트랙 레코드 축적 등을 통해 해외에서 경쟁할 수 있도록 산업 경쟁력을 키워야 한다. 국내 신재생에너지 시장을 전력 위주에서 벗어나 열·수송 부문으로 확대시킬 필요도 있다.

천연가스는 화석 연료 중심에서 신재생에너지 중심으로 에너지 시스템이 이행하는 과정에서 중간 단계에 있는 저탄소 연료로, 특히 셰일가스와 같은 비전통 가스의 개발·보급이 활발하다. 이런 비전통 에너지가 부상하면 지금까지 값싸게 이용한 전통 에너지Easy Energy의 수명은 더욱 짧아진다.

비전통 에너지의 부상으로 예기되는 효과는 여러 가지다. 먼저 국제 에너지 가격의 상승 압력을 완충시킬 것이다. 현재 국내 에너지 수급선은 중동을 중심으로 편재돼 있다. 국내에서 소비되는 원유의 80퍼센트 이상, 천연가스의 40퍼센트 이상을 중동에서 수입하는 실정이다. 만일 공급이 안정되고 도입단가가 다른 지역에 비해 상대적으로 낮은 북미 등으로 수급선을 다변화시킬 수 있다면 에너지 수급 불안정을 다소 해소할 수 있다.

또 가스 관련 플랜트와 인프라 관련 기자재 및 설비 수출에 긍정적 영향을 미칠 것이다. 비전통 에너지는 이를 원료로 사용하는 비전통 에너지 개발국의 석유화학 및 철강 등의 산업 경쟁력을 크게 향상시키고 세계의 공급 사슬 구조에 큰 변화를 가져올 수 있다. 에너지를 거의 수입해 사용하는 국내 제조업은 고부가 제품 기술 개발과 에너지 수입선 다변화를 통해 '비전통 에너지 발 외부 충격'에 대응할 수 있는 자생력을 키워갈 수 있을 것이다.

중동에서 북미로, 세계 에너지 질서의 중심축이 이동할 것으로 예상되고 있다. 기후변화에 대응하기 위한 저탄소 사회 구축, 지속가능한 에너지 자원의 확보, 경제성장이란 '에너지 삼중고'를 헤쳐나가는 방안은 국가별·지역별로 다를 수밖에 없다.

세계 7위 온실가스 배출국가, 세계 8위 에너지 소비국이며 1994년 이후 에너지 수입 의존도 95퍼센트 이상. 우리나라의 현주소다. 우리나라는 국제 에너지 질서 변화와 에너지 기술혁신 트렌드를 감안해 에너지 정책을 효율적으로 펼쳐내야 할 당면과제를 안고 있다. 화석연료 중심에서 천연가스를 거쳐 신재생에너지 중심의 새로운 에너지 구조를 이뤄내는 전환에 대비해야 한다. 안정적 에너지 공급 체계를 추구하면서 기존 에너지원의 효율성을 향상시킨다는 목표로 나가야 한다. 오직 이 길만이 지속적인 성장을 담보하고 깨끗한 저탄소 미래 사회를 앞당길 수 있다.

미래는 더 나아질 것인가

1장 포스트휴먼 플랫폼

1. 호세 코르데이로, "인간의 경계 : 휴머니즘에서 포스트휴머니즘까지," 제1회 세계인문 학포럼 발표 자료집, pp.325-334, p.333.
2. J. Weizenbaum, "Denken ohne Seele," In: Joffe, J(Hg): *Zeit-Dossier* 2. Muenchen 1981. pp.136-140
3. N. Bostrom, *The Transhumanist FAQ*, Vol.21, Oxford: World Transhumanist Association, 2003.
4. 트랜스휴머니즘과 융합 기술의 관계는 필자의 《공간의 현상학, 풍경 그리고 건축》(성 균관대출판부, 2012, pp.23-36)에서 상세히 논의하고 있다.
5. 필자는 이미 2011년 이전에도 여러 차례, 예를 들면 2007년 철학연구회 춘계 학술대 회 등에서 인문적 미래주의의 출현을 예고한 바 있다.
6. 제1회 세계인문학포럼 발표 자료집을 참조했다.

2장 인공지능 시대의 도전과 기회

1. 소프트뱅크 월드 콘퍼런스 발표 내용(Tokyo, 2015. 7. 30.). https://softbankworld. com/keynote/
2. 위키피디아 휴먼지놈 프로젝트 정의를 참조했다(2015. 10. 25). https://en.wikipedia. org/wiki/Human_Genome_Project
3. 위키피디아 illumina 정의(2015. 10. 25.). https://en.wikipedia.org/wiki/Illumina_ (company)
4. IBM Research 홈페이지 "Doctors will routinely use your DNA to keep you well". http://www.research.ibm.com/cognitive-computing/machine-learning-applications/targeted-cancer-therapy.shtml#fbid=A8hd7djFNvP

5. The Wall Street Journal 홈페이지(2015. 12. 26.) The Billion Dollar Startup Club 소개, http://graphics.wsj.com/billion-dollar-club

6. 위키피디아 집카 정의. https://en.wikipedia.org/wiki/Zipcar

3장 실생활 속 가상현실

1. 김미현, "가상현실, 현실이 될 준비를 하다!," (2016. 6. 10.) http://skinnovation-if.com, SK Innovation Energy & Chemical Story

2. 정종오, "가상현실(VR) 2018년 '현실'이 된다," 〈아세아경제〉, 2016. https://spri.kr/post/16741

3. Marketsand Markets, Virtual Reality Market by Component (Hardware and Software), Technology (Non-Immersive, Semi&Fully Immersive), Device Type (Head-Mounted Display, Gesture Control Device), Application and Geography-Global Forecast to 2022, 2016. p.172.

4. 장수연 외, "가상현실 : 진짜 같은, 현실의 재구성," 〈월간 NUX〉 제2호, 2016. http://brunch.co.kr/@kakaoux/2

5. 기존 개별 단위 지원 사업으로는 가상현실과 같은 신산업에서의 생태계 조성이 어렵다는 판단하에 연구개발과 콘텐츠개발 등을 동시에 지원하여 국내 기업 간 협력 생태계 조성을 지원하는 사업으로서, 'VR게임 체험', 'VR 테마파크', 'VR 영상플랫폼'이 그것이다. "VR 동향과 신 시장·플랫폼 선점 방안," 창조경제가시화를 위한 제2차 정보통신기술정책해우소 보도자료, Weeslee & Comapny, 2016.

6. Phillipe Queau, Le virtuel : virtus et vertiges. Champ Vallon. Insitute national audiovisue, 1993, pp.34-35.

4장 지식혁명과 미래문해력

1. 마누엘 카스텔스이 1996년 발표한 《네트워크 사회의 부상 *The Rise of the Network Society*》이 네트워크 사회론의 대표작이고, 이 책은 2000년과 2010년 개정증보판이 이어졌다.

미래는 더 나아질 것인가

2. 프리츠 매클럽은 이런 관점에서 지식의 역사적 이해, 활용성, 기여에 대해 10권에 이르는 연작 저술을 기획했는데 1980년 4권째 발표하고 1983년 고인이 됐다. 매클럽의 연작 기획의 대강이 그가 1972년 발표한 《미국에서 지식의 생산과 확산》라고 할 수 있다.

3. 폴딧(fold.it)이라는 인터넷 사이트는 단백질 구조 탐구에 대한 노력을 게임의 방식으로 전환시켜 대중의 집단지성을 활용하고 있다.

4. 이런 집적성은 누적성cumulativenes라고 볼 수 있는데 서양 지식에서 중요한 관점이다. 아이작 뉴턴이 친구이자 과학자인 로버트 훅Robert Hooke에 보낸 편지에서 자신은 "거인의 어깨 위에서 세상을 봤다"고 말한 바 있으며 철학자 앨프리드 화이트헤드Alfred Whitehead는 서양 철학은 아리스토텔레스에 대한 각주라고 말하면서 역시 그 누적성을 강조했다. 동양에서도 고전을 중시하여 견해를 밝힐 때 경經과 사史에 충실할 것을 요구했다는 점에서 크게 다르지 않다.

5. 이하 김영식의 견해는 김영식, 《동아시아 과학의 차이》(사이언스북스, 2013)를 따른다.

6. DNA을 발견해 노벨상을 수상한 제임스 왓슨James Watson은 미국에서 박사학위를 받고 덴마크 코펜하겐대학과 영국 케임브리지대학의 물리학과(캐번디시연구소로 더 잘 알려짐)에서 박사후연구를 하면서 엑스레이 분석기법을 접한다. 노벨상 공동수상자 중 다른 한 사람인 프랜시스 크릭Francis Crick은 이 연구소 소속이었다.

7. 최근 이런 대립 구도가 비슷한 시기에 간행된 두 책에서 보인다. 김종영, 《지배받는 지배자》(돌베개, 2015)은 선진국 선망을 비판하고 있는 반면 김경만, 《글로벌 지식장과 상징폭력》(문학동네, 2015)은 지식의 세계성을 강조함과 동시에 자신이 그 일원으로 인정받고자 하는 노력을 담고 있다.

8. 탈근대와 지식 정보사회는 결코 동일하지 않으나, 적어도 두 개념이 상당 부분 중첩되는 면이 있음을 짚는 데 머물고자 한다.

9. Albert Einstein and Leopold Infeld, *The Evolution of Physics : From Early Concepts to Relativity and Quanta*(New York : Simon & Schuster, 1938).; 〈동아비즈니스리뷰〉, No.130, 2013, 117쪽에서 재인용.

10. 김동연, "질문도 안 하고 교수와 눈도 안 맞추고… 학생은 교수 탓, 교수는 학생 탓한다는데," 〈월간조선〉, 2014년 11월호. ; http://news.chosun.com/site/data/html_dir/2014/11/08/2014110801069.html

11. 2010년 서울에서 열렸던 G20 폐막식장에서 오바마 미국 대통령은 주최국인 한국 기

자들에게 마지막 질문 기회를 줬다. 그러나 질문하겠다고 손드는 기자는 없었다. 재차 질문을 요청했지만 어색한 침묵만 흘렀다.

5장 불확실성 시대의 재난 대응

1. AI가 아닌 IA는 미국의 컴퓨터공학자이자 SF 작가 버너 빈지Vernor Vinge가 만들어낸 개념으로 지능의 확장과 확대를 의미한다. https://www-rohan.sdsu.edu/faculty/vinge/misc/singularity.html 참조.
2. 이문재,《지금 여기가 맨 앞》(문학동네, 2014).
3. 홍성태,《대한민국 위험사회》(당대, 2007), p.20.
4. 피터 번스타인,《위험, 기회, 미래가 공존하는 리스크》(한국경제신문, 2008), p.19.
5. Charles Perrow, *Normal Accidents : Living with High Risk Technologies* (Princeton University Press, 1984), p.34.
6. 박병원 외, 〈과학기술 기반의 국가발전 미래연구 Ⅳ〉, 2012.
7. 한국원자력산업회의, 2011.
8. 제2차 에너지기본계획. 2011.
9. "원전 가동률 80퍼센트대로 낮춘다," 〈한국경제신문〉, 2013. 1. 1.
10. Albert Einstein and Leopold Infeld, *The Evolution of Physics : From Early Concepts to Relativity and Quanta*(New York : Simon & Schuster, 1938).
11. 환경운동연합, "핵 없는 사회를 위한 공동 행동," 기자회견문, 2014. 5. 29.
12. 국회 산업통상자원위원회 · 환경운동연합, 〈활성단층지도 및 지진위험지도 제작 보고서〉, 2012. 10.
13. 한국수출입은행, 2008.
14. 박병원 외, 〈과학기술 기반의 국가발전 미래연구 Ⅳ〉, 2012, pp.205~206.
15. "'原電의 심장' 압력관 교체… 월성1호기 재가동 '이상無'," 〈문화일보〉, 2014. 7. 24.
16. 국가과학기술표준분류체계 중 원자력 10개 중분류를 활용해 원전 시스템 기술, 원자력 안전 기술, 핵연료 주기 기술로 재분류된다. 원자력 안전 기술은 원자로 시스템의 안전성 강화와 규제 기술 증진을 위한 기술, 핵주기 개발시 핵비확산 강화를 위한 통제 기술로 구분된다.

17. 최예용, "후쿠시마의 교훈, '한국의 원전 안전 제도' 이렇게 바꾸자!," 국회 토론회 발표 자료, 2011.

18. Barbara Reynolds, "Crisis and Emergency Risk Communication as an Integrative Model," *Journal of Health Communication*, Vol.10, 2005, pp.43~45.

19. 노먼은 애플, 휴렛패커드 산업 현장에서 인간 중심 디자인을 실천했다. 특히 애플에서 근무하던 1993년에는 세계 최초로 '유저 경험User Experience'이라는 용어를 도입했다.

20. 도널드 노먼, 《미래 세상의 디자인》(학지사, 2009).

6장 기술혁신이 주도하는 미래 사회

1. "Atlantic Council, Envisioning 2030: US Strategy for a Post-Western World," December, 2012.; "National Intelligence Council, Global Trends 2030: Alternative Worlds," December, 2012.

2. Acceleration Studies Foundation. www.accelerating.org.

3. W. Brian Arthur, *The Nature of Technology: What It Is and How It Evolve* (Free Press, August, 2009).

4. 서울대학과 한국과학기술원의 의학 및 이공계 교수들이 공동으로 기획한 '차세대 바이오 IT 융합 사이언스 파크 사업'에서 제안됐다. 문명의 이기가 없던 시대를 휴먼 1.0, 현재 스마트폰 등 문명의 이기를 자유롭게 활용하는 시대를 휴먼 2.0, 문명의 이기가 몸에 내재돼 건강, 즐거움, 편리함을 모두 갖추는 시대를 휴먼 3.0이라 한다.

5. 아마존은 5년 이내 소형 무인 헬리콥터인 드론을 이용해 택배 사업을 시행한다고 발표했다. 기술적 문제는 해결됐는데 아직 법적 규제가 걸림돌이다.

3장 실생활 속 가상현실

1. 조현우 외, "가상현실 기반의 모션플랫폼 기술동향," 한국전자통신연구소, 2014.
2. IDG, "2016년 상상이 현실이 되다," IDG Tech Dossier. 2016.
3. 미래창조과학부, "문화-정보통신기술융합을통한 K-정보통신기술실행전략," 디지털콘텐츠산업육성전략, 2015.
4. http://thegear.co.kr/10399
5. http://www.dt.co.kr/contents.html?article_no=2016060902109931104003
6. 최재홍, "VR. AR 비즈니스와 시장현황," Power Review, 인터넷진흥원, 2015, 8.

5장 불확실성 시대의 재난 대응

1. Nick Bostrom, "Existential Risk Prevention as Global Priority," Global Policy 4(1), 2013, pp.15-31.
2. Vernor Vinge, "The Coming Technological Singularity," *Whole Earth Review*, Winter, 1993.
3. 9·11 Commission, *The 9·11 Commission Report: Final Report of the National Commission on Terrorist Attacks Upon the United States* (Norton, 2004).
4. Craig A. Warren, "'It Reads Like a Novel': The 9·11 Commission Report and the American Reading Public," *Journal of American Studies* 41(3), 2007, pp.533-556.
5. "The National Diet of Japan, The Official Report of the Fukushima Nuclear Accident Independent Investigation Commission," NAIIC, 2012.
6. 서울지방검찰청, "성수대교 붕괴사건 원인규명 감정단 활동백서," 서울지방검찰청, 1995.

6장 기술혁신이 주도하는 미래 사회

1. 위키피디아 Blue Brain Project 홈페이지, http://en.wikipedia.org/wiki/Blue_Brain_Project;
2. Brain Mind Institute 홈페이지, http://bmi.epfl.ch/
3. Larry Greenemeier, "The Ultimate Hack: Reverse Engineering the Human Brain," *Scientific American Online*.: http://www.scientificamerican.com/blog/post.cfm?id=the-ultimate-hack-reverse-engineeri-2009-09-08).
4. James Pearn, DARPA SyNAPSE Program; http://www.artificialbrains.com/darpa-synapse-program
5. Stephen Shankland, "How IBM is Making Computers more Like Your Brain. For Real," CNET.com.

미래는 더 나아질 것인가

4장 지식혁명과 미래문해력

열린 지식 생태계와 인식의 전환 — **이두갑** 서울대 서양사학과 교수

지식 정보 시대의 한국적 지식 — **김석현** 전 STEPI 미래연구센터 연구원

미래 지향적인 지식 생태계 구축 — **서용석** 한국행정연구원 연구위원

미래문해력이 필요한 이유 — **최항섭** 국민대 사회학과 교수

질문하는 사회를 위한 노력 — **박성원** STEPI 미래연구센터 부연구위원

5장 불확실성 시대의 재난 대응

우리가 살면서 만날 모든 재난과 그 대응 — **박성원** STEPI 미래연구센터 부연구위원

만일 원전 사고가 일어난다면? — **윤정현** STEPI 미래연구센터 전문연구원

인간의 창의성과 지능형 시스템이 만났을 때 — **이성호** STEPI 미래연구센터 연구위원

사회적 대응력을 향상하는 재난 시티즌십 — **이영희** 가톨릭대 사회학 교수

재난 안전에 대한 한국 사회의 취약성 진단 — **전대욱** 한국지방행정연구원 수석연구원

재난의 기록, 재난 보고서 — **최형섭** 서울 과학기술대 기초교육학부 교수

6장 기술혁신이 주도하는 미래 사회

기술적 돌파가 왜 필요한가 — **박병원** STEPI 미래연구센터장

포스트휴머니즘 시대가 왔다 — **정지훈** 경희사이버대 미디어커뮤니케이션학과 교수

젊은 노인이 활보하는 세상 — **강건욱** 서울대병원 핵의학과 교수

SNS가 바꾸는 정치혁명 — **윤성이** 경희대 정치외교학과 교수

IT 기술을 통한 권력의 집중과 분산 — **정장훈** STEPI 기술규제연구센터 부연구위원

세계 에너지 질서의 변화와 충격 — **권철홍** 한국에너지기술연구원 책임연구원

원고 정리 — **이원진** 전 중앙일보 기자

인공지능, 4차 산업혁명 그리고 인간의 미래

미래는 더 나아질 것인가

1판 1쇄 인쇄 2016년 12월 12일
1판 1쇄 발행 2016년 12월 15일

지은이 과학기술정책연구원 미래연구센터

발행인 양원석
책임편집 송상미
디자인 RHK 디자인연구소 남미현, 김미선
해외저작권 황지현
제작 문태일
영업마케팅 이영인, 박민범, 양근모, 장현기, 이주형, 이선미, 이규진, 김보영

펴낸 곳 ㈜알에이치코리아
주소 서울시 금천구 가산디지털2로 53, 20층 (가산동, 한라시그마밸리)
편집문의 02-6443-8878   **구입문의** 02-6443-8838
홈페이지 http://rhk.co.kr
등록 2004년 1월 15일 제2-3726호

ISBN 978-89-255-6067-0 (03320)